21世纪高职高专财经类专业核心课程教材

会计学原理

Kuaijixue Yuanli

（第五版）

任月君 张娆 编著

东北财经大学出版社 大连
Dongbei University of Finance & Economics Press

图书在版编目(CIP)数据

会计学原理 / 任月君，张娆编著．—5版．—大连：东北财经大学出版社，2016.1

（21世纪高职高专财经类专业核心课程教材）

ISBN 978-7-5654-2191-4

Ⅰ．会…　Ⅱ．①任…　②张…　Ⅲ．会计学-高等职业教育-教材　Ⅳ．F230

中国版本图书馆CIP数据核字(2015)第314793号

东北财经大学出版社出版

(大连市黑石礁尖山街217号　邮政编码　116025)

教学支持：（0411）84710309

营 销 部：（0411）84710711

总 编 室：（0411）84710523

网　　址：http：//www.dufep.cn

读者信箱：dufep@dufe.edu.cn

大连永盛印业有限公司印刷　东北财经大学出版社发行

幅面尺寸：185mm×260mm　字数：424千字　印张：18 1/4

2016年1月第5版　2016年1月第14次印刷

责任编辑：杨慧敏　张爱华　责任校对：齐　心

封面设计：张智波　版式设计：钟福建

定价：32.00元

第五版前言

会计工作是各企业单位经济管理工作的重要组成部分，经济越发展，会计越重要。随着我国市场经济体制的不断发展和完善，对会计工作提出了更高的要求。为了规范会计工作，保证各企业单位提供真实完整的会计信息，2006年2月15日，我国财政部一次性颁布了1项会计基本准则和38项具体会计准则，至2014年，我国已经颁布41项具体会计准则。这些会计准则的颁布与实施，是完善我国会计规范、统一企业单位会计确认与计量标准、提高企业单位会计信息质量的有力保证，是我国会计改革进程中的大事。

会计学原理是财经管理类各专业的一门主干专业基础课。本书自2002年出版以来，已经发行并使用了10多年的时间。读者对本书的认可使我们更清醒地认识到教材修订的重要性。我们在总结长期教学工作经验的基础上，根据会计理论研究的最新成果，结合读者反馈的意见和在教学工作中发现的问题，以国家最新颁布或修订的企业会计准则等法律、法规的规定为依据，吸收国内外同类教材的长处，对本教材进行了第五版的全面修订。本教材可以满足财经管理类高等职业院校、高等专科学校各专业会计学教学的需要，使读者熟知会计基本理论和基本方法，熟知国家对财会工作的最新要求。

本教材主要介绍了会计的基本理论、基本方法和基本操作技术。我们从通俗易懂的角度出发，按照学习和理解本门课程的规律来安排教材的篇章结构和内容，使本教材结构合理、深度适中，易于学习和理解。本教材在编写过程中，力求做到理论联系实际，在基本理论方面，尽可能吸收我国会计学理论研究的最新成果；在实务上，配有大量例题，并配有典型案例和习题，便于初学者学习和掌握本门课程的基本内容。

本次教材修订的目标是：结合会计理论研究和会计改革的最新成果更新教材内容，更多地增加例题说明，以使教学更加直观，保持本教材宜教宜学的风格和体系。

本教材由东北财经大学任月君教授、张娆副教授编著，任月君教授负责全书写作大纲的拟定和编写的组织工作，并总纂定稿。全书共分13章，本次修订分工如下：第一章至第七章、第九章至第十二章由任月君教授执笔；第八章由张娆副教授执笔；第十三章由常一劢高级讲师执笔。

书中可能有不妥之处，欢迎广大读者和同行批评指正，以便我们及时更正。

编著者

2015年12月

目 录

第一章 总论

学习目标

知识目标　掌握会计的基本职能，了解会计的产生和发展，了解会计的特点和内涵，明确会计的目标。

技能目标　熟悉会计核算的各种专门方法。

第一节 会计的含义

一、会计的产生和发展

物质资料的生产是人类赖以生存和发展的最基本的实践活动。人们的衣、食、住、行离不开物质资料的消费，而这些物质资料必须通过人们的生产活动才能取得。在生产活动过程中，一方面要创造物质财富，另一方面要耗费物化劳动和活劳动。为了以尽可能少的劳动耗费生产出尽可能多的物质财富，满足人们的生产和生活需要，就需要对生产过程中的劳动耗费和劳动成果进行记录、计算和分析，由此便产生了会计。

据会计史学者考证，人类进入旧石器时代的中晚期后，才产生了会计行为。最初的会计只是作为"生产职能的附带部分"，生产者凭头脑的记忆、结绳记事、刻字记事等简单的计量、记录行为，在"生产时间之外附带地把收支、支付日期等记载下来"。随着社会生产力的不断发展，会计逐渐"从生产职能中分离出来，成为特殊的、专门委托的当事人的独立的职能"。据马克思的考察，在原始的小规模的印度公社里，已经有了"一个记账员，登记农业账目，登记与此有关的一切事项"。人类进入奴隶社会之后，统治阶级为了维护其统治地位，在其政权机构中设置了单独的会计部门，称为"官厅会计部门"。西周时期是我国奴隶社会的鼎盛时期，设"司会"主管王朝财政经济收支的核算。在这一时期同时出现"会计"二字连用，除了有计算和记录的含义外，还有管理和考核之意。在当时，其他文明古国的情况也大致如此。这一时期单式簿记产生并得到发展。随着商品经济的产生和发展，以核算和监督私人资本运动为主要内容的"民间会计"得到迅速发展。1494年，在意大利北方城市产生的借贷记账法基本定型，并由数学家兼会计学家卢卡·帕乔利在《算术、几何、比及比例概要》一书中进行了理论说明，从而产生了近代会计，而且借贷记账法迅速推广到全世界，经久不衰。

从20世纪初以来，科学技术突飞猛进，生产力空前提高，企业规模不断扩大，企业联合、跨国公司不断出现，对会计的要求也不断提高，不仅要求记账、算账、报账，正确计算经营成果，还要进行计划管理，参与预测、决策、分析和考核等。因此，现代会计分化为财务会计和管理会计两大分支。财务会计主要是依据会计准则等相关会计法律的规定，按照一定的程序，采用专门的方法，对企业单位已经发生的各项经济业务进行事后的反映和监督，并定期地编制财务会计报告，为有关各方提供财务会计信息。管理会计则不同于财务会计，它不受会计准则等会计法规的约束，而是通过运用数学、统计等方法，对企业单位未来的生产经营活动进行预测和决策分析，为企业单位内部管理服务。可以预见，在今后的经济生活中，会计的手段将更为先进，会计的地位将更加重要，会计将会在经济管理和国际交往中发挥日益重要的作用。

由此可见，会计是适应社会生产活动发展的需要而产生，并随着生产的发展而发展的。经济越发展，会计越重要。

二、会计的职能

会计的职能是指会计在经济管理工作中所具有的功能。随着会计的发展，会计的职能也在不断变化，但其基本职能只有两项，即会计核算（反映）和监督。

会计的核算（反映）职能是指会计能以货币为计量单位综合反映企业单位的经济活动，为经营管理提供会计信息。通常所说的记账、算账、报账等会计工作，就是会计核算职能的具体体现。记账就是把一个企业单位所发生的全部经济业务，运用一定的记账方法在账簿上记载。算账是在记账的基础上，计算企业单位在生产经营过程中的资产、负债、所有者权益、收入、费用和利润等情况，以及行政事业单位预算资金的收入、支出和结余等情况。报账就是在记账、算账的基础上，把企业单位的财务状况、经营成果或事业单位的资金收支等情况，通过编制财务会计报告的方式，向企业单位内部和外部的有关各方通报。

会计的监督职能是指会计能对本单位所发生的经济业务是否合法和合理进行审查。对于不合理、不合法的业务，会计有权事前提出意见，不予办理。随着经济的发展，会计监督工作将越来越重要。

会计的上述职能是相辅相成、密切联系的。会计核算是会计监督的前提，没有会计核算提供的会计信息，就不可能进行会计监督；会计核算必须以会计监督为保证，才能为经济管理提供真实可靠的会计信息，否则，如果会计信息不真实，就不能发挥其应有的作用。因此，可以说会计监督是会计核算的继续和发展。

三、会计的含义

会计的产生和发展与人类社会物质资料的生产密切相关。任何社会要消费就必须进行生产，要使物质资料有剩余就必须精打细算，如何能以最少的劳动耗费取得最多的经济效益，必须借助于会计进行必要的核算和监督。因此，不同社会的生产，会计核算和监督有着共同的内容和目的。长期以来，人们在会计实践中总结了一整套较为完整的会计核算专门方法，如设置账户、复式记账、填制和审核凭证、登记账簿、成本计算、财产清查、编制财务会计报告等。这些专门方法的具体内容将在本章第二节中分别阐述。

会计工作的特点从会计的核算方法中得以体现，具体表现为以下方面：

第一，以货币为主要计量单位。

会计在核算和监督经济活动的过程中，采用了统一的计量形式——货币量度，必要时配合以实物量度和劳动量度，但必须以货币量度为主。只有这样，才便于会计资料的汇总、比较和分析，取得经营活动过程中的各种综合资料。

第二，管理活动具有连续性、系统性、全面性和综合性。

会计采用专门的核算方法，连续、系统、全面、综合地核算和监督企业单位的经济活动过程。连续性表现在对各项经济活动按其发生的时间顺序不间断地进行核算和监督；系统性表现在对各项经济活动既要相互联系地核算和监督，又要采用科学的方法进行分类，以便对比；全面性表现在对发生的所有经济活动进行反映和监督，使管理资料建立在完整、客观的基础之上；综合性表现在用货币量度总括反映各项经济活动，提供各种总括的指标。

第三，会计工作的最终“产品”是提供财务会计报告。

《企业会计准则第30号——财务报表列报》规定，企业应当以持续经营为前提，根据实际发生的交易和事项，按照《企业会计准则——基本准则》和其他各项会计准则的规定进行确认和计量，在此基础上编制财务报表。财务报表是企业财务会计报告的主要组成内容，企业会计提供的财务会计报告，不仅可以满足企业内部经营管理的需要，更重要的是为企业外部利害关系人进行各种经济决策提供会计信息。

综上所述，可将会计的定义概括为：会计是以货币为主要计量单位，连续、系统、全面、综合地反映和监督企业单位经济活动的一种经济管理活动。核算和监督是会计的两大基本职能。

四、会计的目标

（一）会计目标的含义

人们运用会计的目的是要借助于会计对经济活动的反映和监督，为进行经济管理和经济决策提供财务信息，从而取得最大的经济效益。会计的目标是会计所要达到的目的。企业会计的最终“产品”就是提供财务会计报告。企业对外提供财务会计报告必须明确财务会计报告的目标是什么，围绕财务会计报告目标才能明确企业在接下来的工作中做些什么、该怎么做。因此，会计目标又可以表述为财务会计报告的目标。

企业提供的财务会计报告是关于企业某一特定时点的财务状况、某一特定会计期间的经营成果和现金流量的信息，是关于企业生产经营成果的一些基本信息，这些基本的信息以会计信息使用者的类型和需要不同，而对会计本身所提供的信息的内容、种类、方式以及质量等进行取舍，也就是说，依据使用者的要求而侧重于信息的某一方面。所以，财务会计报告目标的不同决定了企业提供财务会计报告的信息侧重点不同。关于财务会计报告目标，学术界有受托责任观与决策有用观两种不同的观点。

（二）受托责任观与决策有用观

受托责任观认为，会计的目标是向资源的提供者报告受托资源的管理情况，应以提供历史的、客观的信息为主；决策有用观认为，会计的根本目标是向信息使用者提供对其决策有用的信息，更强调会计信息的相关性和有用性。

1.受托责任观

受托责任观的产生在于资源所有权与经营权的分离，而且必须有明确的委托受托关系存在。如果没有资源所有权与经营权的分离，也就不会产生受托责任的概念。或者说，如果资源的经营者也是资源的所有者，那么，除了他们自己，不需要向任何人解释与说明资源经营管理的情况。正是因为资源所有权与经营权的分离，企业才必须要借助于会计核算信息向资源的提供者报告受托资源的管理情况。

2.决策有用观

伴随着股份公司制度和资本市场的高速发展，资源的所有者与经营者不是直接进行沟通、交流，使得委托代理关系变得模糊。同时，伴随着资本市场的发展，大部分债券都可以上市流通，会计信息的使用者——债权人所重视的信息，与投资者所要求的信息基本相同。这样，就产生了决策有用的财务会计报告目标，并得到会计界的普遍认同。按照决策有用观点，财务会计报告的目的是为了向信息使用者提供对他们进行决策有用的信息，包括关于企业现金流动的信息、关于经营业绩和资源变动的信息等。

受托责任观与决策有用观并不矛盾，财务会计报告既可以满足其使用者进行经济决策的需要，也可以反映企业管理层受托责任的履行情况。因此，许多国家都提出了财务会计报告的双重目标，我国也是其中之一。我国《企业会计准则——基本准则》中对财务会计报告目标的定位是，财务会计报告的目标是向财务会计报告使用者提供与企业财务状况、经营成果和现金流量等有关的会计信息，反映企业管理层受托责任履行情况，有助于财务会计报告使用者做出经济决策。在我国，财务会计报告使用者主要包括投资者、债权人、政府及其有关部门和社会公众等。满足投资者的信息需要是财务会计报告编制的首要出发点，将投资者作为企业财务会计报告的首要使用者，凸现了投资者的地位。可以看出，我国企业财务会计报告目标既强调了受托责任观，同时又兼顾了决策有用观。但是，报告受托责任与提供决策有用信息毕竟是不同的会计目标，它们所要求的会计信息也是有区别的。

根据投资决策有用的目标，财务会计报告所提供的信息应当如实反映企业所拥有或控制的经济资源、对经济资源的要求权，以及经济资源及其要求权的变化情况；如实反映企业的各项收入、费用、利得和损失的金额及其变动情况；如实反映企业各项经营活动、投资活动和筹资活动等所形成的现金流入和现金流出情况等，从而有助于现在的或者潜在的投资者正确、合理地评价企业的资产质量、偿债能力、盈利能力和运营效率，有助于投资者根据相关会计信息做出理性的投资决策，有助于投资者评估与其投资企业有关的未来现金流量的时间、金额和风险等。企业财务会计报告的其他使用者也需要利用会计信息：债权人通常比较关心企业的偿债能力及现金支付能力，他们需要财务信息来评估企业在未来某一时间能否如期支付所欠贷款本金和利息。供应商关心企业能否如期支付所欠货款，发生坏账的概率有多大。政府管理部门作为整个社会的管理者，通常关心资源的利用效率、资源分配是否公平合理，企业财务会计报告是政府部门进行宏观调控的重要依据。社会公众包括企业员工、企业所在社区的居民等，员工关心企业的发展前景如何，能为自己带来多少福利，自己在企业工作的稳定性等，社区居民关心企业对当地经济的贡献、就业如何、是否对环境造成污染等；虽然使用者依据财务会计报告做出的决策各不相同，但是他们有许多信息需求是共同的，因此满足投资者需求的财务会计报告信息同样能满足其他使用者的需要。

会计学界的专家学者对我国财务会计报告目标定位的观点基本相同，即在目前条件下，财务会计报告目标总体上应该定位在为管理型投资人提供真实可靠的经管责任的会计信息，但是随着会计环境的变化，企业应当提供对职业投资者投资决策有用的会计信息，而且从长远来看，决策有用观是发展方向。

第二节 会计的方法

会计的方法是指会计用来核算和监督会计对象、执行和完成会计任务的手段。

会计的内容，广义地说，是由会计核算、会计分析和会计检查三个部分所组成的。会计核算是会计的基本环节，会计分析是会计核算的继续和发展，而会计检查则是对会计核算的必要补充。狭义地说，会计就是指会计核算。由于对会计内容理解的不同，会计的方法也不一样，广义地说，会计的方法体系是由会计核算方法、会计分析方法和会计检查方法所组成的。狭义地说，会计的方法就是指会计核算的方法。

会计核算的方法，概括地说，就是对会计对象进行核算和监督的各种专门方法。本节将具体说明这些专门方法。

一、设置账户

设置账户，是对会计对象的具体内容进行科学分类、核算和监督的一种专门方法。

会计对象，即是会计所要反映和监督的客体。企业的会计对象，可以表现为企业的资金运动。资金，是指企业各项财产物资的货币表现以及货币本身。企业的资金运动过程是比较复杂的，比如，制造业企业通过供应过程、生产过程和销售过程，来体现其资金的不断循环周转。会计对象的内容是复杂多样的，要对会计对象进行系统的核算和监督，就必须对其进行科学的分类，以便取得各种不同性质的核算指标。会计对象的内容虽然复杂多样，但是对企业会计对象可以进行分类，具体包括资产、负债、所有者权益、收入、费用和利润。因此，对各项资产、负债、所有者权益、收入、费用和利润的增减变动及结存情况，都要分别设置一定的账户，进行归类反映和记录，以便取得经营管理所需要的各个方面的核算资料。

二、复式记账

复式记账，是通过两个或两个以上相互对应的账户记录每一项经济业务的一种专门方法。

企业单位的任何一项经济活动和财务收支的发生，都会引起资产、负债和所有者权益的增减变化。因此，在账户中反映经济活动和财务收支的发生情况时，就必须应用复式记账的方法来相互联系地反映它们之间的这种增减变化情况，以便对企业单位的各项经济活动和财务收支情况进行监督。

三、填制和审核凭证

填制和审核凭证，是为了审查经济业务是否合理、合法，保证账簿的会计记录正确、完整而采用的一种专门方法。

对于企业单位的任何一项经济业务或财务收支活动，都要根据有关制度、规定和计划进行审核和监督，经过审核无误的原始凭证，应用复式记账原理填制记账凭证，作为登记账簿的依据。因此，填制和审核凭证也是会计核算和监督的一种不可缺少的专门方法。

四、登记账簿

登记账簿，是在账簿上连续、完整、科学地记录和反映企业单位的经济活动与财务收支情况的一种专门方法。

登记账簿必须以会计凭证为依据，应用账户和复式记账的方法，把企业单位发生的经济业务事项分门别类、相互联系地进行全面反映，从而取得完整而系统的数据。在账簿中对经济业务既要分类反映，又要序时反映；既要提供总括指标，又要提供明细指标，并要及时对账和结账，以保证账簿记录的准确和完整。

五、成本计算

成本计算，是指按照一定的成本计算对象进行费用归集，从而确定出各成本计算对象的总成本和单位成本的一种专门方法。

在企业经营过程的每个阶段，都会发生各种费用，这就需要分别计算各个阶段的成本，如企业供应阶段采购各种材料的采购成本，生产阶段中各种产品的生产成本等。这对于企业核算和监督其经营过程所发生的各种费用是否符合节约原则和经济核算的要求，从而促进增产节约和不断降低产品成本，提高企业经济效益，具有重大意义。

六、财产清查

财产清查，是通过盘点实物、核对往来款项，查明企业财产实有数额的一种专门方法。

为了保证会计核算的正确性，做到账实相符，必须定期或不定期地清查、盘点和核对各种财产物资与往来款项，如有不符，应分析原因，查明责任，经过批准后调整账簿记录，使账实保持一致。同时，通过财产清查，可以查明物资储备的保证程度，有无超储积压、呆滞的情况；物资的保管是否合理，有无损失、浪费、霉烂变质、丢失等情况。因此，财产清查对于改进企业财产管理，挖掘物资潜力、加速资金周转等，都有着十分重要的作用。

七、编制财务会计报告

编制财务会计报告，是以账簿记录为依据，经过定期地分类、汇总和整理，产生一套完整的财务指标体系。

财务会计报告是企业财务会计工作的最终“产品”。企业财务会计报告所提供的会计信息，是投资者、债权人、政府及其有关部门和社会公众等进行经济决策的主要依据，同时也是企业内部进行分析、检查和编制计划、预算的主要依据。因此，编制财务会计报告是十分必要的。

上述会计核算的各种专门方法，是一个完整的方法体系。为了科学地组织会计核算，必须全面地、相互联系地应用这些专门方法。在实际工作中运用这些方法的基本程序大致是：根据各项经济业务填制和审核凭证；按照规定的账户，对经济业务进行分类，并运用复式记账法登记在有关账簿中；对于经营过程中发生的各项费用进行成本计算；然后在进行财产清查、做到账实相符的基础上，根据账簿资料定期编制财务会计报告。本书以后各章将逐一介绍上述各种会计核算方法。

上述各种会计核算方法的关系和运用程序如图 1-1 所示。

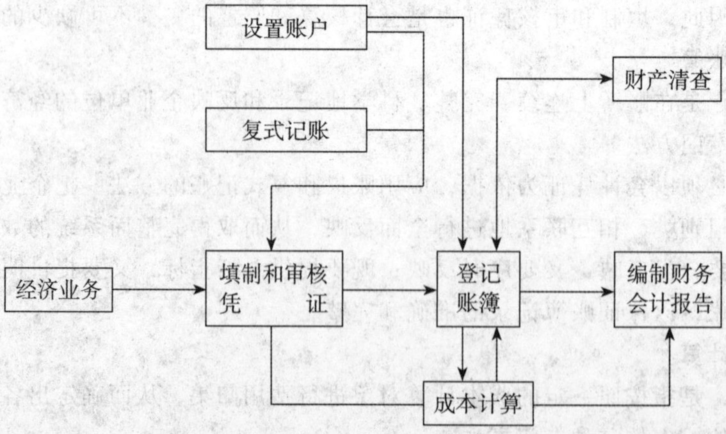

图 1-1　会计核算程序

小知识1-1

财务会计报告

财务会计报告或称财务报告，是指企业对外提供的反映企业某一特定日期财务状况和某一会计期间经营成果、现金流量等会计信息的文件。财务会计报告包括财务报表和其他财务会计报告。根据《企业会计准则第30号——财务报表列报》的规定，企业对外提供的财务报表至少应当包括资产负债表、利润表、现金流量表、所有者权益（或股东权益）变动表及其附注。财务报表附注是为了便于财务报表使用者理解财务报表，而对在资产负债表、利润表、现金流量表和所有者权益（或股东权益）变动表等报表中列示项目所做的进一步说明以及对未能在这些报表中列示项目的说明等。

典型案例

王东是一家私营小企业的厂长，其经营的企业已经生产经营一年多的时间，企业经营取得了一些利润。因为经营方法得当，企业第二年的盈利较多。为了减少纳税，王东要求会计少计本年收入，但是会计没有同意他的要求。王东认为企业是自己个人出资的，所以会计人员必须服从自己的要求。请你对王东和会计的做法进行评价。

分析提示：会计具有核算和监督的职能。会计不但要负责企业单位的记账、算账和报账工作，而且还要承担会计监督的职能，即对本单位所发生的经济业务是否合法和合理进行审查。对于不合理、不合法的业务，会计有权提出意见，不予办理。本例中王东的要求是不合法的，按照国家税法的规定，所有企业必须依法纳税。如果会计按照王东的要求去做，少计收入少纳税，则是要承担一定的法律责任的。

本章小结

会计以货币为主要计量单位反映和监督企业单位的经济活动。会计的基本职能是核算和监督。会计的目标是会计所要达到的目的。受托责任观认为，会计的目标是向资源的提供者报告受托资源的管理情况；决策有用观认为，会计的目标是向信息使用者提供对他们进行决策有用的信息，强调信息的相关性和有用性。会计核算的方法包括设置账户、复式记账、填制和审核凭证、登记账簿、成本计算、财产清查和编制财务会计报告。

习题

一、选择题

1.会计工作的最终成果是提供财务会计报告，我国企业会计的目标是（　　）。

A.反映企业管理层受托责任履行情况　　B.反映政府部门受托责任履行情况

C.反映企业债权人的财务状况　　D.反映企业投资人的财务状况

2.会计工作是一种经济管理活动，会计工作具有的特点主要有（　　）。

A.以货币为主要计量单位　　B.以实物量为主要计量单位

C.提供财务会计报告　　D.提供内部管理报告

3.会计核算的方法就是对会计对象进行核算和监督的各种专门方法，主要有（　　）。

A.填制凭证　　B.登记账簿

C.财产清查　　D.编制财务会计报告

二、简答题

1.什么是会计？会计的基本职能是什么？

2.什么是会计目标？我国的会计目标是什么？

3.什么是会计方法？会计方法有哪些？

第二章　会计核算基础

学习目标

知识目标　掌握会计要素的基本内容，掌握会计要素的确认条件和计量属性，掌握权责发生制和收付实现制下收入与费用的处理方法，明确会计假设和会计信息质量要求的具体内容。

技能目标　熟悉会计要素的主要构成内容和会计等式的主要内容。

第一节　会计假设和会计信息质量要求

一、会计核算的基本前提

会计假设通常也称为会计核算的基本前提，是据以进行会计核算的基础性假定。会计假设是指会计人员对会计核算的范围、时间、空间环境等做出的合理判断，是会计核算的前提条件。由于会计核算面对的经济环境复杂多变，因而会计人员需要对其做出判断。例如，会计核算的范围是什么，会计为谁核算，会计应该在什么时候记账、算账、报账，会计应该采用什么方法记账。再比如，企业一般情况下都将连续不断地经营下去，为了及时计算企业的经营损益，就有必要把生产经营过程人为地划分为一定的期间，以分期计算各期的经营成果。为了反映各期的经营成果，就有必要选择一定的计量单位。只有这样，才能选择正确的会计处理方法，使会计核算得以正常进行。结合我国实际情况，企业在组织会计核算时，应遵循的会计核算基本假设包括会计主体、持续经营、会计分期和货币计量。

（一）会计主体

我国财政部于2014年修订后颁布的《企业会计准则——基本准则》（以下简称会计基本准则）第五条指出："企业应当对其本身发生的交易或者事项进行会计确认、计量和报告。"这是对会计主体假设的基本描述。

会计主体是指会计工作为其服务的特定单位或组织。会计核算的对象是企业的资金运动，亦即企业的生产经营活动。生产经营活动又是由各种经济业务事项所组成的，而每项经济业务事项又和其他有关的经济业务事项相互关联，同时不同企业之间的经济业务事项也相互关联。因此，会计核算首先要明确核算的空间范围，也就是要明确会计主体。

会计主体的作用在于界定不同会计主体会计核算的范围。在会计主体前提下，要求会计核算区分企业自身的经济活动与其他企业单位的经济活动，把企业与企业的相关利益主体，尤其是与投资者、关联方企业的经济活动区分开来。会计主体只核算自身发生的各项交易或事项，记录和反映本企业自身的各项生产经营活动。只有这样才能正确反映会计主体的资产、负债和所有者权益情况，准确提供反映企业财务状况和经营成果等的会计信息。

所谓交易（transaction），是指企业与外部主体之间所发生的价值交换行为。例如，企业向供应商购进材料物资，向经销商出售产品或商品等。所谓事项（event），主要是指企业主体内部所发生的价值转移行为。例如，制造业企业生产车间领用材料、产成品完工入库等，也包括一些外部环境因素对企业所产生的直接影响，如洪水、火灾等给企业造成的实际损失等。

会计主体与法律主体并不是同一概念。一般来说，法律主体必然是会计主体，但会计主体并不一定就是法律主体。任何企业无论以何种形式存在，都是一个会计主体。在企业规模较大的情况下，可将其内部某一机构作为一个会计主体，要求其定期编制财务报表。而在控股经营的情况下，母公司及其子公司都是独立的法律主体，也是会计主体，在编制财务报表时，也可将之组成的集团企业当做一个会计主体，将其各自的财务报表予以合并，以反映整个企业集团的财务状况和经营成果等。因此，会计主体可以是独立的法人，也可以是非法人；可以是一个企业，也可以是企业内部的某一单位；可以是单一的企业，也可以是由几个企业组成的企业集团。

（二）持续经营

会计基本准则第六条指出："企业会计确认、计量和报告应当以持续经营为前提。"这是对持续经营基本假设的描述。

持续经营是指在可以预见的将来，企业将会按当前的规模和状态持续经营下去，不会停业，也不会大规模地削减业务。会计核算上所使用的一系列会计处理方法，都是建立在持续经营前提的基础上的。例如，在持续经营的前提下，才能运用历史成本原则计量企业的资产，并按照原来的偿还条件偿还其所承担的债务。如果是在清算的情况下，则不能运用历史成本原则，资产的价值必须按照实际变现的价值来计算，负债则必须按照资产变现后的实际负担能力来清偿。因此，必须在持续经营的前提下，企业在会计信息的收集和处理上所使用的会计处理方法才能保持稳定，企业的会计记录和财务报表才能真实可靠。如果没有持续经营的基本前提，一些公认的会计处理方法将缺乏存在的基础，同时也无法被采用，企业也就不能按照正常的会计原则、正常的会计处理方法进行会计核算，不能采用通常的方式提供会计信息。所以，企业会计核算应当以企业持续、正常的生产经营活动为前提。

（三）会计分期

会计基本准则第七条指出："企业应当划分会计期间，分期结算账目和编制财务会计报告。会计期间分为年度和中期。中期是指短于一个完整的会计年度的报告期间。"这是对会计分期基本假设的描述。

会计分期是指将企业持续不断的生产经营过程划分为一个个连续的、相对等距的会计期间。会计分期基本假设的目的在于通过对会计期间的划分，分期结算盈亏，按期编制财务会计报告，从而及时地向有关方面提供反映财务状况、经营成果和现金流量等的会计信息，满足有关方面的需要。从理论上来说，在企业持续经营的情况下，要反映企业的财务状况和经营成果等只有等到企业所有的生产经营活动结束后，才能通过收入和费用的归集与比较，进行准确的计算，但到那时提供的会计信息已经失去了应有的作用，因此必须人为地将这个过程划分为较短的会计期间。

会计分期基本假设是对会计工作时间范围的具体划分，主要是确定会计年度。中外各国所采用的会计年度一般都与本国的财政年度相同。我国以日历年度作为会计年度，即从每年的1月1日至12月31日为一个会计年度。在会计分期假设下，企业应当划分会计期间，分期结算账目和编制财务会计报告。会计年度确定后，一般按日历时间确定会计半年度、会计季度和会计月度。

会计期间的划分对会计核算有着重要影响。由于有了会计期间，才产生了本期和非本期的区别；由于有了本期和非本期的区别，才产生了权责发生制和收付实现制，才使不同类型的会计主体有了记账的基准；由于权责发生制的采用，要求对一些收入和费用按照权责关系在本期和以后的会计期间进行分配，确定其归属的会计期间。为此，需要采用预收、预付、应收、应付等一些特殊的会计处理方法。

（四）货币计量

会计基本准则第八条规定："企业会计应当以货币计量。"这是对货币计量基本假设的描述。

货币计量是指会计主体在进行会计确认、计量和报告时，要以货币单位进行计量，反映会计主体的生产经营活动。

企业的生产经营活动具体表现为商品的购销、各种原材料和劳务的耗费等活动。由于各种实物和劳务的耗费没有统一的计量单位，所以无法进行比较。为了全面完整地反映企业的生产经营活动，会计核算客观上需要一种统一的计量单位作为会计核算的计量尺度。在商品经济条件下，货币是衡量商品价值的共同尺度，会计核算必然选择货币为计量单位，以货币形式来反映企业生产经营活动的全过程。

我国企业的会计核算以人民币为记账本位币，企业的生产经营活动一律通过人民币进行核算反映，日常经营业务收支以外币为主的企业，也可以选用某种外币作为记账本位币，但编制的财务会计报告应当折算为人民币反映。

综上所述，会计基本假设虽然是人为确定的，但完全是出于客观的需要，有充分的客观必然性，否则，会计核算工作就无法进行。上述这四项会计假设缺一不可，既有联系也有区别，共同为会计核算工作的开展奠定了基础。

小知识2-1

记账本位币

我国企业会计准则关于记账本位币的规定，要求以人民币为记账本位币，这是因为人民币是我国的法定货币。我国企业会计准则对特殊情况又有特殊规定：对日常经营业务收支以外币为主的企业，也可以选用某种外币为记账本位币，但是编制的财务会计报告应当折算为人民币反映；对在境外中国企业报表折算的规定是，中国境外设立的中国企业，由于开展经营活动和向所在国提交财务会计报告和申报纳税的需要，所以日常会计核算需要采用当地的法定货币作为记账本位币，但是其向国内报送的财务会计报告应当折算为人民币反映。

二、会计信息质量要求

根据会计基本准则的规定，会计信息质量要求主要包括可靠性、相关性、可理解性、可比性、实质重于形式、重要性、谨慎性、及时性。其中，可靠性、相关性、可理解性和可比性，是会计信息的首要质量要求，是企业财务会计报告中所提供会计信息应具备的基本质量特征；实质重于形式、重要性、谨慎性和及时性是会计信息的次级质量要求，是对可靠性、相关性、可理解性和可比性首要质量要求的补充和完善，尤其是在对某些特殊交易或事项进行处理时，需要根据这些质量要求来把握其会计处理原则。另外，及时性还是会计信息相关性和可靠性的制约因素，企业需要在相关性和可靠性之间寻求一种平衡，以确定会计信息及时披露的时间。

（一）可靠性

会计基本准则第十二条规定："企业应当以实际发生的交易或者事项为依据进行会计确认、计量和报告，如实反映符合确认和计量要求的各项会计要素及其他相关信息，保证会计信息真实可靠、内容完整。"

可靠性，也称客观性、真实性，是对会计信息质量的一项基本要求。因为会计所提供的会计信息是投资者、债权人、政府及其有关部门和社会公众等的决策依据，如果会计信息数据不能客观、真实地反映企业经济活动的实际情况，势必无法满足各有关方面了解企业财务状况和经营成果等以进行决策的需要，甚至可能导致错误的决策。可靠性要求会计核算的各个阶段，包括会计确认、计量、记录和报告，必须力求真实客观，必须以实际发生的经济活动及表明经济业务发生的合法凭证为依据。

在会计实务中，有些数据只能根据会计人员的经验或对未来的预期进行估计性的计算。例如，对固定资产折旧年限、坏账准备计提比例的选择等，都会受到一定程度的个人主观意志的影响。不同会计人员对同一经济业务的处理出现不同的计量结果是在所难免的。但是，会计人员应在统一标准的条件下将可能发生的误差降低到最低限度，以保证会计核算提供的会计信息真实可靠。

会计信息的可靠性程度取决于以下三个方面的因素：第一，真实性。所谓真实性，就是要如实表达，即会计核算应以实际发生的经济业务为依据，内容真实、数字准确、资料可靠，会计的记录和报告不加任何掩饰。第二，可核性。所谓可核性，是指信息应经得住复核和验证，即由独立的专业和文化素养基本相同的人员，分别采用同一计量方法，对同一交易或事项加以计量，能得出相同的结果。第三，中立性。所谓中立性，是指会计信息应不偏不倚，不带主观成分，将真相如实地和盘托出，结论让用户自己去判断。会计人员不能为了某种特定利益者的意愿或偏好而对会计信息做特殊安排，故意选用不适当的计量和计算方法，隐瞒或歪曲部分事实，来诱使特定的行为反映。

会计信息的可靠性一方面取决于会计人员的工作质量，但又不完全为会计人员所左右，有时会计人员受经济环境和会计方法本身的局限，对提高会计信息的可靠性则力不从心。

（二）相关性

会计基本准则第十三条规定："企业提供的会计信息应当与财务会计报告使用者的经济决策需要相关，有助于财务会计报告使用者对企业过去、现在或者未来的情况做出评价或者预测。"

相关性，也称有用性，也是会计信息质量的一项基本要求。信息要成为有用的，就必须与使用者的决策需要相关。会计信息的相关性程度取决于以下两个方面的因素：

第一，预测价值。如果一项信息能帮助决策者对过去、现在及未来交易或事项的可能结果进行预测，则此项信息具有预测价值。决策者可根据预测的可能结果，做出其认为最佳的选择，从而影响其决策。因此，预测价值是相关性的重要因素，具有影响决策者决策的作用。

第二，反馈价值。一项信息如能有助于决策者验证或修正过去的决策和实施方案，即具有反馈价值。把过去决策所产生的实际结果反馈给决策者，使之与当初的预期结果相比较，验证过去的决策是否有误，总结经验防止今后决策时再犯同样的错误。因此，反馈价值有助于未来决策。

信息反馈价值与信息预测价值同时并存，相互影响。验证过去才有助于预测未来，不明白过去，预测就缺乏基础。

最佳的会计信息当然是既具备很强的相关性又有很高的可靠性，二者能同时增加对提高会计信息质量来说是最为理想的。然而在现实中，“可靠性与相关性常常互相冲击。为了加强相关性而改变会计方法，可靠性会有所削弱，反之亦然”。二者之间的相对重要程度如何权衡取决于决策者对其重要性的评价。

（三）可理解性

会计基本准则第十四条规定：“企业提供的会计信息应当清晰明了，便于财务会计报告使用者理解和使用。”

可理解性，也称明晰性，是对会计信息质量的一项重要要求。提供会计信息的目的在于使用，要使用就必须了解会计信息的内涵，明确会计信息的内容，这就要求会计核算和财务会计报告必须清晰明了。如果无法做到这一点，就谈不上对决策有用。信息是否被使用者所理解，取决于信息本身是否易懂，也取决于使用者理解信息的能力。可理解性是决策者与决策有用性的连接点。如信息不能被决策者所理解，那么这种信息毫无用处。因此，可理解性不仅是信息的一种质量标准，也是一个与信息使用者有关的质量标准。会计人员应尽可能传递表达易被人理解的会计信息，而信息使用者也应设法提高自身的综合素养，以增强理解会计信息的能力。

会计信息要能够被信息使用者所理解，就必须做到以下几点：会计记录应当准确、清晰；填制会计凭证、登记会计账簿必须做到依据合法、账户对应关系清楚、文字摘要完整；在编制财务会计报告时，项目钩稽关系清楚、内容完整、数字准确。

（四）可比性

会计基本准则第十五条第一款规定：“企业提供的会计信息应当具有可比性。”

企业发生的交易或事项具有复杂性和多样化，对于某些交易或事项可以有多种会计核算方法。例如，存货的发出，可以采用先进先出法、加权平均法或者个别计价法确定其实际成本；固定资产折旧方法可以采用直线法、工作量法等。为了明确企业财务状况和经营业绩的变化趋势，使用者必须能够比较企业不同时期的财务报表。为了评估不同企业相对的财务状况、经营业绩和现金流量，使用者还必须能够比较不同企业的财务报表。因此，对整个企业及其不同时点，以及对不同企业而言，同类交易或事项的计量和报告，都应该采用一致的方法。

可比性也是会计信息质量的一项重要要求。它包括两个方面的含义：一是同一企业在不同时期的纵向可比；二是不同企业在同一时期的横向可比。要做到这两个方面的可比，就必须做到会计基本准则第十五条第二款的规定：“同一企业不同时期发生的相同或者相似的交易或者事项，应当采用一致的会计政策，不得随意变更。确需变更的，应当在附注中说明。”会计基本准则第十五条第三款规定：“不同企业发生的相同或者相似的交易或者事项，应当采用规定的会计政策，确保会计信息口径一致、相互可比。”如果对于相同或相似的交易或事项，不同的企业或者同一企业在不同的会计期间采用不同的会计政策，将不利于财务会计报告使用者对会计信息的理解，不利于会计信息作用的发挥。

（五）实质重于形式

会计基本准则第十六条规定：“企业应当按照交易或者事项的经济实质进行会计确认、计量和报告，不应仅以交易或者事项的法律形式为依据。”

如果要真实地反映所要反映的交易或事项，那就必须根据它们的实质和经济现实，而不是仅仅根据它们的法律形式进行核算和反映。在有些情况下，交易或事项的实质，并非与它们的法律形式的外在面貌相一致。实质重于形式就是要求在对会计要素进行确认和计量时，应重视交易的经济实质，而不管其采用何种形式。实质重于形式原则在会计核算过程中有较多的应用。例如，企业销售商品的售后回购业务，如果企业已将所销售的商品所有权上的主要风险和报酬转移给购货方，并同时满足收入确认的其他条件，则销售实现，应确认收入；如果企业没有将商品所有权上的主要风险和报酬转移给购货方，或没有满足收入确认的其他条件，即使已将商品交付给购货方，也不能确认收入。再如，对融资租入固定资产的确认与计量。从形式上看，该项固定资产的所有权在出租方，企业只是拥有其使用权和控制权，也就是说，该项固定资产并不是企业购入的固定资产，因此不能将其作为企业的固定资产加以核算。但是，由于融资租入固定资产的租赁期限一般超过了固定资产可使用期限的大部分，而且租赁到期时企业可以以一定的价格购买该项固定资产，根据实质重于形式的会计信息质量要求，为了正确地反映企业的资产和负债状况，对于融资租入的固定资产一方面应作为企业的自有固定资产加以核算，另一方面应作为企业的一项长期负债加以反映。

（六）重要性

会计基本准则第十七条规定：“企业提供的会计信息应当反映与企业财务状况、经营成果和现金流量等有关的所有重要交易或者事项。”

重要性是指财务会计报告在全面反映企业的财务状况和经营成果等的同时，应当区别经济业务的重要程度，采用不同的会计处理程序和方法。具体来说，对于重要的经济业务，应单独核算、分项反映、力求准确，并在财务会计报告中做重点说明；对于不重要的经济业务，在不影响会计信息真实性的情况下，可适当简化会计核算或合并反映，以便集中精力抓住关键问题。

重要性的意义在于，对会计信息使用者来说，如果某项会计信息的省略或误报会影响到信息使用者做出的经济决策，这项信息就具有重要性，而且重要性取决于需判断的项目的金额大小，或在出现省略或发生误报的特定情况下所导致差错的大小。对经营决策有重要影响的会计信息是最重要的，如果会计信息不分主次，反而会影响信息使用者正确使用，甚至影响决策。同时，对不重要的经济业务简化核算或合并反映，可以节省人力、物力和财力，符合成本效益原则。由此可见，重要性就像一道门槛，对众多的会计信息施加了一种限制，提供了一个分界线或取舍点，因为数据太多可能和数据太少一样会使人产生误解。

需要明确的是，重要性具有相对性，并不是同样的经济业务对不同的企业都是重要或不重要的会计事项。对某项会计事项判断其重要性，在很大程度上取决于会计人员的职业判断。一般来说，重要性可以从质和量两个方面进行判断。从性质方面来说，如果某会计事项的发生可能对决策产生重大影响，则该事项属于具有重要性的事项；从数量方面来说，如果某会计事项的发生达到一定数量或比例可能对决策产生重大影响，则该事项属于具有重要性的事项。

（七）谨慎性

会计基本准则第十八条规定："企业对交易或者事项进行会计确认、计量和报告应当保持应有的谨慎，不应高估资产或者收益、低估负债或者费用。"

谨慎性，又称稳健性，是指在处理不确定性经济业务时，应持谨慎态度。如果一项经济业务有多种处理方法可供选择时，应选择不导致夸大资产、虚增利润的方法。在进行会计核算时，应当合理预计可能发生的损失和费用，而不应预计可能发生的收入和过高估计资产的价值。

谨慎性的要求体现在会计核算的全过程，在会计上的应用是多方面的。例如，要求企业在资产负债表日判断企业的资产是否存在可能发生减值的迹象，如果资产存在减值迹象的，应当估计其可收回金额。当资产的可收回金额低于其账面价值的，应当将资产的账面价值减记至可收回金额，减记的金额确认为资产减值损失，计入当期损益，同时计提相应的资产减值准备；再如，对企业使用的某些固定资产采用加速折旧法计提折旧等，都属于谨慎性要求的具体体现。

遵循谨慎性要求，对于企业存在的经营风险加以合理估计，对防范风险起到预警作用，有利于企业做出正确的经营决策，有利于保护投资者和债权人的利益，有利于提高企业在市场上的竞争能力。但是，企业不能滥用谨慎性，不能以谨慎性为由任意计提各种准备，即秘密准备。例如，按照有关规定，企业应当计提坏账准备、存货跌价准备等资产减值准备。但是，在实际执行时，有些企业滥用会计准则给予的会计政策，在前一年度大量计提减值准备，待后一年度再予以转回。这种行为属于滥用谨慎性，计提秘密准备，是会计准则所不允许的。

（八）及时性

会计基本准则第十九条规定："企业对于已经发生的交易或者事项，应当及时进行会计确认、计量和报告，不得提前或者延后。"

会计信息的报告如果被不适当的拖延，就可能失去其相关性。当然，及时提供可能会损坏可靠性。企业可能需要权衡及时报告与提供可靠信息的优缺点。为了在及时的基础上提供信息，在了解某一交易或事项的所有方面之前，就可能有必要做出报告，这就会损害可靠性。相反，如果推迟到了解所有方面之后再报告，信息可能极为可靠，但是对于必须在事中决策的使用者，用处可能很小。要在相关性和可靠性之间达到平衡，关键性的问题是如何最佳地满足使用者的经济决策需要。按照及时性的要求，在会计确认、计量和报告的过程中，一是要及时收集会计信息，即在经济交易或事项发生后，及时收集整理各种原始凭证；二是要及时处理会计信息，即及时对经济交易或事项进行会计确认、计量和编制财务会计报告；三是要求及时传递会计信息，即按照国家规定的时限及时将编制的财务会计报告传递给财务会计报告使用者。

上述八项会计信息的质量特征，在实务中，常常需要在各种特征之间权衡或取舍。其目的一般是为了达到会计信息质量特征之间的适当平衡，以便实现财务报告的目标。会计信息的质量特征在不同情况下的相对重要性，属于会计人员的职业判断问题。

第二节 会计要素和会计等式

一、会计要素的基本内容

根据会计的含义，我们知道，会计反映和监督的对象是企业单位的经济业务活动。为实现会计的目标，需要对会计对象进行适当的分类。会计要素是以会计基本假设为基础，对会计对象所做的基本分类，是会计核算对象的具体化。会计要素具体包括以下几项：

（一）反映财务状况的会计要素

反映企业财务状况的会计要素包括资产、负债和所有者权益。

1.资产

（1）资产的特征

资产是指企业过去的交易或者事项形成的、由企业拥有或者控制的、预期会给企业带来经济利益的资源。资产包括各种财产、债权和其他权利。资产具有以下特点：

①资产是由过去的交易、事项所形成的。资产的成因是资产存在和计价的基础。未来的、尚未发生的事项的可能后果不能确认为资产，也没有可靠的计量依据。

②资产必须是企业所拥有或控制的经济资源。强调所有权，是会计主体假设的必然要求。所谓拥有，是指资产的法定所有权属于本企业；所谓控制，是指虽然本企业并不拥有该项资产的所有权，但是该项资产上的收益和风险已经由本企业所承担。例如，融资租入固定资产，此项资产虽不归企业所有，但企业实质上已经控制了该项资产，它所能带来的经济利益归企业所有，因此可将其归为企业的资产。把不能拥有但能实际行使控制权的资产作为企业自有资产进行核算，反映了经济业务的经济实质，是实质重于形式会计信息质量要求的具体体现。

③资产预期能为企业带来经济利益。资产预期能够直接或间接地为企业产生现金流入量。例如，销售商品收回的货款，即为企业所获得的经济利益。

（2）资产的构成内容

资产可以有多种分类形式。资产按其存在形态分为有形资产和无形资产：有形资产是指有实物形态的资产，如原材料、产成品、固定资产等；无形资产则是不具有实物形态的资产，如商标权、专利技术等。资产按其是否表现为货币形态可分为货币性资产和非货币性资产：库存现金、银行存款等属于货币性资产，货币性资产以外的资产称为非货币性资产，如原材料、在产品、产成品等。

我国企业会计准则要求企业将资产按流动性进行分类反映。资产按其流动性分为流动资产和非流动资产。

①流动资产，是指可以在一年或者超过一年的一个营业周期内变现或者耗用的资产。流动资产主要包括库存现金、银行存款、交易性金融资产、应收及预付款项、存货等。

②非流动资产，是指不能在一年或者超过一年的一个营业周期内变现或者耗用的资产。非流动资产主要包括长期投资、固定资产、无形资产和其他资产等。

长期投资，是指不可能或者不准备在一年内变现或收回的股票投资、债券投资和其他投资，进行会计核算时具体分为可供出售金融资产、持有至到期投资、长期股权投资等。

固定资产，是指同时具备以下特征的有形资产：a.为生产商品、提供劳务、出租或经营管理而持有的；b.使用寿命超过一个会计年度。使用寿命，是指企业使用固定资产的预计期间，或者该固定资产所能生产产品或提供劳务的数量。固定资产的单位价值一般比较高，企业的房屋、建筑物、机器设备、运输工具等使用年限超过一年的资产，都属于固定资产。

无形资产，是指企业拥有和控制的没有实物形态的可辨认非货币性资产。企业拥有和控制无形资产的目的，是为了生产商品或者提供劳务、出租给他人，或为管理目的而持有。专利权、商标权、土地使用权等都属于无形资产。

其他资产，是指除上述资产以外的其他各项资产，如长期待摊费用。长期待摊费用，是指企业已经发生，但摊销期限在一年以上的各项费用，如企业以经营租赁方式租入固定资产发生的改良支出。

2.负债

（1）负债的特征

负债，是指过去的交易或事项形成的、预期会导致经济利益流出企业的现时义务。负债具有以下特点：

①负债是企业承担的一项现时义务。比如，企业赊购材料形成的应付账款，使企业要承担支付货款的义务，这种义务是一种现时义务，是企业在现行条件下已承担的义务。未来发生的交易或者事项形成的义务，不属于现时义务，不应当确认为负债。

②清偿负债会导致企业未来经济利益的流出。企业赊购材料形成的应付账款，将来必须用交付资产、提供劳务等牺牲经济利益的方式来偿还，在没有偿还以前，企业承担着这种义务，表明企业在未来的某个时期要做出经济利益的牺牲。

③负债是企业过去的交易、事项的一种后果。企业赊购材料形成的应付账款，在购买行为发生之前是不存在的。如果企业准备在将来某一时间购买材料，那么在没有实际购买之前也不能确认为负债，因为这一事项不是“过去发生”的。

（2）负债的构成内容

企业负债按其流动性分类，分为流动负债和非流动负债。所谓负债的流动性，是就负债的偿还期限长短而言的。

流动负债，是指将在一 年（含一年）或者超过一年的一个营业周期内偿还的负债。流动负债一般包括短期借款、应付账款、其他应付款、预收账款、应付职工薪酬、应付股利、应付利息和应交税费等。

非流动负债，是指偿还期在一年或者超过一年的一个营业周期以上的负债，包括长期借款、应付债券和长期应付款等。

3.所有者权益

（1）所有者权益的特征

所有者权益，是指企业资产扣除负债后由所有者享有的剩余权益，是投资人对企业净资产的所有权。所有者权益是企业的主要资金来源，它等于全部资产减全部负债后的净额。所有者权益是企业进行生产经营活动的“本钱”。

(2) 所有者权益的构成内容

企业所有者拥有的权益，最初以投入企业资本的形式取得，形成实收资本（股本)。随着企业生产经营活动的开展，实收资本（股本）本身增值，增值部分形成盈余公积和未分配利润，这部分资金归所有者所有，与实收资本（股本）一起构成企业的所有者权益。所有者权益具体包括实收资本（股本)、资本公积、盈余公积和未分配利润。

①实收资本（股本)。实收资本（股本）是指投资者按照企业章程，或合同、协议的规定，实际投入企业的资本。目前我国企业的投入资本按其来源不同可分为国家资本、法人资本、个人资本和外商资本。投入资本是企业注册成立的前提条件。

②资本公积。资本公积是一种特殊的资本，是指企业收到投资者超出其在注册资本或股本中所占的份额的投资，以及直接计入所有者权益的利得和损失等。资本公积一般包括资本溢价（或股本溢价）和直接计入所有者权益的利得与损失等。资本溢价（或股本溢价）是指投资者实际投入的资本超出其在注册资本中所占份额的部分，包括股份制企业发行股票的溢价收入和有限责任公司新介入投资者投入资本超出约定数额的部分。

③盈余公积。盈余公积是企业按照规定从企业税后利润中提取的盈余公积，包括法定盈余公积和任意盈余公积。法定盈余公积是指企业按照规定的比例从净利润中提取的盈余公积。任意盈余公积是指企业经股东大会或类似机构批准按照规定的比例从净利润中提取的盈余公积。企业的盈余公积可以用于弥补亏损、转增资本（或股本)。符合规定条件的企业，也可以用盈余公积分派现金股利。

④未分配利润。未分配利润是指企业未做分配的净利润。未分配利润从数量上等于企业实现的净利润扣除提取的各种公积金以及应付的投资者利润，再加上年初未分配利润。

盈余公积和未分配利润称为企业的留存收益。

(3) 所有者权益和负债的区别

企业所拥有的全部资产，一是来源于所有者的投入资本，二是来源于债权人的借入资金，如银行借款等。所有者权益和负债虽然同属于权益，但二者却有着本质的区别，表现在：

①对象不同。负债（即债权人权益）是企业对债权人所承担的经济责任，而所有者权益是企业对投资者所承担的经济责任。

②性质不同。债权人权益是企业在经营过程中产生的债务，是债权人对企业资产的索偿权，是企业的负债；而所有者权益则是企业吸收投资者的投资及其产生的留存收益，是投资者对其投入资本及其所产生的盈利的要求权，是企业的资本。

③偿还的责任和形式不同。债权人权益要求企业必须按期清偿负债的本金及利息，即企业利用债权人提供的资本是有偿的，而且是有限期的；而所有者权益在企业的整个经营过程中无须偿还。

④享受的权利不同。债权人权益只规定了债权人有要求企业按期清偿债务的权利，却没有参与企业经营决策和收益分配的权利；而所有者权益则使所有者享有参与企业经营决策、管理企业与收益分配的权利。

小知识2-2

利得和损失

利得是指由企业非日常活动所形成的、会导致所有者权益增加的、与所有者投入资本无关的经济利益的流入。损失是指由企业非日常活动所发生的、会导致所有者权益减少的、与向所有者分配利润无关的经济利益的流出。损失是企业除了费用或分配给所有者之外的一些边缘性或偶发性支出。按照我国会计准则的规定，利得和损失分为直接计入所有者权益的利得和损失与直接计入当期损益的利得和损失。直接计入所有者权益的利得和损失，主要有可供出售金融资产公允价值变动损益和自用房地产转换为投资性房地产时公允价值与账面价值的差额等。企业处置固定资产、无形资产等所产生的利得或者损失，属于直接计入当期损益的利得和损失，应当计入营业外收入或营业外支出。利得、损失与收入和费用不同，它们之间不存在配比关系。

（二）反映经营成果的会计要素

反映企业经营成果的会计要素包括收入、费用和利润。

1.收入

（1）收入的特征

收入是指企业在日常活动中形成的、会导致所有者权益增加的、与所有者投入资本无关的经济利益的总流入。其中，日常活动是指企业为完成其经营目标所从事的经常性活动以及与之相关的其他活动。收入具有以下特征：

①收入是企业在日常活动中形成的，而不是从偶发的交易或事项中产生的。例如，制造业企业销售商品、提供劳务取得的收入是其日常活动产生的收入，而股东投资、企业借款增加的现金流入就不是收入。

②收入可能表现为企业资产的增加，也可能表现为负债的减少，或者二者兼而有之。比如企业收到了销售商品的收入，增加了企业的银行存款，表明企业资产增加。

③收入最终会导致企业所有者权益的增加。收入实现可能表现为企业资产增加或者负债减少，从而增加企业的所有者权益。

④收入只包括本企业经济利益的流入，而不包括为客户或第三方代收的款项。比如，企业在销售商品时向购货方收取的代垫运费，就不属于收入。

（2）收入的构成内容

企业收入主要包括主营业务收入、其他业务收入和投资收益。

①主营业务收入，是指企业根据《企业会计准则第14号——收入》确认的销售商品、提供劳务等业务的收入。如制造业企业和商品流通企业的商品销售收入、交通运输企业提供的运输劳务收入等。

②其他业务收入，是指企业根据《企业会计准则第14号——收入》确认的除主营业务以外的其他经营活动实现的收入。如制造业企业出租固定资产、销售材料等实现的收入。

③投资收益，是指企业对外投资所取得的收益减去发生的投资损失后的净额。

对于某一特定会计主体来说，收入表现为一定期间现金的流入或其他资产的增加或负债的清偿。但不是所有的现金流入都是企业的收入，因为有些现金收入并不是由于企业销售商品、提供劳务及提供他人使用本企业资产这样一些日常活动而引起的。收入有狭义和广义两种理解。狭义的收入指的是经常性的、主体性的经营业务取得的收入，即营业收入，不包括营业外收入。上面所讲的企业收入指的就是狭义的收入。广义的收入把所有的经营和非经营活动的所得都看成是收入，也就是说把企业净资产增加的部分都看做收入，既包括营业收入，也包括直接计入当期损益的利得和损失，如企业处置固定资产、无形资产的净收益和罚款收入等，即属于直接计入当期损益的利得，在会计核算上作为营业外收入处理。

2.费用

（1）费用的特征

费用是指企业在日常活动中发生的、会导致所有者权益减少的、与向所有者分配利润无关的经济利益的总流出。费用具有以下特征：

①费用在企业的日常活动中发生。如企业生产经营过程中发生的各项生产费用和管理费用等。

②费用可能表现为企业资产的减少，也可能表现为负债的增加，或者二者兼而有之。比如，企业用银行存款购买办公用品，表明企业管理费用增加的同时减少了银行存款，企业资产减少。

③费用最终会导致企业所有者权益的减少，但与向所有者分配利润无关。

（2）费用的构成内容

费用包括生产成本和费用。

①生产成本，是指企业为生产产品、提供劳务而发生的各种耗费。它具体包括企业为生产产品、提供劳务而发生的直接材料费用、直接人工和制造费用等。企业应当在确认商品销售收入和提供劳务收入的同时，将这些耗费作为已销商品成本或已提供劳务的成本，从当期收入中扣除，即计入当期损益。

②费用包括企业在日常活动中发生的各项营业税费、期间费用和资产减值损失。其中，营业税费是指企业营业活动应当负担的各项税费，如消费税、营业税、所得税、教育费附加等。期间费用包括销售费用、管理费用和财务费用。销售费用是指企业在销售商品和材料、提供劳务的过程中发生的各种费用，包括包装费、广告费等费用和为销售本企业商品而专设的销售机构的职工薪酬、业务费等经营费用。管理费用是指企业为组织和管理生产经营所发生的管理费用，包括企业在筹建期内发生的开办费、董事会和行政管理部门在企业的经营管理中发生的或者应由企业统一负担的公司经费、工会经费、董事会费、聘请中介机构费、咨询费（含顾问费）、诉讼费、业务招待费等各项费用。财务费用是指企业为筹集生产经营所需资金等而发生的费用，包括利息支出（减利息收入）、汇兑损益以及相关的手续费、企业发生的现金折扣或收到的现金折扣等。资产减值损失是指企业坏账准备、存货跌价准备和固定资产减值准备等形成的损失。

费用是企业在获取收入过程中的必要支出，是相对于收入而言的，没有收入就没有费用。因此，费用必须与一定会计期间的收入配比。例如，一定期间的商品销售收入必须与当期的商品销售成本配比，以计算确定不同会计期间的损益。费用有狭义和广义之分。狭义的费用只包括为销售商品或提供劳务获取营业收入而发生的耗费，我们这里所说的费用就是狭义的费用。广义的费用既包括各种费用，也包括直接计入当期损益的损失，即营业外支出，具体包括固定资产盘亏、处置固定资产净损失、处置无形资产净损失、罚款支出、捐赠支出和非常损失等。狭义的费用和损失的共同点是，它们都会导致所有者权益的减少。其不同之处是，狭义的费用仅仅指与商品销售或提供劳务相联系的耗费，狭义的费用和收入之间存在配比关系，但利得和损失之间不存在配比关系。

费用和产品成本既有联系又有区别。两者的经济内容一致，都是耗费，一定会计时期的生产费用是计算该期间完工产品成本的基础。但它们之间又有着明显区别：费用同“会计期间”相联系，而产品成本则同“产品”相联系，有实物承担者；它们两者的金额也不一定相等，因为有些本期支出的费用可能计入下期产品成本，而有些在下期支出的费用可能要提前计入本期产品成本。

3. 利润

（1）利润的特征

利润是指企业在一定会计期间的经营成果，包括收入减去费用后的净额、直接计入当期利润的利得和损失等。利润的实现，会相应地表现为资产的增加或负债的减少，其结果是所有者权益增加。

（2）利润的构成内容

企业利润具体包括营业利润、利润总额和净利润。

营业利润是指主营业务收入加上其他业务收入，减去主营业务成本、其他业务成本、营业税金及附加、销售费用、管理费用、财务费用、资产减值损失，再加上公允价值变动净收益和投资净收益后的金额。它是狭义收入与狭义费用配比后的结果。

利润总额是指营业利润加上营业外收入，减去营业外支出后的金额。

净利润是指利润总额减去所得税费用后的金额。它是广义收入与广义费用相抵后的结果。

二、会计要素的确认与计量

企业会计的最终“产品”是提供财务会计报告，财务会计报告的具体组成项目就是会计要素，而在编制财务会计报告之前必须先按照一定的要求对会计要素进行确认和计量。

（一）会计要素的确认

会计要素的确认是指将某一项目作为资产、负债、收入、费用等会计要素而加以确认的过程。会计要素的确认主要解决某一个项目应否确认、如何确认和何时确认三个问题。

我国会计基本准则中规定了会计要素的确认条件，具体包括以下内容：

（1）满足会计要素的定义要求。某一项目能否作为一项会计要素加以确认，必须要满足该项会计要素的定义。例如，将一项资源确认为企业资产必须符合资产的定义，而将一项债务确认为企业负债，则必须满足负债的定义。

（2）与该项目有关的经济利益很可能流入或流出企业。“很可能”要求经济利益流入或流出企业的可能性要达到50%以上。例如，当与资产或者收入有关的经济利益很可能流入企业，同时也满足了资产或者收入确认的其他条件时，就可以分别确认为企业的资产或者收入；当与负债或者费用有关的经济利益很可能流出企业，同时也满足了会计确认的其他条件时，就可以分别确认为企业的负债或者费用。

（3）与该项目有关的经济利益能够可靠地计量。例如，企业购买的某项资产，其实际发生的购买成本能够可靠计量，就视为满足了资产确认的可计量条件。

（二）会计要素的计量

会计工作的程序通常就是对会计要素进行确认、计量和报告的过程。会计计量就是将符合会计确认条件的会计要素登记入账并确定各个项目以多大金额计入财务报表的过程。会计计量包括计量属性与计量单位的选择两个方面，计量单位通常不变，一般应采用名义货币，会计计量的关键是计量属性的应用。

1.会计计量属性

计量属性反映会计要素金额的确定基础，我国会计基本准则规定的计量属性包括以下五种：

（1）历史成本

历史成本又称为实际成本。在历史成本计量下，资产按照购置时支付的现金或者现金等价物的金额，或者按照购置资产时所付出的对价的公允价值计量。负债按照因承担现时义务而实际收到的款项或者资产的金额，或者按照承担现时义务的合同金额，或者按照日常活动中为偿还负债预期需要支付的现金或者现金等价物的金额计量。

（2）重置成本

重置成本又称为现行成本，是指按照当前市场条件，重新取得同样一项资产所需支付的现金或者现金等价物的金额。在重置成本计量下，资产按照现在购买相同或者相似资产所需支付的现金或者现金等价物的金额计量。负债按照现在偿付该项债务所需支付的现金或者现金等价物的金额计量。

（3）可变现净值

可变现净值是指在正常生产经营过程中，以预计售价减去进一步加工成本和销售所必需的预计税金、费用后的净值。在可变现净值计量下，资产按照其正常对外销售所能收到现金或者现金等价物的金额扣减该资产至完工时估计将要发生的成本、估计的销售费用以及相关税费后的金额计量。

（4）现值

现值是指对未来现金流量以恰当的折现率进行折现后的价值，是考虑货币时间价值的一种计量属性。在现值计量下，资产按照预计从其持续使用和最终处置中所产生的未来净现金流入量的折现金额计量。负债按照预计期限内需要偿还的未来净现金流出量的折现金额计量。

（5）公允价值

在公允价值计量下，资产和负债按照市场参与者在计量日发生的有序交易中出售资产所能收到或者转移负债所需支付的价格计量。企业会计准则对公允价值计量涉及的市场参与者、有序交易以及资产或者负债的特征等内容都有具体规定。

2.会计计量属性的选择

在各种会计计量属性中，历史成本通常反映的是资产或者负债过去的价值，而重置成本、可变现净值、现值和公允价值通常反映的是资产或者负债的现时成本或者现时价值，是与历史成本相对应的计量属性。当然，这也不是绝对的，历史成本代表的是资产取得时的公允价值。我国会计基本准则第四十三条规定，企业在对会计要素进行计量时，一般应当采用历史成本，采用重置成本、可变现净值、现值、公允价值计量的，应当保证所确定的会计要素金额能够取得并可靠计量。由此可见，我国引入公允价值是适度、谨慎和有条件的。

小知识 2-3

公允价值计量的相关规定

在《企业会计准则第39号——公允价值计量》中，对涉及的市场参与者、有序交易以及资产或者负债的特征等内容都有具体规定。

市场参与者是指在相关资产或负债的主要市场（或最有利市场）中，同时具备下列特征的买方和卖方：市场参与者应当相互独立，不存在《企业会计准则第36号——关联方披露》所述的关联方关系；市场参与者应当熟悉情况，能够根据可取得的信息对相关资产或负债以及交易具备合理认知；市场参与者应当有能力并自愿进行相关资产或负债的交易。

有序交易是指在计量日前一段时期内相关资产或负债具有惯常市场活动的交易。

企业以公允价值计量相关资产或负债，应当考虑该资产或负债的特征。相关资产或负债的特征是指市场参与者在计量日对该资产或负债进行定价时考虑的特征，包括资产状况及所在位置、对资产出售或者使用的限制等。

主要市场是指相关资产或负债交易量最大和交易活跃程度最高的市场。最有利市场是指在考虑交易费用和运输费用后，能够以最高金额出售相关资产或者以最低金额转移相关负债的市场。

三、会计等式

会计等式是指表明会计要素之间基本关系的恒等式，也称为会计平衡公式。

（一）基本会计等式

企业要进行生产经营活动，必须从投资者和债权人那里取得一定的经营资金或实物，占用一定的资财。这些资财以货币形式表现就是企业的资产。企业的资产要么来源于债权人，形成企业的负债，如企业从银行取得的借款；要么来源于投资者的投资，形成企业的所有者权益。因此，资产的价值量必然等于负债和所有者权益之和。

企业的生产经营活动就是不断地取得、使用、生产和销售不同的资财的过程。从静态来看，企业开始生产经营活动后，在某一时点上总是表现为占用一定的资财，即占用一定的资产，企业资产的价值总量仍然等于负债额和企业投资者对企业投资额的总和。企业经济活动的发生，只表现为在数量上影响企业资产与负债或所有者权益的同时增减变化，并不破坏这一基本的恒等关系。这一关系用公式表现出来，就是会计的基本平衡关系，即：

资产=负债+所有者权益

这一会计等式，表明某一会计主体在某一时点所拥有的各种资产，以及债权人和投资者对企业资产要求权的基本情况，表明企业所拥有的全部资产都是由债权人和投资者提供的。这一公式还是会计复式记账、会计核算和编制财务报表的基础。

（二）动态会计等式

企业的目标是从生产经营活动中取得收入，实现盈利。企业在取得收入的同时，也必然要发生相应的费用。企业通过收入与费用的对比，才能计算确定某一期间的利润或者亏损情况，确定当期实现的利润总额。利润与收入和费用的关系用公式表现出来，就是：

收入-费用=利润

这一平衡公式反映了某一会计期间企业收入、费用和利润之间的恒等关系，是一个动态的会计等式，也是编制利润表的依据。

（三）扩展的会计等式

由于企业资产主要是由所有者投资的，企业的利润也只能属于所有者。利润的实现总是表现为所有者在企业中的所有者权益数额的增加；反之，企业亏损也必须由所有者负担，表现为所有者在企业中所有者权益的减少。企业生产经营活动产生了收入、费用和利润后，基本会计等式就可以扩展为下述关系式：

资产=负债+所有者权益+利润

=负债+所有者权益+（收入-费用）

这一会计等式表明了会计主体的财务状况和经营成果之间的相互联系。由于收入、费用和利润的变化最终都表现为所有者权益的变化，所以这一扩展的会计等式才会保持平衡。

第三节 收付实现制和权责发生制

收付实现制和权责发生制是确定企业收入与费用的两种完全不同的会计核算基础。由于企业的生产经营活动是连续不断进行的，为了计算确定企业生产经营活动所形成的利润（或亏损），将会计核算期间进行人为划分，这样就会出现一部分收入和费用的实际收支期间和应归属的期间不一致的情况。在这种情况下，选择收付实现制和权责发生制的会计处理基础就会出现不同的核算结果。

一、收付实现制

收付实现制是指以款项是否实际收到或付出为标准来确认本期收入和费用的一种会计核算基础。采用收付实现制会计处理基础，凡是本期实际收到的款项，不论其是否属于本期实现的收入，都作为本期的收入处理；凡是本期付出的款项，不论其是否属于本期应当负担的费用，都作为本期的费用处理。反之，凡是本期没有实际收到或者付出的款项，即使应当归属为本期的收入或费用，也不作为本期的收入和费用处理。在这种会计核算基础下，款项的收付是以实际的现金收付为准，所以一般称为现金制。

现举例说明收付实现制下会计处理的方法如下：

【例 2-1】W 企业于5月6日销售商品一批，5月26日收到货款100 000元并存入银行。

这笔销售收入由于在5月份收到了货款，按照收付实现制的要求，应当作为W企业5月份的收入入账核算。

假设这笔收入是在6月份收到货款并存入银行，那么，虽然这笔销售收入属于5月份实现的收入，但是按照收付实现制的处理标准，应当将其作为W企业6月份的收入入账。

【例 2-2】W 企业于5月10日收到某单位的购货款50 000元并存入银行，但是合同规定于7月份交付商品。

这笔货款虽然属于7月份实现的销售收入，但是因为是在5月份实际收到了货款，所以按照收付实现制的处理标准，W企业应当将其作为5月份的收入入账。

【例 2-3】W 企业12月20日预付下年度全年的财产保险费120 000元。

这笔保险费虽然属于下年度各月应当分别负担的费用，但由于本年12月份已经实际支付了款项，按照收付实现制的处理要求，W企业应当将其作为本年12月份的费用入账。

【例2-4】W企业于7月1日租入办公用房，租期为1年，合同约定下年1月1日一次性支付全年租金120 000元。

这笔业务的租金费用应当从本年7月份开始分期入账，但是由于款项是在下年1月1日实际支付，按照收付实现制的处理标准，W企业应当将其作为下年1月份的费用入账。

【例2-5】W企业于5月30日以银行存款支付本月电费5 000元。

这笔费用在5月份支付，按照收付实现制的处理要求，W企业应当将其作为5月份的费用入账。

从上面的举例可以看出，收付实现制强调以实际收到或支付款项为标准来确定收入和费用的入账时间。这种处理方法核算手续简单，但会计核算信息缺乏可比性，主要适用于行政、事业单位的会计核算。

二、权责发生制

权责发生制亦称应收应付制，是指企业以收入的权利和支出的义务是否归属于本期为标准来确认收入、费用的一种会计核算基础。在权责发生制下，凡是属于本期已经实现的收入和已经发生或应当负担的费用，不论款项是否实际收到或支付，都应当作为本期的收入和费用入账；凡是不属于本期的收入和费用，即使款项在本期已经实际收到或支付，也不作为本期的收入和费用处理。由于权责发生制不以款项的实际收付为标准，而是以收入和费用的实际归属期为标准来确定收入、费用的入账时间，所以称为应计制。

我国会计基本准则第九条规定："企业应当以权责发生制为基础进行会计确认、计量和报告。"

现举例说明权责发生制下会计处理的方法如下：

在【例2-1】和【例2-5】中，收入和费用的归属期与款项的实际收付同属相同的会计期间，收入和费用的确认与收付实现制相同。在【例2-2】中，销售收入应当在7月份确认，因为5月份只是收到了款项，没有具备收入实现的条件。在【例2-3】中，支付的保险费应当在下一年度确认为费用，因为费用的归属期间在下一年度。在【例2-4】中，支付的租金应当从本年7月份开始分期确认为费用，因为此项支出的归属期是从本年7月份开始。

为了更好地理解权责发生制和收付实现制，在此另外举例说明权责发生制和收付实现制下收入和费用的确认方法，见表2-1。

通过比较可以看出，与收付实现制相反，在权责发生制下必须考虑预收、预付和应收、应付项目。由于企业日常的账簿记录不能完全反映企业本期的收入和费用，需要在会计期末时对账簿记录进行调整，使未收到款项的应计收入和未付出款项的应付费用、已收到款项但不属于本期的预收收入和已付出款项而不属于本期的预付费用，归属于相应的会计期间，以正确计算不同会计期间的经营成果。与收付实现制相比，权责发生制核算比较复杂，但可以比较真实地反映本期的收入和费用。在我国，除了企业应当以权责发生制为基础进行会计核算外，事业单位的经营业务也要采用权责发生制。

表2-1 权责发生制与收付实现制的比较

	举例	权责发生制	收付实现制
1	1月份收取全年房屋租金收入12 000元	1月份确认租金收入1 000元（全年收入的1/12），其余部分作为1月份的预收收入	1月份确认租金收入12 000元
2	1月份预付全年报刊费3 600元	1月份确认费用300元（全年费用的1/12），其余部分作为1月份的预付费用	1月份确认费用3 600元
3	与购货方约定在1、2、3月份分别销售3批产品，各月收入均为30 000元，购货方在3月末一次性支付全部货款	1、2、3月份分别确认收入30 000元；1、2月份应收未收的收入（应计收入）分别是60 000元和30 000元	3月份确认收入90 000元
4	1月份向银行借入期限为3个月的借款，到期时支付全部利息4 800元	1、2、3月份分别确认利息费用1 600元；1、2月份应付未付的利息费用（应付费用）分别是3 200元和1 600元	3月份确认利息费用4 800元
5	本期收到属于本期应收的收入，本期支付属于本期应负担的费用	权责发生制与收付实现制下确认的本期收入和本期费用相同	

典型案例

2015年年初，张新出资10万元成立了一家会计公司。公司对当年发生的有关业务进行了相应的会计处理，具体包括以下内容：

(1) 因公司业务不多，会计定期在各季度季末时结账，并编制资产负债表和利润表；

(2) 公司租入办公用房，合同规定年初时支付当年全部租金3万元，公司考虑到租金金额较大，故在支付款项时增加了公司固定资产3万元；

(3) 购入4台电脑，支付全部价款14 000元，公司在付款时增加了当期管理费用；

(4) 公司将张新为其家庭购入的家具2 000元计入管理费用；

(5) 公司为客户提供服务，根据协议应收取价款8 000元，因对方暂时不能支付(但已约定10天内付款)，所以公司未做任何处理。

请根据上述情况，对该公司会计的相关业务处理进行分析评价。

分析提示：(1) 根据会计分期假设，应按月结账，编制财务报表，而不能按季结账；(2) 租入资产没有所有权，不符合资产定义，不能增加公司资产，支付的租金应作为费用分期摊销；(3) 购入的电脑符合资产的定义和固定资产的条件，作为管理费用处理不符合会计准则的要求；(4) 将个人的支出记入公司账中，违反了会计主体假设；(5) 因有协议约定公司可收取款项，但公司未记收入，不符合权责发生制会计核算基础的要求，不符合会计准则的要求。

本章小结

会计主体、持续经营、会计分期和货币计量，是会计核算的基本假设。企业提供的会计信息应当符合可靠性、相关性、可理解性、可比性、实质重于形式、重要性、谨慎性、及时性的会计信息质量要求。会计要素是会计核算对象的具体化，包括资产、负债、所有者权益、收入、费用和利润。会计要素的确认是将某一项目作为资产、负债、收入、费用等会计要素而加以确认的过程。会计要素的确认条件包括：（1）满足会计要素的定义要求；（2）与该项目有关的经济利益很可能流入或流出企业；（3）与该项目有关的经济利益能够可靠地计量。会计计量是将符合会计确认条件的会计要素登记入账并确定各个项目以多大金额计入财务报表的过程。会计计量包括计量属性与计量单位的选择。我国企业会计准则规定的计量属性包括历史成本、重置成本、可变现净值、现值和公允价值五种。会计等式表明会计要素之间的基本关系，即“资产=负债+所有者权益”。权责发生制和收付实现制是确定收入和费用的两种完全不同的会计核算基础。收付实现制是以款项是否实际收到或付出为标准来确认本期收入和费用的一种会计核算基础，而权责发生制是以企业收入的权利和支出的义务是否归属于本期为标准来确认收入、费用的一种会计核算基础。

习题

一、选择题

1.企业初建时所有者权益总额为100万元，当企业从银行借入30万元时，企业的资产总额是（　　）。

A.130万元　　B.100万元　　C.70万元　　D.30万元

2.如果一项经济业务的发生只涉及负债这一会计要素时，则能引起该要素中某些项目发生（　　）。

A.不变动　　B.同增变动　　C.同减变动　　D.有增有减变动

3.将融资租入固定资产作为自有固定资产进行会计核算，符合会计信息质量的（　　）要求。

A.谨慎性　　B.实质重于形式　　C.可靠性　　D.可比性

4.企业为购建固定资产和无形资产而发生的支出，应属于（　　）。

A.其他业务支出　　B.营业外支出　　C.资本性支出　　D.收益性支出

5.会计记账的基础包括权责发生制和收付实现制，下列各项中符合权责发生制核算要求的是（　　）。

A.本期没有收到的款项不作为本期收入确认

B.本期支付的款项确认为本期费用

C.本期收到的款项均作为本期收入

D.属于本期的收入即使未收到款项也作为本期收入确认

6.企业所有者权益包括（　　）。

A.实收资本　　B.无形资产　　C.未分配利润　　D.盈余公积

7.下列各项属于流动资产的项目是（　　）。

A.原材料　　B.商标权　　C.固定资产　　D.应收账款

8.引起企业净资产总额增加的业务是（　　）。

A.取得销售收入并存入银行　　B.接受投资者的商品投资

C.以现金支付办公费用　　D.向银行借入款项

9．会计核算的基本前提包括（　　）。

A．会计主体　B．货币计量　C．历史成本　D．实质重于形式

10．按照收付实现制会计核算基础的要求，应在本期确认的收入或费用是（　　）。

A．本期应付未付的费用　B．本期支付上期应付的费用

C．本期预付后期的费用　D．本期收到前期应收的收入

二、简答题

1．会计核算的基本假设有哪些？其各自的含义是什么？

2．会计信息质量的要求有哪些？其各自的含义是什么？

3．什么是资产、负债、所有者权益、收入、费用和利润？各会计要素之间的关系是什么？

4．什么是会计等式？会计等式各有什么意义？

5．会计要素的确认条件是什么？

6．会计计量属性有哪些？其各自的含义是什么？

7．权责发生制和收付实现制在收入和费用的确认与计量上有什么区别？

三、业务题

1．赤诚公司的会计资料中有下列各项目：

库存现金	银行存款	实收资本	应收账款
应付账款	短期借款	原材料	库存成品
预付保险费	应收股利	主营业务收入	盈余公积
预收账款	管理费用	利息支出	未分配利润
投资收益	固定资产	应付职工薪酬	所得税费用
其他应收款	营业外收入	主营业务成本	应付债券
应收票据			

要求：根据上述资料，分别列示资产、负债、所有者权益、收入和费用类各项目的具体内容。

2．赤诚公司某月末有关项目余额见表2-2。

表2-2　**赤诚公司某月月末有关项目余额表**　单位：元

有关项目月末余额	金额		
	资产	负债	所有者权益
1．存在银行的款项100 000元			
2．从银行借入1年期的借款150 000元			
3．投资者投入货币资本2 000 000元			
4．出纳保管的现金1 000元			
5．购进原材料180 000元			
6．仓库里存放的半成品19 000元			
7．应付外单位货款50 000元			
8．购进机器设备价值500 000元			
9．房屋及建筑物价值1 200 000元			
10．应收外单位货款100 000元			
11．以前年度尚未分配的利润250 000元			
12．对外进行长期投资350 000元			
合计			

要求：判断表2-2中所列各项目所属的会计要素类别，将各项目金额填入表2-2中，计算表内资产、负债和所有者权益总额，并检验其是否符合会计基本等式。

第三章 账户设置和借贷记账法

学习目标

知识目标　掌握会计科目和账户的设置方法，掌握账户的分类和结构，掌握复式记账原理以及借贷记账法的基本规则，明确会计科目设置的相关规定，了解会计科目的名称和账户设置的意义。

技能目标　熟悉借贷记账法的记账规则、试算平衡方法，以及会计分录的编制方法。

第一节 会计科目和账户

一、会计科目

会计在实现其基本职能的过程中，不仅要从数量上反映各项会计要素增减变化及结果，而且还要取得一系列具体的分类数量指标，这就要求对会计要素按其经济内容或用途做进一步的分类，这种分类的项目名称，会计上称为会计科目。也就是说，会计科目是对会计对象（即会计要素）的具体内容进一步分类核算的项目。会计科目是会计账户的名称。

会计科目按其反映内容的详细程度可分为一级科目、二级科目和明细科目。在账簿中，根据一级科目开设总分类账户；根据二级科目和明细科目开设明细分类账户。为便于使用，每个会计科目都要编列固定的号码，称为会计科目的编号。

会计科目和主要账务处理依据企业会计准则中确认和计量的规定制定，涵盖了各类企业的交易或者事项。企业在不违反会计准则中确认、计量和报告规定的前提下，可以根据本单位的实际情况自行增设、分拆、合并会计科目。企业不存在的交易或者事项，可不设置相关会计科目。对于明细科目，企业可以比照本附录中的规定自行设置。会计科目编号供企业填制会计凭证、登记会计账簿、查阅会计账目、采用会计软件系统参考，企业可以结合实际情况自行确定会计科目编号。

为了便于学习，现列示主要会计科目名称和编号，见表3-1。

二、账户

（一）账户设置的意义

各企业单位在日常生产经营活动过程中，将不断发生各种各样的经济业务，而每一项经济业务发生后，必然会引起资产、负债、所有者权益、收入、费用和利润六个会计要素中的一个或几个发生一定的增减变动，这些都需要会计人员把它们记录下来。为了便于分类，合理地、连续地核算和监督经济业务的发生情况，以及由此而引起的各会计要素增减变动的情况和结果，就有必要设置和使用账户。账户是根据会计科目开设的，用来记录会计科目所反映的经济内容的、具有一定格式的账页。会计科目是对会计要素的具体内容进行的分类，但是如果只有分类的名称，而没有一定格式，就不能把发生的经济业务连续、系统地记录下来，通过设置账户就可解决这一问题。

表3-1 **会计科目名称和编号**

顺序号	编号	名称	顺序号	编号	名称
		(一)资产类			(二)负债类
1	1001	库存现金	44	2001	短期借款
2	1002	银行存款	45	2201	应付票据
3	1012	其他货币资金	46	2202	应付账款
4	1101	交易性金融资产	47	2203	预收账款
5	1121	应收票据	48	2211	应付职工薪酬
6	1122	应收账款	49	2221	应交税费
7	1123	预付账款	50	2231	应付利息
8	1131	应收股利	51	2232	应付股利
9	1132	应收利息	52	2241	其他应付款
10	1221	其他应收款	53	2401	递延收益
11	1231	坏账准备	54	2501	长期借款
12	1401	材料采购	55	2502	应付债券
13	1401	在途物资	56	2701	长期应付款
14	1403	原材料	57	2702	未确认融资费用
15	1404	材料成本差异	58	2711	专项应付款
16	1405	库存商品	59	2801	预计负债
17	1406	发出商品	60	2901	递延所得税负债
18	1407	商品进销差价			(三)所有者权益类
19	1408	委托加工物资	61	4001	实收资本
20	1411	周转材料	62	4002	资本公积
21	1461	融资租赁资产	63	4101	盈余公积
22	1471	存货跌价准备	63	4103	本年利润
23	1501	持有至到期投资	65	4104	利润分配
24	1502	持有至到期投资减值准备			(四)成本类
25	1503	可供出售金融资产	66	5001	生产成本
26	1511	长期股权投资	67	5101	制造费用
27	1512	长期股权投资减值准备	68	5201	劳务成本
28	1521	投资性房地产			(五)损益类
29	1531	长期应收款	69	6001	主营业务收入
30	1532	未实现融资收益	70	6011	利息收入

续表

顺序号	编号	名称	顺序号	编号	名称
31	1601	固定资产	71	6051	其他业务收入
32	1602	累计折旧	72	6101	公允价值变动损益
33	1603	固定资产减值准备	73	6111	投资收益
34	1604	在建工程	74	6301	营业外收入
35	1605	工程物资	75	6401	主营业务成本
36	1606	固定资产清理	76	6402	其他业务成本
37	1611	未担保余值	77	6403	营业税金及附加
38	1701	无形资产	78	6411	利息支出
39	1702	累计摊销	79	6601	销售费用
40	1703	无形资产减值准备	80	6602	管理费用
41	1801	长期待摊费用	81	6603	财务费用
42	1811	递延所得税资产	82	6701	资产减值损失
43	1901	待处理财产损溢	83	6711	营业外支出
			84	6801	所得税费用
			85	6901	以前年度损益调整

从理论上说，会计科目和账户是两个不同的概念，二者既有联系又有区别。其共同性在于二者所反映的经济内容是相同的，账户是根据会计科目开设的，账户的名称就是会计科目。二者的主要区别是：会计科目通常由国家统一规定，而账户一般由企业单位自行设置；会计科目只表明某项经济内容，即对会计要素具体内容进行分类的项目名称，而账户既表明相同的经济内容，又有一定的格式，通过账户可以反映某一会计要素的增减变动情况。在实际工作中，对会计科目和账户通常不加以区分，相互通用。

（二）账户的设置

企业单位需设置哪些账户，是由会计核算和监督的具体内容所决定的。

前已说明，会计对象的具体内容包括资产、负债、所有者权益、收入、费用和利润六个部分，即会计六要素。作为会计对象记录的账户相应地就要设置成六类，每一类账户都各有不同的核算内容和用途。

1.资产类账户

资产类账户，是用来核算和监督各种资产（包括各种财产、债权和其他权利）增减变动和结果的账户。“库存现金”、“银行存款”、“应收账款”、“原材料”、“库存商品”、“固定资产”、“无形资产”、“在建工程”、“长期待摊费用”等账户，属于资产类账户。

2. 负债类账户

负债类账户，是用来核算和监督各种负债的增减变动和结果的账户。“短期借款”、“应付账款”、“应付职工薪酬”、“应交税费”、“长期借款”、“长期应付款”、“应付债券”等账户，属于负债类账户。

3. 所有者权益类账户

所有者权益类账户，是用来核算和监督所有者权益增减变动和结果的账户。“实收资本”、“资本公积”、“盈余公积”等账户，属于所有者权益类账户。

4. 收入类账户

收入类账户，是用来核算和监督企业日常活动中取得的各种营业收入的账户。“主营业务收入”、“其他业务收入”等账户，属于收入类账户。

5. 费用类账户

费用类账户，是用来核算和监督企业日常活动中所发生的各种耗费的账户。“主营业务成本”、“营业税金及附加”、“其他业务成本”、“销售费用”、“管理费用”、“财务费用”等账户，属于费用类账户。

6. 利润类账户

利润类账户，是用来核算和监督企业利润的实现和分配情况的账户。“本年利润”和“利润分配”等账户，属于利润类账户。

上述六类账户的基本结构都是分为左、右两方，一方登记增加，另一方登记减少。至于哪一方登记增加，哪一方登记减少，除了取决于账户所反映的经济内容外，还受具体的记账方法的制约。关于这个问题，将在“账户的基本结构”中加以详述。

（三）账户的分类

每个账户只能核算一定的经济内容，因此一个单位要设置若干个会计账户。企业设置账户时，应遵循一定的原则。首先，要考虑满足企业生产经营管理的需要而设置不同的账户。例如，制造业企业对购入的各种材料，应设置“原材料”账户进行核算，以反映企业库存材料的增减变动及其结余情况；而商品流通企业对验收入库的商品要设置“库存商品”账户，以反映企业库存商品的增减变动及其结余情况；一般企业要通过设置“实收资本”账户，核算其拥有的资本金；而股份制企业则要设置“股本”账户来反映其拥有的资本数额。其次，会计账户的设置要与会计制度相吻合。根据企业会计准则的规定，企业可以分别设置各种资产、负债和所有者权益类的账户，以分别记录企业各种资产、负债和所有者权益的增减变动及其结余情况。同样，对于收入、费用和利润，也要分别设置相应的会计账户，以反映其增减变动情况。

账户的设置应与会计科目相一致。会计科目是按其反映的经济内容结合其用途和结构划分的。因此，企业设置的账户按其反映的内容、用途和结构不同，可分为资产类、负债类、所有者权益类、成本类和损益类账户；而商品流通企业则无成本类账户。这是账户分类的一种主要形式。

账户按统驭与被统驭关系分类，可以分为总分类账户和明细分类账户。总分类账户是指能提供总括性会计资料的账户；明细分类账户是指能提供详细和具体会计资料的账户。总分类账户对其所属明细分类账户起统驭作用，而明细分类账户是总分类账户的从属账户，对总分类账户起辅助说明的作用。

账户按其是否有余额，可以分为实账户和虚账户。资产、负债、所有者权益类账户属于实账户，损益类账户属于虚账户。此外，账户按用途和结构分类，可以分为盘存账户、结算账户、待处理资产账户、跨期摊提账户、计价对比账户和调整账户等。

（四）账户的基本结构

账户需要有一定的结构，即账户要设置哪几个部分，每一部分核算什么内容，不同的账户结存额反映在哪一方。企业在经营活动中发生的各项经济业务，将引起资产、负债、所有者权益等项目发生增减变动。在错综复杂的经济业务中，每一种情况引起的资产、负债、所有者权益、收入、费用、利润项目中各相关账户的变动，不外乎增加和减少两个方面，所以账户的基本结构分为左、右两方，左方称为“借方”，右方称为“贷方”，具体结构如下：

借方	账户名称	贷方

由于每笔经济业务引起的增减变动都发生在资产、负债、所有者权益、收入、费用、利润这几个项目之中，因此每一个账户都要反映这几个项目的增减变动及余额情况。账户中所记录的金额应包含的基本内容是期初余额、本期增加额、本期减少额和期末余额。本期增加额是指一定时期内账户所登记的增加金额的合计，而本期减少额是指一定时期内账户所登记的减少金额的合计，二者合称为本期发生额。本期的期末余额可以反映一定时期本账户所反映经济内容的状况，即在一定时期内增减变动的结果，它结转到下期，即为下期的期初余额。

账户基本内容之间的关系可用等式表示为：

期末余额=期初余额+本期增加额-本期减少额

每个账户的本期发生额分记在账户的左、右两方，余额所在方向与记录增加额的一方相同（因为每个账户的增加额通常都会大于或等于其减少额）。至于账户的左、右两方哪一方记录增加额，哪一方记录减少额，取决于记账方法和该账户所记录的经济内容。如在借贷记账法下，资产类、费用类账户借方记录增加额，贷方记录减少额，期末如有余额，一般在借方；而负债类、所有者权益类、收入类、利润类账户贷方记录增加额，借方记录减少额，期末如有余额，一般在贷方。

账户本期的期末余额转入下期，即为下期的期初余额。每个账户的本期发生额反映的是该类经济业务在本期内变动的情况，而期末余额则反映变动的结果。例如，某企业在某一期间“银行存款”账户的记录如下：

借方	银行存款		贷方
期初余额：	10 000		
本期增加额：	7 000	本期减少额：	9 000
本期发生额：	7 000	本期发生额：	9 000
期末余额：	8 000		

根据上述账户的记录可知，企业期初在银行的存款为10 000元，本期增加了7 000元，本期又减少了9 000元，到期末时企业还有8 000元存款。

第二节 借贷记账法

一、复式记账法原理

会计核算是会计工作的基础，而记账又是会计工作的主要内容之一。为了正确记账，除了设置必要的账户外，还要有一定的记账方法。

任何一项经济业务的发生，都会引起资产、负债、所有者权益、收入、费用和利润各项目中所涉及的至少两个账户发生增减变动，而且增减变动的金额相等。因此，要完整地反映所发生的每一项经济业务，就必须以相等的金额同时在该项经济业务所涉及的至少两个账户中进行登记。复式记账法就是对于发生的每一项经济业务都以相等的金额在相互关联的两个或两个以上的账户中进行登记的一种记账方法。

企业在生产经营活动过程中，会发生各种各样的经济业务，但无论发生什么样的经济业务，都不会破坏“资产=负债+所有者权益”这一平衡关系。这一点可以通过企业实际发生的各项经济业务得以验证。企业发生的各项经济业务可以分为以下4种类型：

1.经济业务的发生引起一项资产增加而另一项资产减少等，增减的金额相等

【例3-1】企业用银行存款80 000元购入机器设备一台。

该项经济业务发生之后，作为一项资产的银行存款减少了80 000元，而作为另一项资产的固定资产增加了80 000元，它只是资产内部占用形态上的转化，并不影响资产总额，也不涉及负债和所有者权益的变化，所以资产总额仍为负债加所有者权益，平衡不变。

2.经济业务的发生引起一项负债增加而另一项负债减少，或某项收入的产生引起某项负债的减少等，增减的金额相等

【例3-2】企业向银行借入短期借款5 000元，直接偿还应付账款（在实际工作中这笔银行借款要先存入银行，再从企业银行存款中归还应付账款，这里为了举例，假定企业是用这笔借款直接归还应付账款的）。

该项经济业务的发生，作为一项负债的银行借款增加了5 000元，而使作为另一项负债的应付账款减少了5 000元，它只是负债内部以相同金额此增彼减，涉及债权人的变更，而不影响负债总额，更不影响资产和所有者权益的变化，所以资产总额仍为负债加所有者权益，平衡不变。

3.经济业务的发生引起一项资产增加而一项负债也增加，或某项收入的产生引起某项资产增加，或因投资者增加投资引起一项资产增加而一项所有者权益也增加等，增加的金额相等

【例3-3】企业购入原材料4 000元，原材料已验收入库，价款暂未支付。

该项经济业务的发生，作为一项资产的材料增加了4 000元，同时作为一项负债的应付账款也增加了4 000元，这时资产与负债以相等金额同时增加，属于一笔资金进入企业，使“资产=负债+所有者权益”的等式两端同时增加相等的金额，平衡不变。

4.经济业务的发生引起一项资产减少而一项负债也减少，或因某投资者收回投资引起一项资产减少而一项所有者权益也减少等，减少的金额相等

【例3-4】企业以银行存款7 000元偿还银行短期借款。

该项经济业务的发生，作为一项资产的银行存款减少了7 000元，同时作为一项负债的短期借款也减少了7 000元，这时，资产与负债以相等金额同时减少，属于一笔资金从企业退出，使“资产=负债+所有者权益”的等式两端同时减少相等的金额，平衡不变。

由此可见，各种各样的经济业务发生后，引起资产、负债、所有者权益的变化有四种类型，第一、二种类型只涉及会计等式一方内部的增减变动，第三、四种类型会涉及会计等式的两方，但由于两方以相等的金额同增同减，因此尽管等式两方原有总额发生增减变动，却仍不破坏会计等式。

可见，“资产=负债+所有者权益”这一平衡关系式是复式记账的理论依据。

记账方法是设置和登记账簿的方法。记账方法分为单式记账法和复式记账法两大类。现代企业会计普遍采用复式记账法。复式记账法对于企业发生的每一笔经济业务事项，同时在两个或两个以上的相关账户中登记，以便反映经济业务事项的来龙去脉。根据记账符号的不同，复式记账法包括借贷记账法、增减记账法和收付记账法。我国会计基本准则中关于记账方法的规定是：“企业的记账方法采用借贷记账法。”任何实行独立核算的会计主体都应采用借贷记账法进行会计核算。另外，在会计记录中，除了数字之外，还会涉及一些文字表述，如会计科目名称、财务报表项目名称、经济业务事项摘要等。对于记账文字，会计基本准则规定，会计记录的文字应当使用中文。在民族自治地区，会计记录可以同时使用当地通用的一种民族文字。例如，在我国内蒙古自治区，会计记录除使用中文之外，还可以同时使用蒙古文。也就是说，民族自治地区，必须使用中文记账，当地的民族文字可以与中文一起使用，也可以只使用中文。在中华人民共和国境内的外商投资企业、外国企业和其他外国组织的会计记录，可以同时使用一种外国文字。

小知识3-1

单式记账法

单式记账法是一种不完整的记账方法，其主要特点是只登记货币资金和应收、应付款业务，不登记实物收付业务。例如，以现金支付办公费用，只在库存现金账户中登记库存现金减少，而不同时登记费用账户。在单式记账法下，各账户之间互不联系，不能全面反映经济业务，不便于核算损益，也不便于检查账户记录的正确性。

小知识3-2

复式记账的理论依据

企业的所有经济业务活动都涉及资金的增加或减少，而且某项资金的增加或减少总是伴随着另一项资金的减少或增加。复式记账法就是要求把资金的这种变化情况通过两个或两个以上的账户予以全面反映，资金运动的特点是复式记账的理论依据。复式记账法不仅包括借贷记账法，也包括增减记账法（以“增”或“减”作为记账符号）和收付记账法（以“收”或“付”作为记账符号）。从1993年开始，我国要求境内所有企业均采用借贷记账法。

二、借贷记账法

借贷记账法是以“借”、“贷”作为记账符号，反映各项会计要素增减变动情况的一种复式记账方法。除企业单位外，目前我国的行政、事业单位，也都采用借贷记账法。

（一）借贷记账法的基本内容

借贷记账法的基本内容包括以下方面：

1.借贷记账法的记账符号

借贷记账法以“借”、“贷”两字作为记账符号。

在借贷记账法下，每个账户的基本结构都是“借方”、“贷方”，左方为借方，右方为贷方，用这两方来反映相反的资金变化。如果某个账户的借方用于记录资产的增加额，则其贷方就用于记录资产的减少额。但究竟哪一方记录增加额，哪一方记录减少额，要根据账户本身的经济内容而定。一般地讲，借方表示资产、费用的增加，也表示负债、所有者权益、收入、利润的减少；贷方表示资产、费用的减少，也表示负债、所有者权益、收入、利润的增加。

2.借贷记账法的账户结构

在借贷记账法下，资产、负债、所有者权益、收入、费用、利润类各账户的具体结构列示如下：

资产类账户

借方	贷方
期初余额	
增加额	减少额
本期发生额	本期发生额
期末余额	

负债、所有者权益类账户

借方	贷方
	期初余额
减少额	增加额
本期发生额	本期发生额
	期末余额

收入类账户

借方	贷方
减少额	增加额
本期发生额	本期发生额

费用类账户

借方	贷方
增加额	减少额
本期发生额	本期发生额

利润类账户

借方	贷方
	期初余额
减少额	增加额
本期发生额	本期发生额
	期末余额

根据上述说明，借贷记账法下各类账户的结构列示如下，见表3-2。

表3-2 **借贷记账法下各类账户结构**

账户性质	借方登记内容	贷方登记内容	余额方向
资产类	增加	减少	在借方
负债类	减少	增加	在贷方
所有者权益类	减少	增加	在贷方
收入类	减少或转销	增加	一般无余额
费用类	增加	减少或转销	一般无余额
利润类	减少	增加	一般在贷方

3.借贷记账法的记账规则

借贷记账法的记账规则是“有借必有贷，借贷必相等”。

前面已经讲到，任何一项经济业务的发生，必然在会计等式中引起资产、负债、所有者权益、收入、费用、利润项目的双重变动。例如，一项负债的减少，可能是由于另一项负债的增加而引起，或是一项资产的减少而引起，或是所有者权益的直接增加而引起，或是费用的减少而引起等。这样，就需要将涉及的资产、负债、所有者权益等项目之间的增减变动情况，记入一个账户的借方，同时记入另一个账户的贷方，而且记入借方和贷方账户的金额相等。当然，有时一项经济业务会涉及两个以上的账户，这时就需要同时记入多个账户的借方或者贷方。借贷记账法下记账规则的运用可以参考下面的举例。

根据以上关于借贷记账法的说明，我们可以得到以下结论：

（1）每笔经济业务的发生，都将用相等金额入账，若只涉及两个账户，要记一借一贷，若涉及两个以上账户，可记一借多贷或多借一贷，一般不记多借多贷，这便是“有借必有贷，借贷必相等”的记账规则。

（2）资产类、费用类项目的增加额记入其账户的借方，负债类、所有者权益类、收入类、利润类项目的增加额记入其账户的贷方，而所有账户的减少额皆记入增加额的相反方向。

（3）资产类账户的期末余额一般在借方，其计算公式为：

期末借方余额=期初余额+本期借方发生额-本期贷方发生额

负债类、所有者权益类账户的期末余额一般在贷方，其计算公式为：

期末贷方余额=期初余额+本期贷方发生额-本期借方发生额

收入类、费用类账户一般没有期末余额，如果有余额，收入类账户余额计算可参照负债、所有者权益类账户，费用类账户余额计算可参照资产类账户。利润类账户期末如有余额，则在贷方。

（4）任何账户的正常余额（期初或期末）都在记录其增加额的一方（因为每个账户的期初余额加增加额通常都会大于或等于其减少额）。

（二）借贷记账法的举例

为了说明借贷记账法的基本原理，我们分别以本章所举的4种典型的经济业务为例来加以阐述，假设以下四笔经济业务所涉及的账户及其期初余额分别为：

银行存款（资产类）：140 000元

原材料（资产类）：3 500元

固定资产（资产类）：80 000元

短期借款（负债类）：85 000元

应付账款（负债类）：71 100元

第一笔经济业务：企业用银行存款80 000元购入机器设备1台。

这笔经济业务的发生，引起固定资产增加80 000元，而银行存款减少80 000元，两者都是资产类账户，增加记入账户的借方，减少记入账户的贷方。账户记录如下：

固定资产

期初余额：	80 000		
(1)	80 000		

银行存款

期初余额：	140 000		
		(1)	80 000

第二笔经济业务：企业向银行借入短期借款5 000元，直接偿还应付账款。

这笔经济业务的发生，引起短期借款增加5 000元，而应付账款减少5 000元，两者都是负债类账户，减少记入账户的借方，增加记入账户的贷方。账户记录如下：

短期借款

		期初余额：	85 000
		(2)	5 000

应付账款

		期初余额：	71 100
(2)	5 000		

第三笔经济业务：企业购入原材料4 000元，原材料已验收入库，价款暂未支付。

这笔经济业务的发生，引起原材料和应付账款同时增加4 000元，原材料是资产类账户，增加记入账户的借方，应付账款是负债类账户，增加记入账户的贷方。账户记录如下：

应付账款

		期初余额：	71 100
(2)	5 000		
		(3)	4 000

原材料

期初余额：	3 500		
(3)	4 000		

第四笔经济业务：企业以银行存款7 000元偿还银行短期借款。

这笔经济业务的发生，引起银行存款和短期借款同时减少 7 000元，银行存款是资产类账户，减少记入账户的贷方，短期借款是负债类账户，减少记入账户的借方。账户记录如下：

银行存款

借方		贷方	
期初余额：	140 000		
		(1)	80 000
		(4)	7 000

短期借款

借方		贷方	
		期初余额：	8 500
		(2)	5 000
(4)	7 000		

从上面的记录中可以看出，企业的经济业务虽然纷繁复杂，但归纳起来无非上述4种类型，而每一种类型在账户中的登记都是：记入一个账户的借方，必然记入另一个账户的贷方，而且记入借方和贷方账户的金额相等，从而验证了借贷记账法的记账规则。

（三）借贷记账法的试算平衡

试算平衡就是根据“资产=负债+所有者权益”的会计等式，按照“有借必有贷，借贷必相等”的记账规则要求，来检查各账户记录是否正确。

按照借贷记账法记账规则的要求，每一项经济业务发生后都是按照“有借必有贷，借贷必相等”的规则处理的，这样，将一定会计期间的全部经济业务入账后，全部账户的本期借方发生额合计数也必定等于全部账户的本期贷方发生额合计数，同时按照“资产=负债+所有者权益”的会计等式，全部资产类、费用类账户的借方余额之和也必定等于全部负债类、所有者权益类、收入类、利润类账户的贷方余额之和，即：

全部账户的期初借方余额合计数=全部账户的期初贷方余额合计数

全部账户的本期借方发生额合计数=全部账户的本期贷方发生额合计数

全部账户的期末借方余额合计数=全部账户的期末贷方余额合计数

在进行试算平衡时，首先要结出每个账户的本期发生额和期末余额，然后通过编制总分类账户本期发生额及余额试算平衡表来验证。

下面我们仍以前述的举例来说明账户的试算平衡。

假设201×年10月1日华丰公司有关账户余额如下，见表3-3。

表3-3 华丰公司有关账户余额 单位：元

账户名称	借方余额	贷方余额
库存现金	100	
银行存款	140 000	
应收账款	2 000	
原材料	3 500	
库存商品	1 500	
固定资产	80 000	
短期借款		85 000
应付账款		71 100
长期借款		71 000
合　计	227 100	227 100

假设华丰公司10月份发生前述4笔经济业务，记账后，结账结果如下：

原材料

期初余额：	3 500		
(3)	4 000		
本期发生额：	4 000	本期发生额：	—
期末余额：	7 500		

银行存款

期初余额：	140 000	(1)	80 000
		(4)	7 000
本期发生额：	—	本期发生额：	87 000
期末余额：	53 000		

短期借款

		期初余额：	85 000
		(2)	5 000
(4)	7 000		
本期发生额：	7 000	本期发生额：	5 000
		期末余额：	83 000

应付账款

		期初余额：	71 100
(2)	5 000		
		(3)	4 000
本期发生额：	5 000	本期发生额：	4 000
		期末余额：	70 100

固定资产

期初余额：	80 000		
(1)	80 000		
本期发生额：	80 000	本期发生额：	—
期末余额：	160 000		

根据上面的资料编制总分类账户发生额及余额试算平衡表进行试算平衡，计算结果见表3-4。

应当指出，试算平衡表是通过借贷金额是否平衡来检查账户记录的正确与否的。若试算不平衡，可以肯定账户记录或计算有误，应进一步查实，予以纠正；但若试算平衡，也不能肯定账户记录或计算就一定正确，因为有些记账错误并不影响借贷双方的平衡。例如，一笔经济业务重记或漏记了，或两笔经济业务的记录方向正好都记反了，或金额的差错恰好相互抵销等，这些都不会影响试算时的平衡，当然通过试算也就不易发现。所以，只根据试算时借贷双方发生额或余额的平衡作为判断记账正误的唯一尺度，是远远不够的，还必须辅以其他检查方法进行核对。

表3-4 **总分类账户发生额及余额试算平衡表**

201×年10月　　单位：元

账户名称	期初余额		本期发生额		期末余额	
	借方	贷方	借方	贷方	借方	贷方
库存现金	100				100	
银行存款	140 000			87 000	53 000	
应收账款	2 000				2 000	
原材料	3 500		4 000		7 500	
库存商品	1 500				1 500	
固定资产	80 000		80 000		160 000	
短期借款		85 000	7 000	5 000		83 000
应付账款		71 100	5 000	4 000		70 100
长期借款		71 000				71 000
合计	227 100	227 100	96 000	96 000	224 100	224 100

三、会计分录

采用借贷记账法登记经济业务时，在两个或两个以上账户之间必然形成一定的相互关系，即借贷记账法下应借、应贷账户的关系。账户之间的这种相互关系叫做账户的对应关系，存在着对应关系的账户叫做对应账户。通过账户之间的对应关系，可以了解经济业务事项的具体内容，可以反映企业单位资金运动的踪迹，还可以发现对经济业务的处理是否合理。

上面所讲的每一笔经济业务发生后，应借账户、应贷账户及其金额并不是直接入账的，因为直接入账容易发生差错，且不易明显查找出借方账户和贷方账户之间的关系。因此，在记入账户之前，通常要先编制会计分录。会计分录是预先确定应借、应贷账户的名称及其金额的记录，简称为分录。编制会计分录要以反映经济业务发生的原始凭证作为依据，以保证记录的客观性和可查证性。在实际工作中，会计分录的全部内容都体现在编制的记账凭证中。关于记账凭证的填列方法将在第四章介绍，这里我们就前边提到的几笔经济业务，说明会计分录的编制方法。

根据第一笔经济业务，可以编制如下会计分录：

借：固定资产　　80 000

　贷：银行存款　　80 000

根据第二笔经济业务，可以编制如下会计分录：

借：应付账款　　5 000

　贷：短期借款　　5 000

根据第三笔经济业务，可以编制如下会计分录：

借：原材料　　4 000

贷：应付账款 4 000

根据第四笔经济业务，可以编制如下会计分录：

借：短期借款 7 000

贷：银行存款 7 000

会计分录有简单分录和复合分录两种。上面所编制的分录是一借一贷的会计分录，这种会计分录称为简单会计分录。有时一项经济业务涉及两个以上的账户，可以编成一借多贷或多借一贷的会计分录，这种会计分录称为复合会计分录。例如，企业采购原材料50 000元，其中30 000元以银行存款支付，另外20 000元开出一张承兑的商业汇票交付对方。企业对其开出的承兑付款的商业汇票，应作为一项负债反映，记入"应付票据"账户中。因此，这项经济业务发生后，企业可以编制如下复合会计分录：

借：原材料 50 000

贷：银行存款 30 000

应付票据 20 000

典型案例

王会计的朋友经营一家小公司，该公司原来的张会计因为工作调动离开了公司，请王会计临时帮忙将当月账目结清。王会计将张会计已编制好的凭证逐一登记入账后，进行了试算平衡，并按规定填报了有关报表资料。过了几天，出纳员从银行取回了银行对账单，出纳员在对账的时候发现，银行存款的余额比企业的账面余额多了9 000元。经过逐笔核对银行存款收支业务后发现，当月一笔销售业务通过银行转账收款10 000元，但公司原来的张会计将这笔业务误记为1 000元。出纳员感到奇怪，王会计在结账时明明已经进行了试算平衡，为什么没有发现这个问题呢？

分析提示：试算平衡是根据会计基本平衡公式，按照借贷记账法的记账规则要求来检查账户记录是否正确。若试算不平衡，可以肯定账户记录或计算有误；但若试算平衡，也不能肯定账户记录或计算正确。例如，一笔经济业务重记或漏记了，或两笔经济业务的记录方向正好相反，或金额差错恰好相互抵销等，通过试算平衡是不能发现的。所以，不能只根据试算借贷双方发生额或余额是否平衡作为判断记账正误的唯一尺度，还必须辅以其他检查方法。

本章小结

会计科目是对会计要素的具体内容进一步分类核算的项目，也是会计账户的名称。会计科目按其反映内容的详细程度，可分为一级科目、二级科目和明细科目。企业会计准则规定的会计科目包括资产类、负债类、所有者权益类、成本类和损益类。借贷记账法是以"借"、"贷"作为记账符号，对企业发生的每一项经济业务在相关账户中进行反映的会计专门方法。编制会计分录是会计记账的基础工作，会计分录是预先确定应借、应贷账户的名称及其金额的记录，分为简单会计分录和复合会计分录。编制会计分录要以反映经济业务发生的原始凭证作为依据。

习题

一、选择题

1.会计科目是会计账户的名称，会计科目是对（　　）。

A.会计要素分类所形成的项目　　B.会计账户分类所形成的项目

C.会计方法分类所形成的项目　　D.会计主体分类所形成的项目

2.在借贷记账法下，负债类账户的期末余额一般应该在（　　）。

A.借方　　B.贷方　　C.增加方　　D.减少方

3.按照复式记账原理，对发生的每项经济业务，应该（　　）。

A.只在一个账户中登记　　B.只在两个账户中登记

C.在两个以上账户中登记　　D.在两个或两个以上账户中登记

4.在借贷记账法下，企业支付的费用应该登记在费用账户的（　　）。

A.借方　　B.贷方　　C.增加方　　D.减少方

5.企业接受投资者投入商品5万元，企业应将这项业务分别（　　）。

A.借记资产类科目，贷记负债类科目

B.借记资产类科目，贷记所有者权益类科目

C.借记资产类科目，贷记收入类科目

D.借记负债类科目，贷记所有者权益类科目

6.在借贷记账法下进行会计试算平衡的公式包括（　　）。

A.每个账户的借方发生额合计数=每个账户的贷方发生额合计数

B.全部账户本期借方发生额合计数=全部账户本期贷方发生额合计数

C.全部账户期末借方余额合计数=全部账户期末贷方余额合计数

D.资产类账户本期借方发生额合计数=负债类账户本期贷方发生额合计数

7.账户的哪一方登记增加额，哪一方登记减少额，取决于（　　）。

A.账户的经济内容　　B.会计核算方法

C.复式记账方法　　D.单式记账方法

8.会计期末可能没有余额的账户是（　　）。

A.资产类账户　　B.负债类账户　　C.收入类账户　　D.损益类账户

9.试算平衡的目的是检验账户记录是否有误，通过试算平衡不能发现错误的情况是（　　）。

A.重记或漏记某项业务　　B.借贷方向互相颠倒的业务

C.金额差错相互抵销的业务　　D.借贷方向正确但金额错误的业务

10.借贷记账法的基本内容是（　　）。

A.有借必有贷，借贷金额必相等　　B.资产、费用类账户的增加记入借方

C.收入、利润类账户的增加记入借方　　D.所有者权益类账户的增加记入贷方

二、简答题

1.什么是会计科目？怎样对会计科目进行分类？

2.什么是账户？如何设置账户？账户设置的意义是什么？

3.账户有哪些分类？账户的基本结构是什么？

4.什么是复式记账法？复式记账法有哪些类型？

5.借贷记账法的基本内容有哪些？

6.什么是会计分录？什么是试算平衡？怎样进行试算平衡？

三、业务题

1.资料：赤诚公司经常使用的会计科目见表3-5。

表3-5 **会计科目表**

会计科目名称	资产类会计科目	负债类会计科目	所有者权益类会计科目	成本类会计科目	损益类会计科目
银行存款					
实收资本					
应付账款					
材料采购					
累计折旧					
制造费用					
短期借款					
应收账款					
管理费用					
固定资产					
生产成本					
库存商品					
主营业务成本					
利润分配					
盈余公积					
销售费用					
长期待摊费用					
主营业务收入					
长期借款					
所得税费用					
应交税费					
营业外收入					

要求：分别指出表中所列各会计科目所属的会计科目类别，用“√”在表中标出。

2.资料：赤诚公司201×年8月初有关账户余额见表3-6。

表3-6

账户余额表

201×年8月

单位：元

资产	金额	负债及所有者权益	金额
库存现金	1 000	短期借款	120 000
银行存款	40 000	应付账款	140 000
原材料	90 000	应交税费	7 000
应收账款	46 000	长期借款	180 000
生产成本	30 000	实收资本	300 000
库存商品	25 000	资本公积	40 000
长期股权投资	100 000	盈余公积	15 000
固定资产	500 000	未分配利润	30 000
合计	832 000	合计	832 000

该公司8月份发生下列经济业务：

(1) 以银行存款10 000元偿还应付账款。

(2) 从银行提取现金500元。

(3) 收到投资者投入的原材料一批，作价30 000元。

(4) 生产车间产品生产领用原材料一批，实际成本为20 000元。

(5) 购进一台机器设备，以银行存款25 000元支付供货单位全部款项。

(6) 向银行借入2年期长期借款100 000元，已存入银行。

(7) 以银行存款上交所得税7 000元。

(8) 收到东方公司前欠货款11 000元，其中10 000已存入银行，其余部分收到现金。

(9) 以银行存款50 000元，归还银行短期借款。

(10) 购入一批原材料，价款为15 000元，材料已验收入库，货款尚未支付（假设不考虑相关税费）。

要求：

(1) 根据以上资料，编制8月份发生各项经济业务的会计分录，并记入有关账户。

(2) 编制赤诚公司账户发生额及余额试算平衡表，见表3-7。

表3-7

赤诚公司账户发生额及余额试算平衡表

201×年8月

单位：元

账户名称	期初余额		本期发生额		期末余额	
	借方	贷方	借方	贷方	借方	贷方
库存现金						
银行存款						
原材料						
应收账款						
生产成本						
库存商品						
长期股权投资						
固定资产						
短期借款						
应付账款						
应交税费						
长期借款						
实收资本						
资本公积						
盈余公积						
未分配利润						

第四章　会计凭证

学习目标

知识目标　掌握原始凭证、记账凭证的种类和基本内容，明确会计凭证的填制要求，了解会计凭证的作用、审核、传递和保管。

技能目标　熟悉会计凭证的填制要求和填制方法。

第一节　会计凭证概述

会计凭证是记录经济业务事项、明确经济责任和登记账簿的书面证明。

填制和审核会计凭证是会计核算的一种专门方法，也是整个会计核算工作的起点和基础。一切企业单位所发生的每一项经济业务事项，都要办理会计凭证手续，由执行和完成该项业务的有关人员填制会计凭证，说明经济业务发生的日期，反映经济业务的内容、数量和金额，并在会计凭证上签名或盖章，对会计凭证中反映内容的真实性和正确性负责。一切会计凭证，还要经过有关人员严格的审核。只有经过审核无误的会计凭证，才能作为登记账簿的依据。因此，填制和审核会计凭证是如实反映和有效监督经济活动，并为登记账簿提供依据的重要核算方法。

会计凭证的填制和审核对于完成会计核算任务、加强会计管理具有十分重要的作用，具体表现在以下方面：

（1）利用会计凭证可以正确、及时地反映各项经济业务事项的发生和完成情况，保证账簿记录真实可靠。

（2）利用会计凭证可以发挥会计的监督作用，保证企业财产的安全完整和合理运用。由于对一切经济业务事项，如财产的收发、现金的收付、往来款项的结算，以及费用的开支等，都要填制会计凭证。这样，就可以通过会计凭证的审核，查明各项经济业务是否符合有关政策、制度、计划和预算等的规定，有无铺张浪费和损害企业利益的行为。

（3）通过会计凭证的填制和审核，可以加强经营管理上的责任制。由于在会计凭证中反映了经济业务的内容、单位名称、发生时间，以及有关人员的签名盖章等，就可以确定有关单位及经办人员所负的责任，促进有关单位及经办人员严格按照有关政策、制度办事。同时，通过会计凭证审核，还可以及时发现经营管理上存在的问题，从而便于采取措施，改进工作，加强经营管理上的责任制。

在实际工作中使用的会计凭证是多种多样的，按其填制程序和用途不同，可以分为原始凭证和记账凭证两种。

第二节 原始凭证

一、原始凭证的种类

原始凭证是在经济业务事项发生时直接取得或填制的，用以记录经济业务事项具体内容和完成情况的书面证明。它是进行会计核算的原始资料和重要依据。原始凭证按其取得来源不同，可分为自制原始凭证和外来原始凭证两种。

（一）自制原始凭证

自制原始凭证是由本单位内部经办业务的部门或个人，在办理某项经济业务事项时自行填制的凭证。

自制原始凭证按其反映业务的方法不同，又可分为一次凭证、累计凭证和汇总凭证三种。

一次凭证是反映一项经济业务事项或同时反映若干项同类经济业务事项的凭证。它的填制手续是一次完成的，所以称为一次凭证。例如，企业购入材料验收入库时，由仓库保管员填制的收料单，车间或班组向仓库领用材料时填制的领料单等，都是自制的一次凭证。

累计凭证是为了便于加强管理、简化手续，用来连续反映一定时期内若干项不断重复发生的同类经济业务事项的原始凭证。它的填制手续是随着经济业务事项的发生而分次进行的，所以称为累计凭证。例如，限额领料单就是累计凭证，领料单中注明某种材料在规定日期内（月份内）的领用限额，每次领料时，在凭证上逐笔登记，并随时结出限额的余额，到期末结算实际领用的数量和金额。

汇总凭证是根据许多相同原始凭证或会计核算资料汇总而填制的凭证。它可以提供经营管理上所需要的总量指标，又可以大大简化核算手续。例如，发出材料汇总表就是根据月份之中领用材料的各种领料单，按发出材料的用途和类别汇总编制的。领料单、限额领料单和发出材料汇总表的格式见表4-1至表4-3。

表4-1 **领料单**

领料单位： 年 月 日 编 号：

用 途： 发料仓库：

材料编号	材料类别	名称	规格	计量单位	数量		单价	金额
					请领	实发		
合计								

仓库保管员： 领料单位负责人： 领料人： 制单：

表4-2 **限额领料单**

领料单位： 年 月 日

用 途：

材料编号	材料类别	名称	规格	计量单位	领用限额	全月实领	
						数量	金额

日期	请领		实发			退回			限额结余
	数量	领料单位负责人	数量	发料人	领料人	数量	收料人	退料人	

供应部门负责人： 生产计划部门负责人： 仓库负责人：

表4-3 **发出材料汇总表**

年 月 日

用途	领料单位	原材料及主要材料		燃料		修理用备件		合计
		数量	金额	数量	金额	数量	金额	
生产用	一车间							
	二车间							
	三车间							
一般消耗	一车间							
	二车间							
	三车间							
其他								
合计								

会计主管： 审核： 制表：

（二）外来原始凭证

外来原始凭证是企业与其他单位或个人发生经济往来关系时，从外单位或个人取得的凭证。外来的原始凭证都是一次凭证。例如，企业购买材料时，从供应单位取得的发货票等，就是外来原始凭证，其格式见表4-4。

表4-4 **发货票**

购买单位： 编号：

结算方式： 金额单位：

材料名称	规格	计量单位	数量	单价	金额
总计人民币（大写）					

会计： 复核： 收款： 制单：

二、原始凭证的内容

由于原始凭证记录的经济业务事项的内容是多种多样的，所以各种原始凭证的名称、格式和内容的繁简程度也不一样。但是，无论哪一种原始凭证（包括自制的和外来的），都应该说明有关经济业务事项的执行和完成情况，都应该明确经办单位和人员的经济责任。因此，各种原始凭证又都具有共同的基本内容，这些基本内容包括：

（1）原始凭证的名称；

（2）填制凭证的日期；

（3）填制凭证单位名称或者填制人姓名；

（4）接受凭证单位名称；

（5）经济业务事项的内容；

（6）经济业务事项的计量单位、数量、单价和金额；

（7）填制单位、填制人员、经办人或验收人等的签字或盖章。

三、原始凭证的填制

自制原始凭证主要根据经济业务事项的执行和完成的实际情况直接填制，如根据实际领用的材料名称、数量和金额填制的领料单、限额领料单等。还有一些自制原始凭证是根据账簿记录对某项经济业务事项加以归类、整理而重新编制的。例如，制造业企业月末为了计算本月产品生产成本，将车间制造费用明细账中归集的费用汇总后，选择一定的分配标准，编制制造费用分配表，据以登记产品成本计算单，把制造费用分配给各成本计算对象负担；商品流通企业月末编制的已销商品进销差价计算表（其格式参见第十章），这些都是企业自制原始凭证。自制原始凭证必须有经办单位领导人或者其指定的人员的签名或者盖章，对外开出原始凭证，必须加盖本单位公章。

外来原始凭证是由其他单位或个人填制的，同自制原始凭证一样，也要具备证明经济业务事项完成情况和明确经济责任所必需的内容，必须盖有填制单位的公章，从个人处取得的原始凭证，必须有填制人员的签名或盖章。

为了保证原始凭证的质量，对于原始凭证的填制要求，概括起来有以下几点：

（1）要遵守有关政策、制度和计划的规定。经济业务事项的内容必须符合政策、制度和计划的规定，执行国家规定的有关费用开支范围和开支标准，对于违反政策、制度和计划的收支不得填制原始凭证。

（2）记录的内容要真实。原始凭证上的经济业务事项，必须同实际情况完全相符，决不允许以任何方式歪曲事实或弄虚作假。

（3）记录的内容要完整，手续要完备。原始凭证中的基本内容和补充内容都要填写齐全，不得遗漏；必须符合手续完备的要求，经办业务的有关部门和人员要认真审查，并签名或盖章。项目填写不全和手续不完备的原始凭证，不能作为经济业务的合法凭证。

（4）格式要统一。填写凭证要使用统一规定的格式，避免造成混乱，贻误工作。

（5）填写要认真、字迹要清楚。原始凭证上的文字和数字，字迹要清楚，易于辨认。一般原始凭证如果发生错误，必须按照规定进行更正，不得随意涂抹、刮擦或挖补。有关库存现金和银行存款收支的原始凭证如果发生填写错误，应作废后另行填写。

（6）填制要及时。原始凭证应当根据经济业务的执行和完成情况及时填制。这对于及时、完整、如实地反映经济业务事项的内容和据以编制记账凭证都是非常重要的。

我国《会计基础工作规范》中对原始凭证的填制做出了以下具体要求：

（1）凡填有大写和小写金额的原始凭证，大写和小写金额必须相符。购买实物的原始凭证，必须有验收证明。支付款项的原始凭证，必须有收款单位和收款人的收款证明。

（2）一式几联的原始凭证，应当注明各联的用途，只能以一联作为报销凭证。一式几联的发票和收据，必须用双面复写纸（发票和收据本身具备复写功能的除外）套写，并连续编号。作废时应当加盖“作废”戳记，连同存根一起保存，不得撕毁。

（3）发生销货退回的，除填制退货发票外，还必须有退货验收证明。退款时，必须取得对方的收款收据或者汇款银行的凭证，不得以退货发票代替收据。

（4）职工公出的借款凭据，必须附在记账凭证之后。收回借款时，应当另开收据或者退还借据副本，不得退还原借款收据。

（5）经上级有关部门批准的经济业务，应当将批准文件作为原始凭证附件。如果批准文件需要单独归档的，应当在凭证上注明批准机关名称、日期和文件字号。

（6）原始凭证不得涂改、挖补。发现原始凭证有错误的，应当由开出单位重开或者更正。更正处应当加盖开出单位公章。

第三节 记账凭证

一、记账凭证的分类

记账凭证是由会计部门根据原始凭证或原始凭证汇总表上的经济业务事项内容，应用会计科目和复式记账法加以归类填制，并直接作为记账依据的凭证。

由于原始凭证种类繁多，格式不一，不便于根据原始凭证直接进行记账，所以必须将原始凭证所反映的经济业务事项加以归类和整理后，编制记账凭证，并据以记账。我国《会计基础工作规范》规定，会计机构、会计人员要根据审核无误后的原始凭证填制记账凭证。

（一）记账凭证按其用途分类

记账凭证按其用途分类，可以分为专用记账凭证和通用记账凭证。专用记账凭证按其反映的经济内容分类，可以分为收款凭证、付款凭证和转账凭证三种。

收款凭证和付款凭证是用来反映货币资金收入、付出业务的凭证。它是根据库存现金、银行存款，以及其他货币资金收付业务的原始凭证填制的，作为登记库存现金日记账、银行存款日记账和有关账簿记录的依据。对于库存现金和银行存款之间的互相划转业务，如从银行提取现金或将现金存入银行，可以只编制付款凭证，不编制收款凭证，以免重复记账。

转账凭证是用来记录除库存现金、银行存款以外的其他经济业务的记账凭证。如向仓库领料、产成品完工入库、进行生产费用分配等业务，所编制的记账凭证属于转账凭证。

通用记账凭证是用来反映所有业务的记账凭证。通用记账凭证的格式同转账凭证。专用记账凭证的格式见表4-5至表4-7。

表4-5

（企业名称）

收款凭证

借方账户：　　　　年　月　日　　　　收字第　号

摘要	贷方账户		金额	记账
	一级账户	二级或明细账户		
合计				

附件　张

会计主管：　记账：　出纳：　审核：　填制：

表4-6

（企业名称）

付款凭证

贷方账户：　　　　年　月　日　　　　付字第　号

摘要	借方账户		金额	记账
	一级账户	二级或明细账户		
合计				

附件　张

会计主管：　记账：　出纳：　审核：　填制：

表4-7

（企业名称）

转账凭证

年　月　日　　　　转字第　号

摘要	一级账户	二级或明细账户	金额	记账
合计				

附件　张

会计主管：　记账：　审核：　填制：

（二）记账凭证按其内容分类

记账凭证按其内容分类，可分为单一记账凭证、汇总记账凭证和记账凭证汇总表三类。

单一记账凭证是指只包括一笔会计分录的记账凭证。上述的专用记账凭证和通用记账凭证就属于单一记账凭证。汇总记账凭证是根据许多同类的单一记账凭证定期加以汇总而重新编制的记账凭证。编制汇总记账凭证的目的是简化登记总分类账的手续。汇总记账凭证也可按其反映经济业务的内容分类，分为汇总收款凭证、汇总付款凭证和汇总转账凭证三类，其格式见表4-8、表4-9、表4-10。记账凭证汇总表（亦称账户汇总表、科目汇总表）是根据一定时期内所有的单一记账凭证定期加以汇总而重新编制的记账凭证。编制记账凭证汇总表的目的也是简化登记总分类账的手续，它实质上也是一种汇总记账凭证，只不过汇总的方法同汇总记账凭证有所不同而已。其格式见表4-11。

表4-8 汇总收款凭证

借方科目：银行存款　　201×年×月　　汇收字第____号

贷方科目	金额			总账页数		
	1日至10日收款凭证第　号至　号	11日至20日收款凭证第　号至　号	21日至　日收款凭证第　号至　号	合计	借方	贷方
应收账款						
主营业务收入						
⋮						
合计						

会计主管：　复核：　记账：　制证：

表4-9 汇总付款凭证

贷方科目：库存现金　　201×年×月　　汇付字第____号

借方科目	金额			总账页数		
	1日至10日付款凭证第　号至　号	11日至20日付款凭证第　号至　号	21日至　日付款凭证第　号至　号	合计	借方	贷方
应付职工薪酬						
其他应付款						
⋮						
合计						

会计主管：　复核：　记账：　制证：

表4-10 汇总转账凭证

贷方科目：应付职工薪酬　　201×年×月　　汇转字第____号

借方科目	金额			总账页数		
	1日至10日转账凭证第　号至　号	11日至20日转账凭证第　号至　号	21日至　日转账凭证第　号至　号	合计	借方	贷方
生产成本						
制造费用						
⋮						
合计						

会计主管：　复核：　记账：　制证：

表4-11 记账凭证汇总表

年 月 日至 日

账户名称	总账页数	本期发生额		记账凭证起讫号数
		借方	贷方	

（三）记账凭证按其填列的账户分类

记账凭证按其填列的账户分类，还可分为单式记账凭证和复式记账凭证两类。

单式记账凭证是指在一张记账凭证上只填列每笔会计分录中的一方账户，其对应账户只做参考，不据以记账。这样，每笔会计分录至少要填制两张单式记账凭证，用编号将它们联系起来，以便查对。设置单式记账凭证的目的，一是便于汇总，每张凭证只需汇总一次，并且可减少差错；二是为了贯彻会计部门内部的岗位责任制，每个岗位人员都应对与其有关的账户负责；三是利于贯彻内部控制制度，防止差错和舞弊。但因凭证张数过多，不易保管，且填制凭证的工作量较大，因此使用的单位较少。

复式记账凭证是指在一张记账凭证上完整地列出每笔会计分录的全部账户。上述的专用记账凭证和通用记账凭证，都属于复式记账凭证。

单式记账凭证的格式见表4-12和表4-13。

表4-12 （企业名称）

借项记账凭证

对应账户：主营业务收入 201×年×月×日 编号1

摘要	一级账户	明细账户	金额	记账
销售收入存入银行	银行存款		30 000	√

附件 张

会计主管： 记账： 复核： 出纳： 填制：

表4-13 （企业名称）

贷项记账凭证

对应账户：银行存款 201×年×月×日 编号1

摘要	一级账户	明细账户	金额	记账
销售收入存入银行	主营业务收入		30 000	√

附件 张

会计主管： 记账： 复核： 出纳： 填制：

综上所述，现将会计凭证的分类归纳如图4-1所示。

- 会计凭证（按填制程序和用途分类）
  - 原始凭证——按来源分类
    - 自制原始凭证——按反映业务的方法分类
      - 一次凭证
      - 累计凭证
      - 汇总凭证
    - 外来原始凭证
  - 记账凭证
    - 按用途分类
      - 专用记账凭证——按反映的经济内容分类
        - 收款凭证
        - 付款凭证
        - 转账凭证
      - 通用记账凭证
    - 按内容分类
      - 单一记账凭证
        - 专用记账凭证
        - 通用记账凭证
      - 汇总记账凭证
        - 汇总收款凭证
        - 汇总付款凭证
        - 汇总转账凭证
      - 记账凭证汇总表
    - 按填列的账户分类
      - 单式记账凭证
        - 借项记账凭证
        - 贷项记账凭证
      - 复式记账凭证
        - 专用记账凭证
        - 通用记账凭证

图 4-1 会计凭证的分类

二、记账凭证的内容

记账凭证虽然种类不一，但其主要作用都是直接记账的依据，因此记账凭证必须具备以下基本内容：

（1）记账凭证的名称；

（2）填制凭证的日期；

（3）经济业务事项内容摘要；

（4）会计科目（一级科目和二级或明细科目）名称，记账方向和金额；

（5）记账凭证编号；

（6）所附原始凭证的张数；

（7）填制人员、复核人员、记账人员、会计主管人员等的签字或盖章。

三、记账凭证的填制

收款凭证和付款凭证是根据收、付款的原始凭证填制的。转账凭证是根据有关转账业务的原始凭证填制的，或者是根据账簿记录填制的。如果是根据账簿记录填制，则没有原始凭证，如将损益类账户月末余额转入“本年利润”账户、更正账簿错误等。

在大中型企业中，由于经济业务事项繁多复杂，为了简化登记总分类账的手续，可以在月中分数次汇总记账凭证，编制记账凭证汇总表，然后据以登记总分类账。

汇总收款凭证是根据收款凭证分别按库存现金和银行存款账户的借方设置，并按对应的贷方账户归类汇总。汇总付款凭证是根据付款凭证分别按库存现金和银行存款账户的贷方设置，并按对应的借方账户归类汇总。汇总转账凭证是根据转账凭证按账户的贷方设置，并按对应的借方账户归类汇总。这三种汇总记账凭证都应定期（如每隔五天或每旬）汇总一次，每月填制一张。为了便于汇总，对转账凭证的对应关系，要求保持一借一贷或一贷多借，而不宜采用一借多贷。汇总记账凭证可以反映账户的对应关系，便于了解经济业务事项的来龙去脉，因而利于分析和检查。但是，汇总的工作量也较繁重。

记账凭证汇总表（也称账户汇总表、科目汇总表）是根据收款凭证、付款凭证和转账凭证，按照相同的账户归类，定期（如每隔五天或每旬）汇总填制一张。为了便于填制记账凭证汇总表，所有记账凭证的账户对应关系应保持一借一贷。转账凭证在填制时，最好复写二联，一联作为借方账户的转账凭证，另一联作为贷方账户的转账凭证，也可采用单式记账凭证，即分别将借方和贷方账户各填制一张转账凭证。这样，既可简化汇总的手续，也可减少差错。

《会计基础工作规范》中对记账凭证有以下具体要求：

（1）填制记账凭证时，应当对记账凭证进行连续编号。一笔经济业务需要填制两张以上记账凭证的，可以采用分数编号法进行编号。

（2）记账凭证可以根据每一张原始凭证填制，或者根据若干张同类原始凭证汇总编制，也可以根据原始凭证汇总表编制，但不得将不同内容和类别的原始凭证填制在一张记账凭证上。

（3）除结账和更正错误的记账凭证可以不附原始凭证外，其他记账凭证必须附有原始凭证。

（4）如果记账凭证填制错误，则应当重新填制。已经登记入账的记账凭证，在当年内发现填写错误的，可以用红字填写一张与原内容相同的记账凭证，在摘要栏注明“注销某月某日某号凭证”字样，同时再用蓝字重新填制一张正确的记账凭证。如果会计科目没有错误，只是金额错误，也可以将正确数字与错误数字之间的差额，另编一张调整的记账凭证，调增金额用蓝字，调减金额用红字。发现以前年度记账凭证有错误的，应当用蓝字填制一张更正的记账凭证。

（5）记账凭证填制完经济业务事项后，如有空行，应当自金额栏最后一笔金额数字下的空行处至合计数上空行处划线注销。

（6）填制会计凭证，字迹必须清晰、工整，并符合下列要求：

①阿拉伯数字应当一个一个地写，不得连笔写。阿拉伯金额数字前面应当书写货币币种或者货币名称简写和币种符号。币种符号与阿拉伯数字金额之间不得留有空白。凡阿拉伯数字前写有币种符号的，数字后面不再写货币单位。

②所有以元为单位（其他货币种类为货币基本单位，下同）的阿拉伯数字，除表示单价等情况外，一律填写到角分；无角分的，角位和分位可写“00”，或者符号“—”；有角无分的，分位应当写“0”，不得用符号“—”代替。

③汉字大写数字金额如零、壹、贰、叁、肆、伍、陆、柒、捌、玖、拾、佰、仟、万、亿等，一律用正楷或者行书体书写。大写数字到元或者角为止的，在“元”或者“角”字后应当写“整”字或者“正”字。

④大写金额数字之前未印有货币名称的，应当加填货币名称，货币名称与数字金额之间不得留有空白。

⑤阿拉伯金额数字中间有“0”时，汉字大写金额要写“零”字；阿拉伯金额数字中间连续有几个“0”时，汉字大写金额可以只写一个“零”字；阿拉伯金额数字元位是“0”，或者数字中间连续有几个“0”、元位也是“0”但角位不是“0”时，汉字大写金额

可以只写一个“零”字，也可以不写“零”字。

(7) 实行会计电算化的单位，对于机制记账凭证要认真审核，做到会计科目使用正确，数字准确无误。打印出的机制记账凭证要制单人员、审核人员、记账人员及会计机构负责人、会计主管人员盖章或者签字。

第四节 会计凭证的审核、传递和保管

一、会计凭证的审核

(一) 原始凭证的审核

为了防止不符合填制要求的原始凭证影响会计信息的质量，必须由会计部门对一切外来的和自制的原始凭证进行严格审核。审核内容主要包括两个方面：

(1) 审核原始凭证所反映的经济业务是否合法、合规和合理。审核时应以国家颁发的有关财经法规、本单位制定的财会制度，以及本单位确定的规划、计划指标等为依据，审查有无违法乱纪、不符合制度和计划等的行为。

(2) 审核原始凭证中所有项目是否填齐，有关部门或人员是否签章，摘要和数字是否填写清楚，计算是否正确，大写与小写金额是否相等等。

(二) 记账凭证的审核

为了防止不符合填制要求的记账凭证影响会计信息的质量，记账凭证填制以后，必须由稽核人员进行审核。审核内容是：

(1) 记账凭证是否附有原始凭证；记账凭证的内容与所附原始凭证的内容是否相符。

(2) 会计账户应用是否正确；二级或明细账户是否齐全；账户对应关系是否清晰；金额是否正确。

(3) 记账凭证中有关项目是否填列齐全；有关人员是否签章。

记账凭证经审核无误后，便可据以记账。如果发现记账凭证填制有误，应按规定的方法及时更正。

二、会计凭证的传递

会计凭证应当及时传递，不得积压。会计凭证的传递是指从凭证取得或填制时起到归档保管时止，在单位内部有关部门和人员之间的传递过程。由于各项经济业务事项的性质不同，经办各项业务的部门和人员，以及办理凭证手续所需要的时间也不一样，因此会计凭证的传递主要包括会计凭证传递路线和传递时间两个方面的内容。

明确规定会计凭证传递的路线和时间，不仅可以及时反映和监督经济业务的发生或完成情况，而且可以促使经办业务的部门和人员及时、正确地完成经济业务与办理凭证手续，从而加强经营管理的岗位责任制。例如，对材料（商品）收入业务的凭证传递，应明确规定：材料（商品）运达企业后需要多长时间验收入库；谁负责填制收料单（商品入库单）；何时将收料单（商品入库单）送交会计部门及有关部门；会计部门由谁负责审核收料单（商品入库单）；又由谁在何时编制记账凭证和登记账簿；并由谁负责整理及保管凭证等。这样，就可以把材料（商品）收入业务从验收入库到登记入账的全部工作在本单位内部进行合理分工，同时，还可以考核经办业务的有关部门和人员是否按照规定的会计手续办理业务。

科学而又合理的会计凭证传递路线，应能适应经济业务的特点，结合本单位机构设置和人员分工的具体情况，满足各个工作环节加强经营管理的需要。这就要求会计凭证沿着最合理、最迅速的路线传递，使会计凭证在传递过程中只经过必要的部门和人员，而且明确规定会计凭证在每个部门、环节停留的最长时间，并指定专人负责进行监督，做到会计凭证的传递能满足需要、手续完备、层次清楚、责任明确、传递及时，从而保证会计信息能及时向单位内外公布。

三、会计凭证的保管

会计凭证既是记录经济业务、明确经济责任的书面证明，又是记账的依据，所以它是会计核算的重要经济档案和历史资料。各单位在完成经济业务手续和记账之后，必须按规定妥善保管会计凭证，以便本单位随时抽查利用，同时便于上级有关部门进行会计凭证检查。

会计凭证的保管，一方面要做到凭证完整无缺，另一方面还要便于随时查阅，为此应做到以下几点：

（1）会计凭证在记账之后，应将各种记账凭证，按照编号顺序连同所附原始凭证或者原始凭证汇总表，折叠整齐，定期（每天、每旬或每月）装订成册，以防散失。为了便于事后查阅，应加具封面，在封面上注明单位名称，所属的年度、月份或起讫的日期，记账凭证的种类（库存现金、银行存款或转账等）、张数和起讫号数，并由有关人员在装订线封签处签名或者盖章。

（2）对于某些记账凭证所附的原始凭证过多，不便于装订，也可把这些原始凭证单独装订保管；对于某些记账凭证所附的原始凭证属于重要的单据，如提货单、存出保证金收据及涉外文件等重要原始凭证，应当另编目录，单独登记保管，并应在有关记账凭证上加注说明，以便查考。

（3）对于装订成册的会计凭证，应由指定的专人负责保管，年度终了，应移交财会档案室登记归档，需要查阅归档的会计凭证，必须经会计主管人员同意，才能查阅。

（4）会计凭证的保管期限和销毁手续，必须严格执行企业会计准则的有关规定，对一般会计凭证分别规定期限；对重要会计凭证，如涉及外事、合资经营的业务资料和有关会计凭证按规定长期保存；未到保管期限的会计凭证，任何人不得随意销毁；对保管期满需要销毁的会计凭证，必须开列清单，经本单位领导审核报经上级主管部门批准后，并请有关人员到场，才能销毁。

小知识4-1

会计凭证的保管人员和保管期限

根据国家《会计档案管理办法》规定，当年形成的会计档案，年度终了后可由会计机构保管1年，期满之后应移交本单位档案机构统一保管；未设立档案机构的，应在会计机构内部指定专人保管。出纳人员不得兼管会计档案。会计凭证的保管期限为15年。

典型案例

ABC公司规模不大，公司会计因故数天未能上班，出纳员试着对公司5月份前10天内发生的各项经济业务做了相应处理，见表4-14：

表4-14 **经济业务汇总表** 单位：元

序号	业务内容	记账凭证名称	会计分录
1	以库存现金支付职工王明预借差旅费2 000元	库存现金付款凭证	借：其他应收款 2 000 贷：库存现金 2 000
2	从银行提取现金5 000元	库存现金收款凭证	借：库存现金 5 000 贷：银行存款 5 000
3	购买办公用品4 200元，开出转账支票予以支付	转账凭证	借：管理费用 4 200 贷：银行存款 4 200
4	收到W公司一张承兑的商业汇票30 000元，抵付月初所欠应收账款	银行收款凭证	借：银行存款 30 000 贷：应收账款 30 000
5	借入短期借款90 000元，已存入企业账户中	库存现金收款凭证	借：库存现金 90 000 贷：银行存款 90 000

为了检验账务处理是否正确，出纳员进行了试算平衡，所有账户的余额试算平衡。会计上班后，出纳员把自己所做的业务交给了会计，会计指出了出纳员所进行的会计处理中存在的问题。请你分析一下出纳员的会计处理存在哪些问题。

分析提示：第二笔业务虽然会计分录正确，但不应编制库存现金收款凭证，而应编制银行存款付款凭证；第三笔业务会计分录正确，但应编制银行存款付款凭证；第四笔业务应该编制转账凭证，借记“应收票据”科目，贷记“应收账款”科目；第五笔业务应编制银行收款凭证，会计分录应是借记“银行存款”科目，贷记“短期借款”科目。

本章小结

填制和审核凭证是会计核算工作的基础，也是会计核算的基本方法之一。会计凭证多种多样，按其填制程序和用途不同可以分为原始凭证和记账凭证。原始凭证是用以记录经济业务事项具体内容的书面证明，也是进行会计核算的原始资料和重要依据。原始凭证按其取得来源不同，可分为自制原始凭证和外来原始凭证。记账凭证是由会计部门根据原始凭证或原始凭证汇总表上的经济业务事项内容，应用会计科目和复式记账法加以归类填制，并直接作为记账依据的凭证。记账凭证有不同的分类形式。所有会计凭证都应按照规定要求进行填制，并按规定进行审核、传递和保管。

习题

一、选择题

1. 下列各项中，不属于外来的原始凭证的是（　　）。

A. 银行对账单　　B. 销售合同

C. 购货发票　　D. 领料单

2. 自制的原始凭证按其反映业务的方法不同，可以分为（　　）。

A. 收款凭证、付款凭证和转账凭证　　B. 专用记账凭证和通用记账凭证

C.一次凭证、汇总凭证和累计凭证　　D.单式记账凭证和复式记账凭证

3.限额领料单属于原始凭证中的（　　）。

A.一次凭证　　B.汇总凭证

C.累计凭证　　D.转账凭证

4.原始凭证与记账凭证的共同之处在于（　　）。

A.编制时间相同　　B.反映经济业务的内容相同

C.编制人员相同　　D.来源相同

5.将现金存入银行时，企业应编制的凭证是（　　）。

A.库存现金付款凭证　　B.库存现金收款凭证

C.银行存款收款凭证　　D.银行存款付款凭证

6.可以作为记账凭证编制依据的是（　　）。

A.转账凭证　　B.收款凭证

C.累计凭证　　D.汇总凭证

7.原始凭证中应该包括的内容主要是（　　）。

A.填制凭证单位名称　　B.经济业务事项的金额

C.经济业务事项会计科目名称　　D.接受凭证单位名称

8.记账凭证按其填列的账户分类，可以分为（　　）。

A.单一记账凭证　　B.单式记账凭证

C.汇总记账凭证　　D.复式记账凭证

9.根据记账凭证的填列要求，下列各项中不正确的是（　　）。

A.记账凭证只能根据一张原始凭证填列　　B.记账凭证应当连续编号

C.记账凭证只能根据原始凭证汇总表填列　　D.所有记账凭证必须附有原始凭证

10.记账凭证中必须包括的各项内容是（　　）。

A.填制凭证的日期　　B.会计科目名称

C.经济业务事项的金额　　D.所附原始凭证张数

二、简答题

1.什么是会计凭证？会计凭证的意义是什么？会计凭证可以分为哪几种？

2.什么是原始凭证？原始凭证可以分为哪几类？

3.原始凭证的内容有哪些？原始凭证的填制方法和要求是什么？

4.什么是记账凭证？记账凭证有哪几种类型？

5.记账凭证的内容有哪些？记账凭证的填制方法和要求是什么？

6.会计凭证保管的要求主要有哪些？

三、业务题

资料：赤诚公司供销科材料采购员王明于201×年3月15日预借差旅费现金3 000元。王明填制一联借款单，报经有关主管人员批准后，经财务稽核人员稽核，将审核后的借款单交会计编制库存现金付款凭证，再交由出纳员支付其现金3 000元。3月23日，王明出差归来，经审核其实际支出差旅费及补助款为2 920元，交回剩余现金。

要求：填制借款单、差旅费报销单，编制库存现金付款凭证和报销差旅费的转账凭证（有关经手人不具体列出，用“××”代替），见表4-15至表4-18。

表 4-15

借款单

No.00768

借款部门：　　　　201×年3月15日　　　　业务授权人：

人民币（大写）			¥				
用途				财务部门		借款部门	
付款方式		票据号码		负责人		负责人	
收款单位		开户银行		审核		借款人	
		账号		记账		经办人	

表 4-16

差旅费报销单

201×年3月23日

出差人								出差地								
出发				到达				车船费	途中补助		驻勤补助		其他			合计
月	日	时分	地点	月	日	时分	地点		天数	金额	天数	金额	车费	宿费	其他	
合计																
借款　元，201×年　月　日报销，节余或超支　元											报销金额（大写）					

会计主管：　　审核：　　制单：　　部门主管：　　公出人：

表 4-17

付款凭证

凭证编号：

贷方科目：库存现金　　201×年　月　日　　出纳编号：

摘要	结算方式	票号	借方科目		金额											过账符号
			总账科目	明细科目	亿	千	百	十	万	千	百	十	元	角	分	
附单据　张			合　计													

会计主管：　　记账：　　稽核：　　制单：　　出纳：　　领款人：

表 4-18

转账凭证

201×年　月　日　　　　凭证编号转字第　号

摘要	借方科目		贷方科目		金额											过账符号
	总账科目	明细科目	总账科目	明细科目	亿	千	百	十	万	千	百	十	元	角	分	
附单据　张			合　计													

会计主管：　　　　记账：　　　　稽核：　　　　制单：

第五章 会计账簿

学习目标

知识目标　掌握账簿的分类、总分类账和明细分类账的平行登记方法，以及错账的更正方法，明确账簿启用和登记的要求，了解设置和登记账簿的意义、账簿的格式。

技能目标　熟悉账簿的登记方法、结账方法、对账方法、错账的查找与更正方法。

第一节 会计账簿的意义和种类

一、会计账簿的意义

会计账簿是由具有专门格式而又联结在一起的若干账页所组成的，用来全面、连续、系统地反映一定时期内某类或全部经济业务事项完成情况的簿籍。组成会计账簿的账页是按规定的会计科目设置的。

我们知道，通过会计凭证的填制和审核，可以核算和监督每项经济业务事项的完成情况，但是，会计凭证的数量很多，又比较分散，每张会计凭证只能核算个别经济业务事项，不能全面、连续、系统地核算同类的和全部的经济业务事项的完成情况，因此就有必要把分散在会计凭证中的核算资料加以归类和整理，登记到有关的会计账簿中去，以便取得比较完整、系统的核算资料和经济指标。由此可见，设置和登记会计账簿是取得系统会计资料的重要手段，是会计核算的一种专门方法。财政部发布的《会计基础工作规范》中规定，各单位应当按照国家统一会计准则的规定和会计业务的需要设置会计账簿。

正确地设置和登记会计账簿，对于充分发挥会计的核算和监督作用具有重要意义。这具体表现在以下方面：

第一，通过登记会计账簿，可以连续、系统、全面地反映企业的经济业务事项，为经营管理提供资料。通过会计账簿记录，既可提供各项总括的核算资料，又可提供明细的核算资料。

第二，通过会计账簿记录，可以随时掌握企业财产物资的增减变动情况并对其进行控制，有利于保护财产物资的安全与完整。

第三，设置和登记会计账簿，可以为企业及时、准确地编制财务报表提供资料，并可作为企业编制财务计划、进行财务分析的依据。

二、会计账簿的种类

为了充分发挥会计账簿的作用，各企业单位应按本单位规模的大小、业务繁简程度和经营管理的实际需要来设置会计账簿。会计账簿可按以下标准分类：

（一）按用途不同分类

会计账簿按其用途不同，可以分为序时账簿、分类账簿和备查账簿三种。

序时账簿也称日记账，是按照经济业务发生时间的先后顺序，逐日逐笔登记经济业务的会计账簿。序时账簿有两种：一种是用来登记全部经济业务事项的；另一种是用来登记某一类经济业务事项的。通常各单位只对库存现金和银行存款的收付业务设置序时账簿，即库存现金日记账和银行存款日记账，以便加强货币资金的管理。

分类账簿是对全部经济业务事项按照总分类账户和明细分类账户进行分类登记的会计账簿。分类账簿按反映内容详细程度的不同，又分为总分类账簿（简称总分类账或总账）和明细分类账簿（简称明细分类账或明细账）。总分类账是根据一级会计科目（简称总账科目）开设账户，用来分类登记全部经济业务事项，提供各种资产、负债和所有者权益等总括核算资料的会计账簿；明细分类账是根据二级或明细科目开设账户，用来分类登记某一类经济业务事项，提供某一种资产、负债和所有者权益等详细核算资料的会计账簿。

备查账簿是对某些在日记账和分类账等主要会计账簿中未能记载的事项，进行补充登记的会计账簿。它可以为某些经济业务事项的内容提供必要的参考资料，如租入固定资产登记簿、受托加工物资登记簿等。备查账簿可由各单位根据需要进行设置。

（二）按外表形式不同分类

账簿按其外表形式不同，可以分为订本式账簿、活页式账簿和卡片式账簿三种。

订本式账簿是在未启用前把一定数量的账页固定装订在一起，并进行连续编号的会计账簿。它的优点是能够避免账页散失和防止抽换账页，但是使用订本式账簿，由于账页固定，不能增减，就会使有的会计科目的账页多，造成浪费，有的会计科目的账页少，影响账簿记录的连续登记，同时也不便于记账人员的分工。目前，各单位使用的总分类账、日记账等一般都采用订本式账簿。

活页式账簿是由许多分散的账页所组成的，不固定装订，不进行连续编号，可以随时增添或取出的会计账簿。

卡片式账簿是用卡片代替账簿，由印有一定格式的账卡所组成的会计账簿。

活页式、卡片式账簿的优点是：可以随时根据核算上的需要重新排列和分类；便于财会人员进行分工，提高工作效率；按实际需要安排账页数量，可以防止浪费。其缺点是：账页容易散失，容易被抽掉或更换。因此，这两种账簿不适用于库存现金、银行存款和总分类账，各单位使用的明细分类账一般采用这两种形式。

第二节 会计账簿的管理、格式和登记方法

一、会计账簿的管理

（一）会计账簿的启用

《会计基础工作规范》中规定，会计账簿包括总账、明细账、日记账和其他辅助性账簿。库存现金日记账和银行存款日记账必须采用订本式账簿。

实行会计电算化的单位，用计算机打印的会计账簿必须连续编号，经审核无误后装订成册，并由记账人员和会计机构负责人、会计主管人员签字或者盖章。

启用会计账簿时，应当在账簿封面上写明单位名称和账簿名称。在账簿扉页上应当附启用表，内容包括：启用日期、账簿页数、记账人员和会计机构负责人、会计主管人

员姓名，并加盖名章和单位公章。记账人员或者会计机构负责人、会计主管人员调动工作时，应当注明交接日期、接办人员或者监交人员姓名，并由交接双方人员签名或盖章。

启用订本式账簿，应当从第一页到最后一页顺序编定页数，不得跳页、缺号。使用活页式账页，应当按账户顺序编号，必须定期装订成册。装订后再按实际使用的账页顺序编定号码，另加目录，记明每个账户的名称和页次。

（二）会计账簿登记的要求

会计人员应当根据审核无误后的会计凭证登记会计账簿。登记会计账簿的基本要求是：

（1）登记会计账簿时，应当将会计凭证日期、编号、业务内容摘要、金额和其他有关资料逐项记入会计账薄内，做到数字准确、摘要清楚、登记及时、字迹工整。

（2）登记会计账簿后，要在记账凭证上签名或盖章，并注明已经登账的符号，表示已经记账。

（3）账簿中书写的文字和数字上面要留有适当空格，不要写满格，一般应占格距的1/2。

（4）登记账簿要用蓝黑墨水或者碳素墨水书写，不得使用圆珠笔（银行的复写账簿除外）或者铅笔书写。下列情况下，可以使用红色墨水记账：

①按照红字冲账的记账凭证，冲销错误记录；

②在不设借、贷等栏的多栏式账页中，登记减少数；

③在三栏式账户的余额栏前，如未印明余额方向的，在余额栏内登记负数余额；

④根据国家统一会计规范的规定可以用红字登记的其他会计记录。

（5）各种会计账簿按页次顺序连续登记，不得跳行、隔页。如果发生此类情况，应当将空行、空页划线注销，或者注明“此行空白”、“此页空白”字样，并由记账人员签字或盖章。

（6）凡需要结出余额的账户，结出余额后，应当在“借或贷”等栏内写明“借”或者“贷”等字样。没有余额的账户，应当在“借或贷”等栏内写“平”字，并在余额栏内用“θ”表示。库存现金日记账和银行存款日记账必须逐日结出余额。

（7）每一账页登记完毕结转下页时，应当结出本页合计数及余额，写在本页最后一行和下页第一行有关栏内，并在摘要栏内注明“过次页”和“承前页”字样。

（8）实行会计电算化的单位，总账和明细账应当定期打印。发生收款和付款业务的，在输入收款凭证和付款凭证的当天必须打印出库存现金日记账和银行存款日记账，并与库存现金核对无误。

（9）凡记录发生错误的，不得涂改、挖补、刮擦或者用药水消除字迹，不准重新抄写，必须按照正确方法进行更正。

以下将分别不同类型的会计账簿说明其格式和登记方法。

二、日记账的格式和登记方法

日记账可以用来记录全部经济业务事项的完成情况，也可以用来记录某一类经济业务事项的完成情况。前者称为普通日记账，后者称为特种日记账。

由于普通日记账里的经济业务事项必须逐笔过账，这样便会导致大量的过账工作。而采用特种日记账，日记账中的所有经济业务事项都属于同一类型，无须为每一笔会计分录写出例行的摘要说明，账户名称也不必重复书写，从而可以提高工作效率。我国会计实务中的日记账一般是指库存现金日记账和银行存款日记账，其格式见表5-1和表5-2。

表5-1 **库存现金日记账** 单位：

201×年		凭证号数	摘要	对方科目	收入	付出	结余
月	日						

表5-2 **银行存款日记账** 单位：

201×年		凭证号数	摘要	对方科目	收入	付出	结余
月	日						

库存现金日记账是用来登记库存现金的收入、付出和结存情况的会计账簿。它是由出纳人员根据审核后的库存现金收、付款凭证，逐日逐笔按经济业务事项发生时间的顺序登记的。日记账中的“凭证号数”栏，是根据库存现金收、付款凭证上注明的收、付款凭证号数登记的，登记这一栏的目的是便于以后查对。“摘要”栏是根据库存现金收、付款凭证的摘要登记的。“对方科目”栏是为了便于观察每笔款项收入的来源和付出的去向，根据库存现金收、付款凭证上所列的对方科目登记的。“收入”栏是根据库存现金收款凭证登记的，对于从银行提取现金的业务，由于只填制银行存款付款凭证，不填库存现金收款凭证，因而，库存现金的收入数应根据银行存款付款凭证登记。“付出”栏应根据库存现金付款凭证登记。每日终了，应分别计算库存现金收入和付出的合计数及账面结余额，即当日收入、付出合计和累计结余，并与实存现金额相核对，以保证库存现金账簿记录与库存现金实有金额相一致。

银行存款日记账是用来登记银行存款的收入、支出和结存情况的会计账簿。它一般也是由出纳人员根据审核后的银行存款收、付款凭证逐日逐笔按经济业务事项发生时间的顺序登记的。“收入”栏根据银行存款收款凭证登记。“付出”栏根据银行存款付款凭证登记，对于把库存现金存入银行的收入数，应根据库存现金付款凭证登记。每日终了，应结出银行存款收入和付出的合计数及账面余额，并定期同银行转来的对账单逐笔核对，以保证银行存款账簿记录与银行存款实有金额相一致。

三、分类账的格式和登记方法

（一）总分类账的格式和登记方法

总分类账是提供总括性会计资料的账户。总分类核算只运用货币度量，所以总分类账的登记，只是各科目增减金额的登记。总分类账的格式一般比较简单，采用比较广泛的是三栏式结构，称为“三栏式总账”。三栏式总账的登记，可以根据记账凭证逐笔登记，也可以通过一定的方式汇总，按日、按旬、按月进行汇总登记。三栏式总账的格式见表5-3。

表5-3 总账 第 页

会计科目：固定资产 单位：

年		凭证		摘要	借方	贷方	借或贷	余额
月	日	种类	号数					
				月初余额				
				本月发生额				
				月末余额				

企业也可以根据需要设置多栏式总账，根据汇总数字定期登记。多栏式总账既可按经济业务事项性质设专栏，也可以按账户名称设专栏。多栏式总账不仅能清晰地反映企业经济业务全貌，还可以进行全部账户的试算平衡。但是如果总账账户较多时，账页篇幅过大，则不便于登记。

（二）明细分类账的格式和登记方法

明细分类账是分类登记某类经济业务事项详细情况的账簿。它可以提供各项资产、负债、所有者权益和经营过程等的详细情况。各种明细分类账的格式和登记方法如下：

1.三栏式明细账

三栏式明细账和三栏式总账格式相同。它主要适用于只要求反映金额的经济业务，如应收账款、应付账款的明细分类核算。它可以根据记账凭证和有关原始凭证逐笔登记。其格式见表5-4。

表5-4 应付账款明细账

供应单位名称： 单位：元

年		凭证		摘要	借方	贷方	借或贷	余额
月	日	种类	号数					

2. 数量金额式明细账

数量金额式明细账适用于既要反映金额，又要反映数量的经济业务，如原材料、库存商品等物资的明细核算。它可以根据原材料或库存商品等的收发凭证逐笔登记。原材料明细账的格式见表5-5，库存商品明细账格式见第十章。

表5-5 **原材料明细账**

材料名称： 规格： 计量单位：

最高储备量： 最低储备量：

年		凭证号数	摘要	收入			发出			结存		
月	日			数量	单价	金额	数量	单价	金额	数量	单价	金额

3. 多栏式明细账

多栏式明细账适用于生产费用等的明细分类核算，如产品成本计算单。它是根据各项业务的经济内容和核算的要求，在一张账页上按明细项目分设专栏，以便提供这类经济业务事项的详细情况。现列示企业销售费用明细账，见表5-6。

表5-6 **销售费用明细账**

年		凭证号数	摘要	借方（费用项目）							金额合计
月	日			运费	装卸费	包装费	保险费	差旅费	……	广告费	

上述格式的明细账，一般是根据记账凭证和所附的原始凭证或原始凭证汇总表进行登记的。

小知识5-1

会计账簿的基本内容

由于管理要求不同，各单位设置的会计账簿也不同，但所有会计账簿都应具备以下内容：(1) 封面，说明会计账簿名称和单位名称；(2) 扉页，说明启用日期、截止日期、页数、经管会计账簿人员和会计主管等；(3) 账页，包括账户名称、记账日期、凭证种类和号数栏、摘要栏、金额栏、总页次及分户页次等。

四、总分类账户和明细分类账户的平行登记

在总分类账户下设有明细分类账户时，总分类账户是控制账户，明细分类账户是从属账户。由于二者登记的经济业务内容相同，只是详略程度有所区别，它们提供的资料互相补充，既总括又详细地反映相同的经济业务，因此对总分类账户和所属的明细分类账户要进行平行登记。

平行登记的要点可概括如下：

（1）凡在总分类账户下设有明细分类账户的，每一笔经济业务都要既记入有关的总分类账户，又要同时记入有关的明细分类账户。例如，企业购入一批原材料的实际总成本是250 000元，其中A种原材料成本为100 000元，B种原材料成本为150 000元，当这批原材料验收入库时，企业既要记入"原材料"总分类账户250 000元，又要同时分别记入A材料和B材料各自的原材料明细分类账户100 000元和150 000元，不能漏记或重记。

（2）将经济业务记入某一总分类账户和它所属的明细分类账户时，登记的方向必须相同。总分类账户登记在借方，明细分类账户也要登记在借方；总分类账户登记在贷方，明细分类账户也要登记在贷方。

（3）记入总分类账户的金额，必须与记入所属明细分类账户金额之和相等。

举例说明如下（此处以商品流通企业为例进行说明，不考虑购进商品应付的增值税）。

某企业7月份发生的有关商品购进业务如下：

【例5-1】7月5日，由A工厂购进甲商品1 000千克，每千克60元，乙商品2 000千克，每千克40元，共计140 000元，商品已验收入库，货款尚未支付。企业应编制会计分录如下：

借：库存商品——甲商品　　60 000

　　　　　　——乙商品　　80 000

　贷：应付账款——A工厂　　140 000

【例5-2】7月9日，由光华商场购入甲商品500千克，每千克60元，乙商品1 000千克，每千克40元，共计70 000元，商品已验收入库，货款尚未支付。企业应编制如下会计分录：

借：库存商品——甲商品　　30 000

　　　　　　——乙商品　　40 000

　贷：应付账款——光华商场　　70 000

【例5-3】7月14日，以银行存款偿还A工厂货款70 000元，光华商场货款35 000元。企业应编制会计分录如下：

借：应付账款——A工厂　　70 000

　　　　　　——光华商场　　35 000

　贷：银行存款　　105 000

根据上述3笔会计分录，分别登记库存商品和应付账款总账及明细账，见表5-7至表5-12。

表5-7　　**总账**　　第　页

会计科目：库存商品　　单位：元

201×年		凭证		摘要	借方	贷方	借或贷	余额
月	日	种类	号数					
7	1	×	×	承前页			借	40 000
	5			A工厂购入	140 000		借	180 000
	9			光华商场购入	70 000		借	250 000

表5-8 **总账** 第 页

会计科目：应付账款 单位：元

201×年		凭证		摘要	借方	贷方	借或贷	余额
月	日	种类	号数					
7	1	×	×	月初余额			贷	5 000
	5			欠A工厂货款		140 000	贷	145 000
	9			欠光华商场货款		70 000	贷	215 000
	14			偿还A工厂和光华商场货款	105 000		贷	110 000

表5-9 **库存商品明细账**

品名：甲商品 单位：千克/元

201×年		凭证号数	摘要	收入			发出			结存		
月	日			数量	单价	金额	数量	单价	金额	数量	单价	金额
7	1	略	月初余额							300	60	18 000
	5		A工厂购入	1 000	60	60 000				1 300	60	78 000
	9		光华商场购入	500	60	30 000				1 800	60	108 000
			合计	1 500	60	90 000				1 800	60	108 000

表5-10 **库存商品明细账**

品名：乙商品 单位：千克/元

201×年		凭证号数	摘要	收入			发出			结存		
月	日			数量	单价	金额	数量	单价	金额	数量	单价	金额
7	1	略	月初余额							550	40	22 000
	5		A工厂购入	2 000	40	80 000				2 550	40	102 000
	9		光华商场购入	1 000	40	40 000				3 550	40	142 000
			合 计	3 000	40	120 000				3 550	40	142 000

表5-11 **应付账款明细账**

单位名称：A工厂 单位：元

201×年		凭证		摘要	借方	贷方	借或贷	余额
月	日	种类	号数					
7	1	略	略	月初余额			贷	0
	5			欠A工厂货款		140 000	贷	140 000
	14			偿还A工厂货款	70 000		贷	70 000

表5-12 应付账款明细账

单位名称：华光商场 单位：元

201×年		凭证		摘要	借方	贷方	借或贷	余额
月	日	种类	号数					
7	1	略	略	月初余额				5 000
	9			欠光华商场货款		70 000	贷	75 000
	14			偿还光华商场货款	35 000		贷	40 000

从上述账簿记录中可以看到，库存商品总账的期末余额为250 000元，与甲、乙商品明细账的期末余额合计数（108 000+142 000）相等；应付账款总账期末余额110 000元与应付账款明细账的余额合计（70 000+40 000）也相等。

小知识5-2

会计账簿的保管

根据财政部和国家档案局的规定，总账（包括日记总账）、明细账、日记账、辅助账簿的保管期限均为15年，库存现金和银行存款日记账的保管期限为25年。

第三节 结账和对账

一、结账的意义和方法

为了总结某一时期的经济活动情况，需要定期（按月、按季、按年）对各种账簿的记录进行结算，也称结账。结账就是把一定时期内应记入账簿的经济业务全部登记入账后，计算并记录本期发生额及期末余额，并将余额结转到下期或新的账簿。

结账前，首先要查明本期发生的经济业务是否全部登记入账，各项成本、费用是否按规定结转，然后再进行结账。结账分月结、季结和年结三种。结账方法具体说明如下：

（一）月结

月结是在账簿中进行月终结算。其方法是计算出本月发生额和月末余额，记在账簿中最后一笔经济业务记录的下一行，在摘要栏中注明“×月份月结”字样，并在月结上下行线上各画一道红线。对于本月份未发生金额变化的账户，不进行月结。

（二）季结

季结是在账簿中进行季末结算。其方法是计算出本季度发生额合计数和季末余额，记在最后一个月的月结数的下一行内，在摘要栏内注明“×季度季结”字样，并在季结下行线上画一道红线。

（三）年结

年结是在账簿中进行年末结算。其方法是计算出本年四个季度的发生额合计数，记入第四季度季结数的下一行内，在摘要栏内注明“年结”字样。年度结账为求得借贷双方合计数平衡，首先，应将上年结转的借（贷）方余额，列入本年度发生额下一行的借（贷）方栏内，在摘要栏内注明“上年余额”；其次，将本年度余额记入上年余额下一行的借

（贷）方，转入下年，在摘要栏内注明“结转下年”字样；最后，将借贷双方数字加总，并在摘要栏内注明“合计”字样，借贷双方数字应当相等。现将月结、季结、年结的结账方法举例说明如下，见表5-13。

表5-13 总账 第 页

会计科目：银行存款 单位：元

201×年		凭证		摘要	借方	贷方	借或贷	余额
月	日	种类	号数					
1	1			上年结转			借	154 200
	10	汇	1	1—10日汇总	50 800	60 300	借	144 700
	10	汇	1	11—20日汇总	71 500	69 600	借	146 600
	31	汇	3	21—31日汇总	42 100	58 400	借	130 300
1	31			1月份月结	164 400	188 300	借	130 300
2	10	汇	1	1—10日汇总	57 700	49 800	借	138 200
⋮								
3	31			3月份月结	152 000	147 000	借	143 900
3	31			第一季度季结	493 400	503 700	借	143 900
4	10	汇	1	1—10日汇总	39 600	47 100	借	136 400
⋮								
12	31			12月份月结	192 100	204 900	借	124 000
12	31			第四季度季结	522 000	552 200	借	124 000
				年结	2 319 000	2 349 200		
				上年余额	154 200			
				结转下年		124 000		
				合计	2 473 200	2 473 200		

另外，在结账的同时，要把收入类、费用类账户的发生额全部结转到“本年利润”账户，以便计算和分配利润。

二、对账的意义和方法

所谓对账，简单地说，就是核对账目。在会计核算工作中，由于种种原因，有时难免发生各种差错和账实不符的情况。例如，填制记账凭证的差错，记账或过账的差错，数量或金额计算的差错，以及财产物资的盘盈、盘亏等。这些差错和溢缺有的是可以避免的，如工作疏忽失职和存在不正常行为，而有的是不可避免的，如由于财产物资本身的性质或自然原因造成的。因此，为了保证各种账簿记录的完整和正确，如实地反映和监督经济活动的状况，就必须核对各种账簿记录，检查记账工作有无差错，确保账证相符、账账相符、账实相符，为编制财务报表提供真实可靠的资料。各单位应定期对会计账簿记录的有关数字与库存实物、货币资金、有价证券、往来单位或者个人等进行相互核对。对账工作每年至少进行一次。

对账的方法取决于对账的内容，不同的对账内容有不同的核对方法。对账的一般方法如下：

（一）账证核对

账证核对是指将原始凭证、记账凭证与账簿记录中的各项经济业务进行核对，核对其时间、凭证字号、内容、数量、金额等和会计账户是否相符，记账方向是否相符。账证核对时，可根据业务量的大小，或者逐笔核对，或者抽查核对。如发现有差错，应逐步查对到最初的根据，直到查出差错的原因为止。

（二）账账核对

账账核对一般有以下几种方法：

（1）检查总分类账的记录是否有差错。可以通过编制试算表（即总分类账户本期发生额及余额表）进行检查，如果借贷双方金额试算平衡，则说明记账一般没有差错；如果借贷双方金额不平衡，则说明记账有差错，要做进一步的检查。

（2）总分类账户与明细分类账户之间的核对。总分类账户与明细分类账户的核对一般有两种方法：

①通过编制明细分类账户本期发生额及余额明细表或财产物资的收发结存表，与总分类账户核对；如有不符，则应进一步查找差错及其原因。

②加计各明细分类账户的本期发生额或余额合计数，直接与总分类账户的相应数字相核对。这种方法可以省略上述明细表的编制工作。

（3）财产物资的明细分类账户与保管账（卡）之间的核对。一般是将明细分类账户的余额（数量、金额）直接与保管账（卡）的余额（数量、金额）核对；如有不符，应做进一步查对，找出其差错及原因。

（三）账实核对

账实核对一般应采取财产清查的方法。对固定资产、原材料、在产品、产成品、库存现金等，均应盘点实物，并与账存数核对，看其是否相符。如发生盘亏、盘盈或毁损，应首先调整账存数额，将溢缺金额记入“待处理财产损溢”账户，待查明原因后，再按照规定报经批准后予以处理。关于财产清查，详见第七章有关内容。账实核对还包括库存现金日记账余额与现金实际库存数相核对、银行存款日记账余额定期与银行对账单相核对等。

（四）对结算中债权、债务的核对

结算中的债权、债务主要指各种应收、应付款项。对各种应收、应付款项，应将其明细账账面余额与有关债权、债务单位或者个人进行核对，可通过对账单、征询函、面询等方法向对方查询核对。经过核对，如发现本单位有错账，应及时更正；如发现对方有错账，应及时通知对方进行更正。

第四节 错账的查找与更正

一、错账查找的方法

（一）错账的类型

各种凭证、账簿之间的数字关系是互相联系、相互制约的。记账的错误通过对账一般都会查找出来。错账的类型总的来说有以下两种：

1.凭证错误引起的错账

由于凭证是记账的依据，所以如果凭证出现了错误，那么账簿也必然会出现错误。这种错误又有两种情况：第一种是记账凭证的错误，即凭证中使用的会计科目和所记金额的错误；另一种是汇总记账凭证的错误，即指汇总时，由于漏汇、重汇和错汇造成的错误。

2.记账的错误

记账的错误是指凭证没有填错，而是由于记账时疏忽，发生了重记、错记或漏记。记账的错误一般有三种情况：第一种是方向记反，即将应记入借方的项目，误记入贷方，或出现相反情况；第二种是数字错位，即把数字的位数记错了，如将十位数记成百位数，百位数记成千位数，或出现相反的情况；第三种是数字颠倒，即将相邻两位数字写颠倒了。上述三种记账错误都有一定的规律性，便于查找。除此之外，还有其他记账错误，一般没有规律性，不便查找。

（二）错账的查找方法

对于有规律的记账错误，一般可以采用以下两种查找方法：

1.除二法

这种查找方法适用于查找由于数字记反了方向而产生的错账。当方向记反时，将应记入借方的数字记入了贷方，这样出现的错账的差错数必然是记错了方向的那个数字的两倍，用2去除差错数，得出的商数就是记反了方向的那个数字。如果不是这样，那就可能是其他类型的错误。

2.除九法

这种查找方法适用于查找数字错位和数字颠倒所产生的错账。因为数字错位和数字颠倒所发生的差错数，总会是9的倍数，或者说能被9除尽，而差错数被9除，得出的商数就可能是记错了位的原数，或是为查找数字颠倒提供了线索。

上述两种查找错账的方法，仅在记反方向、数字错位、数字颠倒的单一错误情况下采用才能有效。如果各种记账错误都有，甚至发生其他记账错误，以及由于凭证记错而产生的错误，就需要采用全面核对账簿的方法进行查找。

全面核对账簿的方法，又分为顺查法和逆查法两种。顺查法是按照账务处理的程序进行普遍查找；逆查法则是按照与账务处理程序的反向，从账簿余额的计算开始一步一步向前查找，直到查到错误为止。

二、错账的更正方法

账簿记录发生的错误，查找出来之后，应该根据错误的性质和具体情况，按照下列方法进行更正，不得任意撕毁、涂抹、刮擦、挖补或用褪色药水更改字迹。

（一）划线更正法

在结账以前，如果发现账簿中所记文字或数字有笔误或计算上的错误，而记账凭证并没有错，就可以应用划线更正法进行更正。更正时，应在错误的文字和数字上划一条红线表示注销，然后在划线上面填写正确的文字和数字，并由更正人在更正处盖章。

更正时应注意以下三个问题：第一，对于错误的数字，必须全部划线注销，不得只划线注销整个数字中的个别错误数码；第二，更正后，要使原来错误的数字字迹仍可辨认；第三，填写更正后的正确数字，应占整个账格的1/3，以备产生笔误时再次进行更正。

（二）红字更正法

在记账以后，如果发现记账凭证中所用会计科目名称或所记金额大于应记金额的错误，就可以应用红字更正法进行更正。

更正记账凭证中会计科目名称错误时，应先用红字填制一张内容与错误的记账凭证完全相同的记账凭证，并用红字登记入账以便将原有的错误记录冲销，然后再用蓝字填制一张正确的记账凭证，重新登记入账。现举例说明如下：

【例5-4】假设某企业用银行存款2 000元支付购买商品贷款，编制记账凭证时，误做了下列会计分录，并已登记入账：

①借：在途物资　　2 000

　贷：库存现金　　2 000

对此，首先应用红字编制一张相同的会计凭证：

②借：在途物资　　[2 000]

　贷：库存现金　　[2 000]

然后用蓝字填写一张正确的记账凭证，再用蓝字登记账簿：

③借：在途物资　　2 000

　贷：银行存款　　2 000

更正记账凭证中所记金额大于应记金额的错误时，可将多记的差额，用红字填写一张与原来凭证科目相同的记账凭证，并用红字登记入账，即可以将多记金额冲销。现举例说明如下：

【例5-5】假设仓库验收商品一批，共计2 000元，填制记账凭证时，将金额误写成20 000元，并已登记入账，会计分录是：

①借：库存商品　　20 000

　贷：在途物资　　20 000

更正时将账户中多记的金额18 000元（20 000-2 000），用红字填写一张记账凭证，并用红字登记入账：

②借：库存商品　　[18 000]

　贷：在途物资　　[18 000]

（三）补充登记法

记账后如果发现记账凭证中所用的会计科目虽然没有错误，但所记金额小于应记金额时，就可以应用补充登记法进行更正。更正时，应将所记金额小于应记金额的差额，用蓝字填制一张与原来记账凭证相同的记账凭证，并用蓝字登记入账，即可补上少记金额。现举例说明如下：

【例5-6】假设W企业收到前进工厂交来包装物押金3 000元存入银行。W企业在填制记账凭证时，误将金额填写为300元，并已登记入账，会计分录是：

①借：银行存款 300

贷：其他应付款 300

更正时，应将少记金额2 700元（3 000−300），用蓝字填写一张与原记账凭证相同的记账凭证，并用蓝字登记入账，编制如下会计分录：

②借：银行存款 2 700

贷：其他应付款 2 700

典型案例

张东华是经营装修业务的个体经营者，他新注册建立了一家装修公司，由于公司规模较小，成立初期业务不是特别多，所以张东华自己临时兼任出纳。由于他所学财会知识有限，对会计业务不是特别熟悉，记账时有时出现差错，为此他用了一本活页式账簿，当出现差错时，就把有差错的账页换掉，这样即使有差错，也不会在账簿中出现。请你指出张东华上述做法的错误之处。

分析提示：根据规定，出纳负责登记库存现金和银行存款日记账，库存现金和银行存款日记账必须采用订本式账簿，不能采用活页式账簿。另外，出现记账错误时应按规定的处理办法进行更正，不能随便更改。

本章小结

设置和登记会计账簿是会计核算的一种专门方法。会计账簿是由具有专门格式而又联结在一起的若干账页所组成的，用来全面、连续、系统地反映一定时期内某类或全部经济业务事项完成情况的簿籍。账簿可按用途、外表形式不同进行分类。会计账簿的启用和登记，都要按规定进行。日记账、总分类账和明细分类账，都有一定的格式和登记方法，对于总分类账户和所属的明细分类账户，应当进行平行登记。经济业务全部登记入账后，应当按规定的结账方法定期进行结账。为了保证各种账簿记录的完整和正确，还应当按规定的方法进行对账，即核对账目。对账的方法主要有账证核对、账账核对、账实核对等。当存在错账的情况时，应当进行查找，并采用划线更正法、红字更正法和补充登记法进行更正。

习题

一、选择题

1.库存现金日记账的收入方除了应根据库存现金收款凭证登记以外，还可能根据（ ）。

A.银行存款付款凭证登记　　B.转账凭证登记

C.银行存款收款凭证登记　　D.现金付款凭证登记

2.通常采用数量金额式账簿的是（ ）。

A.应付账款明细账　　B.生产成本明细账

C.库存商品明细账　　　　D.管理费用明细账

3.如果发现记账凭证正确但账簿中所记数字金额有误，则应采用的更正方法是（　）。

A.红字更正法　　　　B.划线更正法

C.补充登记法　　　　D.可以任意选择更正方法

4.从外表形式看，总分类账和日记账一般应采用的格式是（　）。

A.订本式　　B.活页式　　C.卡片式　　D.可自行确定

5.销售费用明细账应采用的格式是（　）。

A.三栏式　　B.多栏式　　C.数量金额式　　D.可自行确定

6.出现错账时，可采用补充登记法进行更正的各种情况包括（　）。

A.所记金额小于应记金额　　　　B.所记金额大于应记金额

C.记账凭证所用会计科目有误　　　　D.记账凭证所用会计科目无误

7.总账与明细账的平行登记是指（　）。

A.记账的依据相同　　　　B.登记的方向相同

C.登记的日期相同　　　　D.登记的金额相同

8.所有账簿结账的方法包括（　）。

A.日结　　B.月结　　C.季结　　D.年结

9.下列各账户中，年终结账时要将余额转入“本年利润”账户的是（　）。

A.主营业务收入　　B.销售费用　　C.营业外支出　　D.所得税费用

10.下列各账户中，可以采用三栏式明细账的是（　）。

A.应付账款　　B.库存商品　　C.应收账款　　D.生产成本

二、简答题

1.什么是账簿?账簿可以分为哪些类型?

2.账簿启用和登记的要求主要有哪些?

3.日记账的格式和登记方法是什么?

4.明细分类账的格式和登记方法是什么?

5.总分类账的格式和登记方法是什么?

6.什么是总分类账和明细分类账的平行登记?

7.什么是结账?结账的方法是什么?

8.错账的更正方法主要有哪些?各适用于什么情况?

三、业务题

1.赤诚公司201×年4月30日原材料总账余额为9 000元，其中甲材料明细账余额为6 000元，乙材料明细账余额为3 000元。5月10日，赤诚公司购入甲材料500千克，单价20元，购入乙材料300千克，单价30元，全部货款已通过银行转账支付。5月15日，生产领用甲材料600千克，领用乙材料180千克。

要求：编制赤诚公司采购原材料的会计分录，根据当月发生业务登记原材料总账（列出T形账户）和原材料明细账（填入表5-14、表5-15），并验证总账与明细账余额是否相等。

表 5-14　**原材料明细账**

品名：甲材料　　单位：千克/元

201×年		凭证号数	摘要	收入			发出			结存		
月	日			数量	单价	金额	数量	单价	金额	数量	单价	金额
			月初余额							300	20	6 000
			购入材料									
			领用材料									
			合计									

表 5-15　**原材料明细账**

品名：乙材料　　单位：千克/元

201×年		凭证号数	摘要	收入			发出			结存		
月	日			数量	单价	金额	数量	单价	金额	数量	单价	金额
			月初余额							100	30	3 000
			购入材料									
			领用材料									
			合计									

2.赤诚公司本期会计处理中有以下几笔经济业务：

(1) 以银行存款60 000元偿还以前所欠某单位的货款。

借：应收账款　　60 000

　贷：银行存款　　60 000

(2) 收到商品销售收入56 000元（不考虑相关税费），已存入银行。

借：银行存款　　65 000

　贷：主营业务收入　　65 000

(3) 以现金支付办公用品费用980元。

借：管理费用　　98

　贷：库存现金　　98

要求：判断赤诚公司所编制的上述会计分录是否正确，如有错误，请用适当的方法予以更正。

第六章　货币资金的核算

学习目标

知识目标　掌握库存现金和银行存款的核算内容，明确库存现金管理规定、开立和使用银行存款账户的规定，了解银行转账结算方式和其他货币资金的内容。

技能目标　熟悉库存现金、银行存款和其他货币资金的账务处理。

第一节　库存现金的核算

货币资金的周转是企业资金循环的一个重要环节。企业要进行生产经营活动，必须拥有一定数量的货币资金，以支付劳动对象、劳动手段和活劳动方面的耗费，并且要通过生产经营活动，将产品销售出去，重新获得货币资金，从而达到使货币资金不断增值的目的。因此，货币资金是企业生产经营活动的起点和终点，在企业的生产经营活动中有着重要作用。

货币资金是指企业在生产经营过程中停留在货币资产形态上的那部分资产。企业货币资金包括库存现金、银行存款和其他货币资金。

我国企业会计准则中所说的现金，是指存放在企业内部的库存现金。库存现金通常由出纳员保管，以备零星开支使用。商业零售企业中的销售部门用于找零的少量现金也包括在库存现金中。

一、库存现金管理的有关规定

中国人民银行是我国现金管理的主管部门，开户银行负责对开户单位的现金收支进行监督管理，企业必须按照国务院发布的《现金管理暂行条例》及其实施细则的规定，收取和使用现金，并接受开户银行的检查和监督。

（一）库存现金使用范围

按照《现金管理暂行条例》的规定，企业应在规定的范围内使用现金，其他支付一律通过银行办理转账结算。企业可以在下列范围内使用现金进行结算：

（1）职工薪酬；

（2）个人劳务报酬；

（3）根据国家规定颁发给个人的科学技术、文化艺术、体育等各种奖金；

（4）各种劳保、福利费用，以及国家规定的对个人的其他支出；

（5）向个人收购农副产品和其他物资的价款；

（6）出差人员必须随身携带的差旅费；

（7）结算起点（1 000元）以下的零星支出；

（8）中国人民银行确定需要支付现金的其他支出。

（二）库存现金的限额

企业日常零星开支所需现金由开户银行根据企业的实际情况，核定最高限额，一般为3~5天的日常零星开支所需的库存现金限额。边远地区和交通不便地区的企业库存现金限额，可以为多于5天但不超过15天的日常零星开支，并应经当地主管的中国人民银行的批准。

（三）库存现金日常收支的管理

按照《现金管理暂行条例》的规定，企业现金收支应当依照下列规定办理：

（1）企业现金收入应于当日送存开户银行。当日送存确有困难的，由开户银行确定送存时间。

（2）企业支付现金，可以从本单位库存现金限额中支付或者从开户银行提取，不得从本单位的现金收入中直接支付（即坐支）。因特殊情况需要坐支现金的，应当事先报开户银行审查批准，由开户银行核定坐支范围和限额。坐支单位应当定期向开户银行报送坐支金额和使用情况。

（3）企业根据规定，从开户银行提取现金，应当写明用途，由本单位财会部门负责人签字盖章，经开户银行审核后，予以支付现金。

（4）因采购地点不固定、交通不便、生产或者市场急需、抢险救灾，以及其他特殊情况必须使用现金的，企业应当向开户银行提出申请，由本单位财会部门负责人签字盖章，经开户银行审核后，予以支付现金。

（四）库存现金的内部控制制度

（1）企业库存现金收支与保管应由出纳人员负责。经管现金的出纳人员不得兼管收入、费用、债权、债务等账簿的登记工作，以及会计稽核和会计档案保管工作；填写银行结算凭证的有关印鉴，不能集中由出纳人员保管，应实行印鉴分管制度。

（2）建立收据和发票的领用制度。领用的收据和发票必须登记数量与起讫编号，由领用人员签字。收回收据和发票存根，应由保管人员办理签收手续。对空白收据和发票应定期检查，以防止短缺。

（3）对现金收付的交易必须根据原始凭证编制收款、付款凭证，并要在原始凭证与收款、付款凭证上加盖“现金收讫”或“现金付讫”印章。

（4）对企业的库存现金，出纳人员应做到日清月结，由财务主管人员进行抽查与稽核。对发现的现金溢缺，必须认真查明原因，并按规定进行处理。

（5）企业的出纳人员应定期进行轮换，不得一人长期从事出纳工作。

二、库存现金核算

库存现金的核算包括库存现金的序时核算和总分类核算。

（一）库存现金的序时核算

为了逐日、逐笔详细地反映和监督库存现金的收支和结存情况，要组织库存现金的序时核算。库存现金的序时核算是通过“库存现金日记账”进行的。库存现金日记账一般采用收付余三栏式，其格式见第五章表5-1。

企业每发生一笔现金收付业务，都必须取得或填制原始凭证，经过审核符合要求后，据以填制现金收款凭证和现金付款凭证。库存现金收、付款凭证须经会计主管人员或其指定人员审核签章，由出纳员办理现金的收付。出纳员收付现金以后，要在收付款凭证上签章，并加盖“收讫”或“付讫”戳记，根据库存现金收、付款凭证和银行存款付款凭证，逐日逐笔分别登记库存现金日记账的收入栏和付出栏，每日终了加计收付总数，结出库存金额，同实际库存数核对相符，做到日清月结。另外，还应经常将库存现金实际数同库存限额相比较，检查是否超过规定的库存现金限额。有外币现金业务的企业，应分别按人民币现金、各种外币现金设置“库存现金日记账”进行明细核算。

小知识6-1

外币现金业务

外币现金业务是外币业务中涉及库存现金收付的业务。外币业务是指企业以记账本位币以外的其他货币进行款项收付、往来结算和计价的业务。所有外币业务发生时，都应将外币金额按照外币业务发生时的即期汇率或即期汇率的近似汇率作为折算汇率，将外币金额折算为记账本位币金额记账。

记账本位币是指企业经营所处的主要经济环境中的货币。例如，我国大多数企业主要产生和支出现金的环境在国内，因此一般以人民币作为记账本位币。汇率是指两种货币相兑换的比率，是一种货币单位用另一种货币单位所表示的价格。常见的银行汇率表示方法有三种：买入价、卖出价和中间价。买入价、卖出价分别是指银行买入或卖出其他货币的价格；中间价是银行买入价和卖出价的平均价。买入价、卖出价都是立即交付的结算价格，都是即期汇率。即期汇率的近似汇率是“按照系统合理的方法确定的、与交易发生日即期汇率近似的汇率”，通常是指当期平均汇率或加权平均汇率。加权平均汇率需要采用外币交易的外币金额作为权重进行计算。

（二）库存现金的总分类核算

为了核算和监督库存现金的收入、付出和结存情况，应设置“库存现金”总账科目。该科目是资产类会计科目，用来核算企业库存现金的收入、付出和结存情况。其借方反映库存现金的增加数，贷方反映库存现金的减少数，月末借方余额，反映月末库存现金的结余数额。

“库存现金”总账科目可以根据库存现金收、付款凭证和银行存款付款凭证直接登记，如果企业日常现金收付业务量比较大，企业可以根据实际情况，采用汇总记账凭证、科目汇总表等核算形式，定期或月份终了时根据汇总收、付款凭证或科目汇总表等，登记“库存现金”总账科目。企业收到现金时，借记本科目，贷记有关科目；支出现金时，借记有关科目，贷记本科目。月份终了，“库存现金”日记账的余额应与“库存现金”总账的余额核对相等。

企业内部各车间、各部门周转使用的备用金，在“其他应收款”科目核算，或单独设置“备用金”科目核算，不在本科目进行核算。

兹举例说明库存现金的核算如下：

【例6-1】甲公司本月20日支付现金600元购买办公用品。甲公司应编制的会计分录如下：

借：管理费用	600	
贷：库存现金		600

【例6-2】甲公司本月26日从银行提取现金80 000元，准备支付职工工资。甲公司应编制的会计分录如下：

借：库存现金 80 000

贷：银行存款 80 000

【例6-3】甲公司本月28日零星销售产品收取现金500元（假设不考虑相关税费）。甲公司应编制的会计分录如下：

借：库存现金 500

贷：主营业务收入 500

三、库存现金的清查

企业应当按照规定，每日终了加计出库存现金日记账的收付总数，结出账面余额，同实际库存数核对相符。如果发现账款不符，即库存现金短缺或溢余，应先通过“待处理财产损溢”科目进行核算，报经批准后再分别进行处理。库存现金产生短缺或溢余的原因，主要是操作失误或人为舞弊。其具体处理如下：

（1）对于现金短缺的情况，应按实际短缺金额，借记“待处理财产损溢”科目，贷记“库存现金”科目；查明原因后属于应当由责任人或保险公司赔偿的部分，应记入“其他应收款”科目，属于无法查明原因的部分，报经批准后应当记入“管理费用”科目。

（2）对于现金溢余的情况，应按溢余的金额，借记“库存现金”科目，贷记“待处理财产损溢”科目；查明原因后属于应付未付给有关人员或单位的部分，应记入“其他应付款”科目，属于无法查明原因的部分，报经批准后应当记入“营业外收入”科目。

兹举例说明库存现金短缺或溢余的核算如下：

【例6-4】A企业某日在对库存现金清查时发现短款200元。经主管领导批准由出纳李萍个人赔偿。A企业应编制的会计分录如下：

①发现短款时：

借：待处理财产损溢 200

贷：库存现金 200

②查明原因并报经批准后处理：

借：其他应收款——李萍 200

贷：待处理财产损溢 200

【例6-5】A企业某日在对库存现金清查时发现溢余600元，经查其中500元为应付销售经理刘东报销差旅费款，其余溢余无法查明原因。报经主管领导批准后，A企业应编制的会计分录如下：

①发现溢余时：

借：库存现金 600

贷：待处理财产损溢 600

②查明原因并报经批准后处理：

借：待处理财产损溢 600

贷：其他应付款——刘东 500

营业外收入 100

小知识 6-2

备用金

备用金是指企业预付给职工和企业内部有关单位用作差旅费、零星采购和零星开支，事后需要报销的款项。备用金的管理办法有两种：(1) 对于不经常使用备用金的单位和个人，一般采用随借随用、用后报销的制度。预借备用金时，借记“其他应收款”科目，贷记“库存现金”科目；报销时按照应当报销的金额，借记“管理费用”等有关科目，贷记“其他应收款”科目。同时，按交回的剩余现金数额，借记“库存现金”科目，贷记“其他应收款”科目。(2) 对经常使用备用金的单位和个人，适合采用定额备用金制度，即对经常使用备用金的单位或部门，核定一个备用金定额。按定额拨付现金时，借记“其他应收款”或“备用金”科目，同时贷记“库存现金”科目；报销时，财会部门根据可以报销的金额付给现金，补足用掉的数额，使备用金仍保持原有的定额数。报销时，借记“管理费用”等有关科目，贷记“库存现金”科目。可以看出，两种管理办法在费用报销时的会计处理不相同。

第二节 银行存款的核算

一、开立和使用银行存款账户的规定

银行存款是指企业存入银行或其他金融机构账户上的货币。在我国，银行存款包括人民币存款和外币存款两种。

按照中国人民银行制定的《银行账户管理办法》的规定，企业应在银行开立账户，以办理存款、取款和转账等结算。凡是在银行开立人民币存款账户的企业，必须遵守中国人民银行颁布的《银行账户管理办法》的各项规定。银行存款账户分为基本存款账户、一般存款账户、临时存款账户和专用存款账户。

基本存款账户是企业办理日常转账结算和现金收付的账户。企业的工资、奖金等现金的支取，只能通过基本存款账户办理。一般存款账户是企业在基本存款账户以外办理银行借款转存、与基本存款账户的企业不在同一地点的附属非独立核算单位开立的账户。企业可以通过本账户办理转账结算和现金缴存，但不能办理现金支取。临时存款账户是企业因临时经营活动需要开立的账户。企业可以通过本账户办理转账结算和根据国家现金管理的规定办理现金收付。专用存款账户是企业因特定用途需要开立的账户。

一个企业只能选择一家银行的一个营业机构开立一个基本存款账户，不得在多家银行机构开立基本存款账户，也不得在同一家银行的几个分支机构开立一般存款账户。

企业办理结算必须遵守国家的法律、法规和《银行账户管理办法》的各项规定，遵守结算纪律。不准出租、出借账户；不准签发空头支票和远期支票；不准套取银行信用。

二、银行存款的核算

银行存款的核算包括序时核算和总分类核算。

(一) 银行存款的序时核算

为了逐日逐笔核算和监督银行存款的收入来源、支出用途和结存情况，企业应设置银行存款日记账。银行存款日记账可按存款的种类分设账簿，或在一本账簿中分设专栏，以

分别核算各类存款。银行存款日记账的格式与库存现金日记账的格式基本相同，见第五章表5-2。

银行存款日记账应由财会部门出纳人员根据银行存款收款凭证、付款凭证和库存现金付款凭证，按照业务发生的顺序，逐日逐笔登记，同时要逐日加计收付合计数和结存额，月末时还应结出本月收入、付出的合计数和月末结存额。

（二）银行存款的总分类核算

为了总括核算和监督企业在银行开立的结算账户的收支结存情况，企业应设置“银行存款”科目。该科目属于资产类会计科目，用来核算企业存入银行的各种存款。企业存入其他金融机构的存款，也在本科目内核算。企业的外埠存款、银行本票存款、银行汇票存款等，在“其他货币资金”科目核算，不在本科目内核算。“银行存款”科目的借方登记存入的款项，贷方登记提取或支出的款项，余额在借方，反映企业实际存放在银行的款项。

银行存款的核算举例说明如下：

【例6-6】A企业12月9日从银行提取现金4 000元。A企业应编制的会计分录如下：

借：库存现金 4 000

贷：银行存款 4 000

【例6-7】A企业12月11日以银行存款7 500元支付商品采购货款（假设不考虑相关税费）。A企业应编制的会计分录如下：

借：在途物资（或库存商品） 7 500

贷：银行存款 7 500

【例6-8】A企业12月21日收到产品销售收入10 000元，存入银行（假设不考虑相关税费）。A企业应编制的会计分录如下：

借：银行存款 10 000

贷：主营业务收入 10 000

第三节 银行转账结算的核算

转账结算是指企业单位之间的款项收付不是动用库存现金，而是由银行从付款单位的存款账户划转到收款单位的存款账户的货币清算。

银行转账结算包括国内结算业务和国际结算业务两部分，此处只重点说明国内结算业务。

适用于国内的银行转账结算方式主要包括支票、汇兑、委托收款、银行本票、银行汇票、商业汇票、信用卡等结算方式。企业应该根据材料物资和商品的购销情况、收付业务的种类，以及对方信用的可靠程度，采用适当的结算方式。

一、支票结算方式

支票是银行的存款人签发给收款人办理结算或委托开户银行将款项支付给收款人的票据。

支票结算方式是同城结算中应用比较广泛的一种结算方式。同城的商品交易、劳务供应和其他款项的结算，均可使用支票。支票由银行统一印制，存款人签发支票的金额起点为100元，签发超过银行存款余额的空头支票，或者支票所盖印章与预留银行印鉴不符的支票，银行除退票以外，还要处以一定的罚款。支票的提示付款期限自出票日起10日内，中国人民银行另有规定的除外。超过提示付款期限的，持票人开户银行不予受理，付款人不予付款。

支票分为现金支票、转账支票和普通支票三种。支票上印有“现金”字样的为现金支票，现金支票只能用于支取现金。支票上印有“转账”字样的为转账支票，转账支票只能用于转账。未印有“现金”或“转账”字样的为普通支票，普通支票可以用于提取现金，也可以交银行转账。在普通支票左上角划两条平行线的，为划线支票，划线支票只能用于转账，不能提取现金。

支票一律记名，即填明收款人。转账支票在批准的地区内可以背书转让，即由收款人在支票背面签章将支票款项转让给另一个收款人，即被背书人。票据的背书转让，可以使一张票据在多个企业、单位中发挥多次支付功能，可以增强票据的流通性，简化结算手续。

存款人领购支票，必须填写“票据和结算凭证领用单”，并加盖预留银行印鉴。存款账户结清时，必须将全部剩余空白支票交回银行注销。企业财会部门在签发支票之前，出纳人员应认真查明银行存款的账面结余数额，防止签发超过存款余额的空头支票。签发空头支票，银行除退票外，还要按票面金额处以5%但不低于1 000元的罚款。持票人有权要求出票人赔偿支票金额2%的赔偿金。签发支票时，应使用蓝黑墨水或碳素墨水，将支票上的各项要素填写齐全，并在支票上加盖其预留银行印鉴。出票人预留银行的印鉴是银行审核支票付款的依据。银行也可以与出票人约定使用密码，作为银行审核支票支付金额的条件。支票的日期、金额、收款人不得更改，更改的票据无效。支票上的其他记载事项更改的，必须由原记载人签章。但支票上的金额、收款人名称可以由出票人授权补记，未补记前的支票不得背书转让和提示付款。

企业签发支票交给收款人时，应根据支票存根和收款人开具的收据、发票等凭证，借记有关科目，贷记“银行存款”科目。收到支票的企业应填制进账单，并连同支票送存开户银行进行转账，同时应根据进账单的通知联，借记“银行存款”科目，贷记有关科目。企业签发的支票也可以委托开户银行将款项付给收款人。在这种情况下，签发支票的企业应当根据支票存根，编制借记有关科目、贷记“银行存款”科目的分录。同时，还应代收款人填制进账单，连同支票送交银行。收款企业在接到银行转来的进账单的通知联时，才编制借记“银行存款”科目，贷记有关科目的分录。

采用支票结算方式，手续简便，收付款项及时。但因支票是由会计部门自行保管和签发的支付凭证，故会计部门应对支票的使用加强管理。

【例6-9】A企业10月10日开出金额17 500元的转账支票一张，用于支付原材料采购货款（假设不考虑相关税费）。A企业应编制的会计分录如下：

借：原材料　　17 500

　贷：银行存款　　17 500

【例6-10】A企业10月20日销售产品，收到购货单位交来的金额20 000元的支票一张，并已存入银行（假设不考虑相关税费）。A企业应编制的会计分录如下：

借：银行存款　　20 000

　贷：主营业务收入　　20 000

【例6-11】A企业10月31日开具现金支票一张，支付李明东预借的差旅费1 000元。A企业应编制的会计分录如下：

借：其他应收款　　1 000

　贷：银行存款　　1 000

二、银行汇票结算方式

银行汇票是汇款人将款项交存当地银行，由银行签发给汇款人持往异地办理转账结算或支取现金的票据。企业单位、个体经营户和个人需要支付给异地单位和个人的各种款项，均可使用银行汇票结算方式。

银行汇票一律记名，汇票金额起点为500元，付款期限为自出票日起1个月内。超过付款期限提示付款不获付款的，持票人须在票据权利时效内向出票银行做出说明，并提供本人身份证件或单位证明，持银行汇票和解讫通知向出票银行请示付款。

银行汇票结算方式的结算程序是：汇款人向签发汇票的银行填写“银行汇票申请书”，详细填明收款人名称、支付金额、申请人、申请日期等事项并签章，签章为其预留银行的印鉴，同时将款项交给银行。银行受理银行汇票申请书，收妥款项后，即签发银行汇票，并用压数机压印出票金额，然后将银行汇票和解讫通知一并交给汇款人。汇款人持银行汇票向填明的异地收款单位办理结算。收款单位接受汇票审查无误后，在汇票金额内办理结算，将实际结算金额填入银行汇票有关栏内，在汇票背面加盖预留银行的印鉴，并填写银行“进账单”，连同银行汇票送交开户银行办理转账。申请使用现金银行汇票的，其申请人和收款人必须都是个人。申请人或者收款人为单位的，银行不予签发现金银行汇票。银行汇票的收款人可以将银行汇票背书转让给他人。背书转让以不超过出票金额的实际结算金额为限，未填写实际结算金额或实际结算金额超过出票金额的银行汇票不得背书转让。

收款企业在收到付款单位送来的银行汇票时，应在出票金额以内，根据实际需要的款项办理结算，并将实际结算金额和多余金额准确、清晰地填入银行汇票和解讫通知的有关栏内，银行汇票的实际结算金额低于出票金额的，其多余金额由出票银行退交申请人。收款企业还应填写进账单，并在汇票背面“持票人向银行提示付款签章”处签章，签章应与预留银行的印鉴相同，然后，将银行汇票和解讫通知、进账单一并交开户银行办理结算，银行审核无误后办理转账。企业应根据银行盖章退回的进账单第一联，编制收款凭证。

银行汇票的核算见本章第四节。

三、银行本票结算方式

银行本票是申请人将款项交存银行，由银行签发凭证办理转账结算或支取现金的票据。同城的商品交易、劳务供应和其他款项的结算均可采用这种结算方式。

银行本票由银行签发并保证兑付，而且见票即付，具有信誉高、支付功能强等特点。

银行本票有定额本票和不定额本票两种。定额银行本票面额分别为1 000元、5 000元、10 000元和50 000元。不定额银行本票的金额起点为100元。在票面上划去“转账”字样的，为现金本票，现金本票只能用于支取现金。

企业为了支付购货款等款项需要申请取得银行本票时，应向银行提交“银行本票申请书”，填明收款人名称、申请人名称、支付金额、申请日期等事项并签章。申请人或收款人为单位的，银行不予签发现金银行本票。出票银行受理银行本票申请书后，收妥款项并签发银行本票。不定额银行本票，还应用压数机压印出票金额，出票银行在银行本票上签章后交给申请企业。

企业取得银行本票以后，即可向填明的收款单位办理结算。收款单位也可以根据需要在票据交换区域内背书转让银行本票。银行本票的付款期限为自出票日起最长不超过2个月，银行在付款期内见票即付，不能挂失。超过提示付款期限不获付款的，在票据权利时效内向出票银行做出说明，并提供本人身份证明或单位证明，可持银行本票向银行请示付款。

收款的企业在结算过程中接受银行本票时，应审查收款人或被背书人是否确为本企业，是否在付款期内，印章是否清晰；如为不定额银行本票，还应审查是否有压数机压印的金额。审查无误以后，应该填写进账单，连同银行本票一并送交开户银行进行转账、收款。

四、商业汇票结算方式

商业汇票是由收款人或付款人签发的，由承兑人承兑并于到期日向收款人或被背书人支付款项的票据。在银行开立存款账户的法人及其他组织之间须具有真实的交易关系或债权债务关系，才能使用商业汇票。这种结算方式适用于企业先发货后收款或者双方约定延期付款的商品交易，同城和异地均可采用，但购销双方必须订有购销合同。

商业汇票的承兑期限由购销双方商定，最长不能超过6个月。商业汇票的提示付款期限为自汇票到期日起10日内。如果分期付款，应该一次签发若干张不同期限的汇票。承兑人对于承兑的汇票负有到期无条件支付票款的责任。商业汇票一律记名，即填明收款人的名称，但可以背书转让。

存款人领购商业汇票，必须填写“票据和结算凭证领用单”并加盖预留银行印鉴，存款账户结清时，必须将全部剩余空白商业汇票交回银行注销。

商业汇票可以由付款人签发并承兑，也可以由收款人签发，交由付款人承兑。定日付款或者出票后定期付款的商业汇票，持票人应当在汇票到期日前向付款人提示承兑；见票后定期付款的汇票，持票人应当自出票日起1个月内向付款人提示承兑。汇票未按规定期限提示承兑的，持票人丧失对其前手的追索权。付款人应当自收到提示承兑的汇票之日起3日内承兑或拒绝承兑。付款人拒绝承兑的，必须出具拒绝承兑的证明。

商业汇票按承兑单位的不同，分为商业承兑汇票和银行承兑汇票两种。

（一）商业承兑汇票

商业承兑汇票是由银行以外的付款人承兑的汇票，即签发的商业承兑汇票，一律由付款人承兑。商业承兑汇票按交易双方约定，由销货企业或购货企业签发，但是必须由购货企业承兑。购货企业承兑时应在汇票正面记载“承兑”字样和承兑日期并签章。承兑不得附有条件，否则视为拒绝承兑。汇票到期时，购货企业的开户银行凭票将票款划给销货企业或贴现银行。销货企业应在提示付款期内通过开户银行委托收款或直接向付款人提示付款。对异地委托收款的，销货企业可匡算邮程，提前通过开户银行委托收款。汇票到期时，如果购货企业的存款不足以支付票款，开户银行应将汇票退还收款人或被背书人，由交易双方协商解决；贴现的商业承兑汇票到期时，如果付款人账面存款不足以支付票据款项，收款人或被背书人负有连带责任。

购货企业签发、承兑商业汇票并交给销货企业时，应编制记账凭证，进行账务处理；

购货企业收到开户银行的付款通知后，应在当日通过银行付款。如企业在接到通知的次日起3日内未通知银行付款，则视同付款人承诺付款，银行将于第4日上午开始营业时，将票款划给销货企业或贴现银行。购货企业应根据银行转来的付款通知，编制付款凭证，进行账务处理。

销货企业收到购货单位交来的承兑汇票时，应编制记账凭证，进行账务处理。汇票到期时，销货企业应将票据交存银行办理收款手续，收到银行收款通知时，编制收款凭证，进行账务处理。

（二）银行承兑汇票

银行承兑汇票是由在银行开立存款账户的存款人签发的，并由银行承兑付款的商业汇票。承兑银行按票面金额向出票人收取5‰的承兑手续费。

购货企业应于汇票到期前将票款足额交存其开户银行，以备承兑银行在汇票到期日或到期日后的见票当日支付票款。销货企业应在汇票到期时将汇票连同进账单送交开户银行以便转账收款。承兑银行凭汇票将承兑款项无条件转给销货企业，如果购货企业在汇票到期日未能足额交存票款，承兑银行除凭票向持票人无条件付款外，对出票人尚未支付的汇票金额按照每天5‰计收罚息。

购货企业交纳承兑手续费时，应编制付款凭证，进行账务处理。在银行承兑汇票结算方式下，购货企业与销货企业的其他账务处理与商业承兑汇票的结算方式相同。

企业为了总括反映和监督商业汇票的收支和结存情况，企业应设置“应收票据”和“应付票据”会计科目进行核算，此处不予具体说明。

采用商业汇票结算方式，可以使企业之间的债权债务关系表现为外在的票据，使商业信用票据化，加强约束力，有利于维护和发展市场经济。对于购货企业来讲，由于可以延期付款，可以在资金暂时不足的情况下及时购进材料，保证生产经营的正常进行。对于销货企业来说，可以疏通商品渠道，扩大销售。汇票经过承兑，信用较高，可以按期收回货款，防止拖欠；在急需资金时，还可以向银行申请贴现，融通资金，比较灵活。

为了加强商业汇票的管理，购货和销货企业应指定专人负责管理商业汇票，对应收、应付票据都应在有关的明细账中或登记簿中进行详细的记录。

五、汇兑结算方式

汇兑结算是汇款人委托银行将款项汇给外地收款人的一种结算方式。它适用于企业单位、个体经营户和个人的资金调拨、清理交易旧欠、往来款项与自提自运的商品交易。对于采购资金，也可以通过银行办理汇兑。

汇兑分信汇和电汇两种。付款人委托银行用邮寄方式将款项划给收款人的方式是信汇；委托银行通过电报方式将款项划给收款人的方式是电汇。汇兑没有金额起点限制。汇兑结算方式划拨款项简便、灵活。

在采用汇兑结算方式时，汇款单位办理汇款，要填写银行印发的汇款凭证，详细填明汇款金额、汇入地点、汇入银行、收款人和汇款用途等内容，送交开户银行委托汇款。汇出银行受理后，即从汇款单位账户将款项划出，然后通知汇入银行，将汇款付给收款单位或个人。收汇银行将汇款收进单位存款账户后，向收款单位发出收款通知。

汇款单位应根据银行退回的信（电）汇回单联等凭证，编制贷记“银行存款”科目、借记有关科目的会计分录；收款单位根据银行的收款通知等凭证，编制借记“银行存款”

科目、贷记有关科目的会计分录。

六、委托收款结算方式

委托收款是收款人委托银行向付款人收取款项的结算方式。无论是单位还是个人，都可凭已承兑商业汇票、债券、存单等付款人债务证明，办理同城或异地的款项收取。同城和异地的商品交易、劳务供应和其他应收款项的结算均可采用这种结算方式。委托收款结算方式还适用于电费、电话费等付款人众多、分散的公用事业等有关款项的收取。

企业委托开户银行收款时，应填写银行印制的委托收款凭证和有关的债务证明。在委托收款凭证中填明付款单位名称、收款单位名称、账号及开户银行、委托收款金额的大小写、款项内容、委托收款凭据名称及附寄单证张数等。企业的开户银行受理委托收款业务后，应将委托收款凭证寄交付款单位开户行，由付款单位开户行审核后，通知付款单位付款。

委托收款按款项划回方式的不同分为邮寄和电报两种，企业应根据所收款项的快慢要求选择采用。委托收款结算方式不受金额起点限制。

付款单位收到银行交给的委托收款凭证及债务证明后，应签收并在3天之内审查债务证明是否真实，是否是本单位的债务，确认之后通知银行付款。如果付款单位在收到委托收款凭证后3日内未通知银行付款，银行则视同企业同意付款，并在第4日从付款单位账户中付出委托收款的款项。如果付款单位在3日内审查有关债务证明后，认定债务证明或与此相关的事项不符合付款条件，则应出具拒绝付款理由书，连同收款凭证第5联和持有的债务证明，向银行提出拒绝付款。银行不负责审查拒绝付款理由，而是将拒绝付款理由书和有关凭证寄给收款单位的开户银行转交收款企业。付款单位的开户银行对于其部分拒绝支付的款项，应进行部分转账付款。

付款单位在付款期满日，如果没有足够存款支付全部款项，开户银行应于次日通知付款单位将有关单证在2天内退回，付款单位开户银行应将其退回收款单位开户银行转交收款单位。付款单位如果逾期不退回单证，开户银行应按规定处以罚金，并暂停付款单位委托银行向外办理结算业务，直到退回单证为止。

在委托收款结算方式下，付款单位应根据开户银行转来的委托收款凭证的支款凭证联，编制如下会计分录：

借：在途物资（或材料采购等科目）

　　贷：银行存款

收款单位接到银行转来的委托收款凭证的收款通知联后，应填制收款凭证，进行账务处理，并编制如下会计分录：

借：银行存款

　　贷：应收账款等科目

【例6-12】A企业8月30日收到开户银行转来的付款通知，已支付其当月从乙公司采购材料应付的货款30 000元（不考虑相关税费）。A企业应编制的会计分录如下：

借：应付账款	30 000	
贷：银行存款		30 000

当乙公司收到其开户银行转来的收款通知时，应编制会计分录如下：

借：银行存款　　30 000

　贷：应收账款　　30 000

七、托收承付结算方式

托收承付是根据购销合同由收款单位发出货物后，委托银行向异地的付款单位收取款项，由付款单位向银行承付货款的结算方式。

采用托收承付结算方式的收款单位和付款单位，必须是国有企业、供销合作社，以及经营管理较好，并经过开户银行审查同意的城乡集体所有制工业企业。办理托收承付结算的款项，必须是商品交易，以及因商品交易而产生的劳务供应的款项。代销、寄销、赊销商品的应收款项，不能办理托收承付结算。采用托收承付结算方式，购销双方必须签订符合经济合同法的购销合同，并在合同上写明采用托收承付结算方式。

在托收承付结算方式下，款项划回的方式可以采用邮寄和电报两种方式，由收款单位选择使用。收款单位办理托收承付，必须提供商品发出的证明或其他证明。在托收承付结算方式下，每笔款项的金额起点为10 000元，但新华书店系统每笔款项的金额起点为1 000元。

销货单位按照购销合同发出货物后，应填写托收承付凭证，盖章后连同发运证明（包括铁路、航运、公路等运输部门签发的运单、运单副本和邮局包裹回执）或其他符合托收承付结算要求的证明和交易单证，送交开户银行办理托收手续。销货单位开户银行审查托收单证接受委托后，将托收承付结算凭证回单联退回销货单位，作为销货单位进行账务处理的依据，并将其他结算凭证寄往购货单位开户银行，由购货单位开户银行通知购货单位承付货款。

购货单位收到开户银行转来的托收承付结算凭证和所附单据后，应立即审查是否符合购销合同的规定。按照《支付结算办法》的规定，承付货款分为验单付款和验货付款两种，购销双方应在合同中对此做出约定。

验单付款是指购货单位根据经济合同对银行转来的托收承付结算凭证、发票账单、托运单证及代垫运杂费等单据进行审查后，即可承付货款。《支付结算办法》规定，验单付款的承付期为3天，从付款单位开户银行发出承付通知的次日算起（承付期内遇有法定假日顺延，下同）。购货单位在3天承付期内未向银行提出拒绝付款的，银行视其同意付款，并在承付期满的次日上午银行开始营业时，将款项主动从付款单位账户内付出，按销货单位指定的划款方式将款项划给收款单位。

验货付款是指购货单位待货物运至单位时，对货物进行检验，在确认所购货物与合同完全相符后承付货款。《支付结算办法》规定，验货付款的承付期限为10天，从运输部门向购货单位发出提货通知的次日算起。在承付期内，如果付款单位未提出拒绝付款，银行则视其同意付款，于10天承付期满的次日上午银行开始营业时，将款项划给收款单位。如果购销双方在合同中明确规定验货付款的承付期限的，银行则从其规定。

在承付期内如果存在下列情况，购货单位则可以向银行提出全部或局部拒绝付款：

（1）未签订合同或合同中未订明托收承付方式；

（2）未经双方事先达成协议，收款单位提前交货或逾期交货且付款单位不再需要该项货物；

（3）未按合同规定的地址发货的款项；

（4）代销、寄销、赊销商品的款项；

（5）验单付款，发现所列货物的品种、规格、数量、价格与合同不符，或货物已到，经验货与合同或发货清单不符；

（6）验货付款，经验货与合同或发货清单不符；

（7）货款已支付或计算有错误。

购货单位拒绝付款时，需要填写“拒绝付款理由书”，说明拒绝付款的理由，涉及合同的要引证合同上的有关条款。属于商品数量问题的，需提出有关数量问题的证明及有关数量的记录；属于外贸部门进口的商品的，应当提出国家商品检验或运输等部门出具的证明，向开户银行办理拒付手续。银行同意拒付款项的，应当在拒绝付款理由书上签注意见，并将之与拒付证明、拒付商品清单、有关单证等，一起寄交收款单位开户银行转交收款单位。

购货单位同意承付货款，应根据托收承付结算凭证和所附的发票、账单、运费单据等原始记录，编制付款凭证，进行商品、材料采购付款的会计处理。

销货单位收到银行转来的收款通知后，应根据托收承付结算凭证的回联及有关单据，编制收款凭证，做借记“银行存款”科目、贷记“应收账款”科目的账务处理。具体会计处理可参考【例6-12】。

八、信用卡结算方式

信用卡是指商业银行向单位和个人发行的，凭以向特约单位购物、消费和向银行存取现金，并具有消费信用的特制载体卡片。

信用卡按使用对象分为单位卡和个人卡；按信誉等级分为金卡和普通卡。

凡在中国境内金融机构开立基本存款账户的单位，可申领单位卡。单位卡可申领若干张，持卡人资格由申领单位法定代表人或其委托的代理人书面指定和注销，持卡人不得出租或转借信用卡。单位卡账户的资金一律从其基本存款账户转账存入。在使用过程中，需要续存资金的，也一律从其基本存款账户中转账存入，不得交存现金，不得将销货收入的款项存入其账户。单位卡一律不得用于10万元以上的商品交易、劳务供应款项的结算，不得支取现金。严禁将单位的款项存入个人卡账户中。

单位或个人申领信用卡，应按规定填写申请表，连同有关资料一并送交发卡银行。符合条件并按银行要求交存一定金额的备用金后，银行为申领人开立信用卡存款账户，并发给信用卡。单位交存的这部分备用金已经具有特定用途，从性质上讲属于其他货币资金，应根据银行有关凭证进行账务处理。

上述结算方式适用于国内企业单位和个人进行款项结算。在国际贸易中，一般采用信用证、托收和汇付等结算方式。

信用证是进口单位开户银行应进口单位的请求，开给出口商的保证付款的凭证，银行承担在信用证条款得到完全遵守的情况下向出口商付款的责任。企业从国外进口材料和商品，主要采用不可撤销的信用证，以保障出口商的利益。

托收是指出口商开立汇票连同货运单据，委托出口地银行通过进口地代收银行向进口企业收款的结算方式。托收也称跟单托收，根据交单条件不同分为付款交单和承兑交单。付款交单是指进口商付清货款后才能取得单据；承兑交单是指进口商在承兑汇票后就能取得单据。

汇付是指交款人按约定的条件和时间，通过银行把款项交给收款人的结算方式。汇付分为信汇、电汇和票汇。汇付一般可用于预付货款或交货后付款，也可以用于支付佣金、赔款和样品费等。

第四节 其他货币资金的核算

在企业的生产经营资金中，有一部分资金存放的地点和用途与企业库存现金和银行存款不同，但属于货币资金的款项，这部分资金称为其他货币资金，包括外埠存款、银行本票存款、银行汇票存款和存出投资款等。企业的信用卡存款以及信用证存款也属于企业的其他货币资金。

为了核算企业其他货币资金的收付和结存情况，应设置“其他货币资金”科目。本科目属于资产类科目，借方登记其他货币资金的增加数，贷方登记其他货币资金的减少数，期末借方余额反映其他货币资金的结存数。本科目应按其他货币资金的内容设置明细账户。

一、外埠存款

外埠存款是指企业到外地进行临时或零星采购时，汇往采购地银行开立采购专户的款项。

企业汇出款项时，要填写汇款委托书，加盖“采购资金”字样。汇入银行对汇入的采购款项，以汇款单位名义开立采购专户。采购资金存款不计利息，除采购员差旅费可以支取少量现金外，一律转账。采购专户只付不收，付完结束账户。

企业委托银行将款项汇往采购地开立专户时，应编制银行存款付款凭证，借记“其他货币资金——外埠存款”科目，贷记“银行存款”科目。收到采购员交来的供应单位发票账单等报销凭证时，应编制付款凭证，借记“在途物资”、“应交税费——应交增值税（进项税额）”等科目，贷记“其他货币资金”科目。将多余的外埠存款转回当地开户银行时，应根据银行的收款通知，编制收款凭证，借记“银行存款”科目，贷记“其他货币资金”科目。

举例说明外埠存款的核算如下：

【例6-13】A企业采用汇兑结算方式，委托银行汇往外地开立临时采购专户50 000元，款项已汇出。A企业应编制会计分录如下：

借：其他货币资金——外埠存款　　50 000

　贷：银行存款　　50 000

【例6-14】在【例6-13】中，采购人员用外埠存款支付外购商品货款45 000元，企业财会部门已收到采购人员交来的供应单位的发票账单等报销收据。A企业编制会计分录如下：

借：在途物资　　45 000

　贷：其他货币资金——外埠存款　　45 000

【例6-15】A企业接到银行收账的通知，多余的外埠存款5 000元已转回企业的开户银行。A企业编制会计分录如下：

借：银行存款　　5 000

　贷：其他货币资金——外埠存款　　5 000

二、银行汇票和银行本票存款

银行汇票存款是指企业为取得银行汇票，按照规定存入银行的款项。企业将款项交给银行，取得银行汇票后，借记“其他货币资金”科目，贷记“银行存款”科目。企业使用银行汇票进行采购，根据供应单位的发票账单等收据，借记“在途物资”等科目，贷记“其他货币资金”科目。如有多余的款项或因汇票超过付款期等原因而退回款项时，借记“银行存款”科目，贷记“其他货币资金”科目。

举例说明银行汇票存款的核算如下：

【例6-16】A企业采用银行汇票结算方式进行采购，将款项60 000元交存银行，取得银行汇票一张，编制会计分录如下：

借：其他货币资金——银行汇票　　60 000

　贷：银行存款　　60 000

【例6-17】根据【例6-16】资料，A企业用银行汇票结算商品货款58 000元，余款2 000元已退回开户银行，编制会计分录如下：

借：在途物资　　58 000

　贷：其他货币资金——银行汇票　　58 000

借：银行存款　　2 000

　贷：其他货币资金——银行汇票　　2 000

银行本票存款的核算与银行汇票存款的核算类同，不再举例说明。

三、存出投资款

存出投资款是指企业存入证券公司但尚未进行投资的资金。企业向证券公司划出资金时，应按划出的金额，借记“其他货币资金——存出投资款”科目，贷记“银行存款”科目；进行交易性投资时，再按实际发生额从“其他货币资金”科目转入“交易性金融资产”科目。

典型案例

某公司出纳员王玲在接管出纳工作的初期，对库存现金管理制度规定了解不多。在工作过程中出现过以下情况：一是发现库存现金短缺40元；二是同单位职工向她借了公款1 000元。对前者因未查明原因，王玲便自掏腰包将短缺库存现金补上；对后者因考虑到是本单位职工，为了处好关系，对方又打下了欠条，约定3天还款，所以王玲在未经领导批准的情况下把钱借了出去。请你对王玲的上述做法进行评价。

分析提示：根据库存现金管理制度的规定，对于库存现金长款或短款情况，必须查明原因，并按规定进行处理，王玲的做法会掩盖可能存在的其他问题。按照规定，所有库存现金收付业务，必须取得合法的原始凭证，王玲将未经批准的借条作为借款依据，不符合规定，属于白条抵库。

本章小结

货币资金是企业流动性最强的资产，包括库存现金、银行存款和其他货币资金。企业应当按照库存现金管理制度规定进行库存现金的核算与管理。所有企业都必须按规定在银行开立银行存款结算账户，并按规定要求管理和使用银行存款账户。企业与其他单位的经济业务往来，可以根据具体情况采用各种结算方式，国内结算业务可以采用支票结算、银行汇票结算等多种方式。企业其他货币资金的存放地点和用途不同于库存现金和银行存款，包括外埠存款、银行本票存款、银行汇票存款和存出投资款等。企业应当正确进行库存现金、银行存款和其他货币资金的核算。

习题

一、选择题

1.下列不应使用现金进行结算的业务是（　　）。

A.结算起点以下的零星支出　　B.向个人收购农副产品

C.各种劳保、薪酬支出　　D.大宗商品购进

2.应通过“库存现金”科目进行会计核算的下列业务是（　　）。

A.以银行本票支付材料采购款　　B.通过托收承付结算方式收进款项

C.向个人采购农副产品　　D.向证券公司划出资金进行投资

3.不能办理现金支取业务的银行账户是（　　）。

A.基本存款账户　　B.一般存款账户　　C.临时存款账户　　D.专用存款账户

4.确定企业库存现金限额时，最多不应超过（　　）。

A.3天　　B.5天　　C.10天　　D.15天

5.不属于其他货币资金核算内容的下列业务是（　　）。

A.存到证券公司准备进行投资的款项　　B.向银行申请取得银行汇票

C.向银行申请银行承兑汇票　　D.银行信用证存款

6.应通过“银行存款”科目进行会计核算的是（　　）。

A.取得的银行本票　　B.委托收款结算方式下收取的款项

C.托收承付结算方式下付出的款项　　D.取得的银行承兑汇票

7.关于库存现金管理的有关规定包括（　　）。

A.不允许“坐支”现金　　B.库存现金要日清月结

C.出纳人员应定期轮换　　D.出纳员负责登记库存现金日记账和总账

8.影响“库存现金”科目期末余额的下列各项业务是（　　）。

A.职工预借差旅费　　B.采购员领取备用金

C.将现金存入银行　　D.零星商品销售收取现金

9.属于其他货币资金核算内容的是（　　）。

A.收到购货企业承兑的商业汇票　　B.取得的银行汇票

C.开出银行转账支票　　D.汇到外地开立采购专户的存款

10.符合采用托收承付结算方式要求的条件是（　　）。

A.金额起点为10 000元　　B.代销、寄销和赊销业务

C.国有企业和个体经营者　　D.商品交易或因之产生劳务供应的款项

二、简答题

1.现金的使用范围是什么？如何进行库存现金的核算？

2.什么是转账结算？转账结算方式有哪些？各有什么主要特点？

3.如何进行银行存款的核算？

4.什么是其他货币资金?包括哪些内容?如何进行核算?

三、业务题

赤诚公司为一般纳税企业，本期发生如下经济业务:

(1) 取得一张金额为50 000元的银行汇票，由采购员李强持往异地办理材料采购业务。

(2) 委托银行汇款100 000元到W市开立采购专户。

(3) 李强采购材料取得专用发票注明材料价款45 000元，增值税税额7 650元，材料采购所有价税款用银行汇票支付，不足部分已通过银行转账支付，材料已验收入库。

(4) 采购员在W市采购材料取得专用发票，注明材料价款80 000元，增值税税额13 600元，材料采购所有价税款用采购专户款项支付，多余款项已通过银行转账退回，材料已验收入库。

(5) 将银行存款20 000元存入证券公司，准备进行交易性投资。

(6) 用库存现金支付购买办公用品费用850元。

要求：根据上述业务编制会计分录。

第七章 存货的盘存制度

学习目标

知识目标　掌握实地盘存制和永续盘存制的特点，掌握实地盘存制和永续盘存制下期末存货的计价，明确财产清查的内容和方法，了解存货会计的意义。

技能目标　熟悉实地盘存制和永续盘存制的程序，熟悉先进先出法和加权平均法下期末存货的计价与本期销售成本的计算，熟悉各种财产清查的方法和账务处理。

第一节 存货会计的意义

存货是指企业在日常生产活动中持有以备出售的产成品或商品、处在生产过程中的在产品、在生产过程或提供劳务过程中耗用的材料和物料等，包括各类材料、商品、在产品、半成品、产成品等。

存货是企业在生产经营过程中为销售或耗用而储备的各种资产，对商品流通企业来说主要是各种商品。商品流通企业的商品从购进到销售，需要经过一定的时间，总有一部分商品会储存在企业里，这种为企业所有并准备通过正常的营业过程向顾客出售的商品，称为库存商品或商品存货。制造业企业的存货主要是各种原材料和产成品等。

存货是企业流动资产中的重要部分。存货作为一项重要的流动资产，其期末结存价值构成资产负债表中一个很重要的项目，其转移或消耗价值则是确定利润表中营业成本项目的重要组成部分。所以，存货的正确核算，关系到企业资产的计价和收益的计量。存货核算的任务是正确估价、核算和监督其增加、减少、结存情况，正确确定存货成本（包括库存结余存货的成本和出库耗用、售出存货的成本）。

本章以商品流通企业为例，着重说明存货会计核算的各种方法，这些核算方法同样适用于制造业企业。

为了加强存货管理，一方面要合理制定储备定额和切实可行的购销计划，既能满足经营需要，又可减少资金占用；另一方面还要建立必要的核算制度，核算和监督商品购销计划的实际执行情况。

商品资金是商品流通企业流动资金的重要组成部分。如果存货过多，势必引起企业资金积压，造成资金周转困难。积压了商品，会增加商品保管费用、商品损耗和利息支出；存货不足，又会引起销售脱节，影响企业经营活动和销售收入。为了加强企业存货管理，必须有存货计划和控制措施，必须加强存货核算，以便及时、准确地提供各项存货信息。同时，正确地组织商品存货的核算，是保护商品安全的必要手段。通过核算资料，可以掌握各种商品的购、销、存情况，落实经营保管责任。如果发生商品短缺或损耗，超出了正常经营允许的范围时，要根据账簿记录进行检查。对于商品流通企业，正确地核算库存商品的数量和金额，有时还可为计算销售成本提供必需的资料。有些商品，在销售当时，不能按件或按期单独地确定销售成本，而要定期综合计算。在这种情况下，商品销售成本的计算是把每期可供销售的商品成本（期初存货成本加本期进货成本）划分为两部分，一部分为本期销售成本，另一部分为期末存货成本。一般情况下，先算出期末存货成本，再计算本期销售成本，因而期末存货成本的计算是否正确，一方面会影响销售利润，另一方面会影响作为流动资产的库存商品价值，从而会影响利润表和资产负债表所反映信息的正确性。

综上所述，正确进行库存商品的核算，对于严格控制存货、节约流通费用、加速资金周转、保护商品安全是十分重要的。同时，也为正确计算期末存货成本、合理确定本期销售成本和正确计算利润奠定了基础。

第二节 存货盘存方法

存货的盘存方法主要有实地盘存制和永续盘存制两种。

一、实地盘存制

（一）实地盘存制的程序

实地盘存制也称定期盘存制，是指在期末时通过盘点实物来确定存货数量，并据以计算期末存货成本和本期销售成本的一种方法。这种方法用于商品流通企业时，又称“以存计销”或“盘存计销”；用于制造业企业时，又称“以存计耗”或“盘存计耗”。实地盘存制的程序如下：

（1）平时只记存货的收入数量，不记发出数量，每期期末实地盘点存货；

（2）用实地盘点的数量乘以适当的单价，即为期末存货的总成本；

（3）根据期末存货总成本倒算本期发出商品成本（销售或耗用存货成本，以下同），计算公式如下：

本期销售（耗用）成本=期初存货成本+本期进货成本-期末存货成本

【例7-1】东方公司201×年3月库存甲商品期初余额为50 000元，本月购入60 000元，月末经盘点库存结余1 000千克，单价为90元。

有关计算如下：

月末结存甲商品成本=1 000×90=90 000（元）

本月销售甲商品成本=50 000+60 000-90 000=20 000（元）

（二）期末存货的计价和本期销售成本的计算

前已述及，在实地盘存制下，期末存货的成本是以盘存数量乘以单价计算的，这个单价就是存货的进货原价。然而，在实际工作中，同一时期同一品种的商品的进货原价可能不同，因此期末存货按什么价格计价也有不同的方法。按照企业会计准则规定，发出存货的计价方法主要有先进先出法、加权平均法和个别计价法等。

1.先进先出法

先进先出法是以先入库的存货先发出（销售或耗用）这样一种存货实物流转假设为前提，对发出存货进行计价的方法，即按照存货入库的先后顺序，用先入库存货的单价（或单位成本）计算确定发出存货的成本，期末结余存货的成本用后入库存货的单价计算确定。

举例说明如下：

【例7-2】假设A商品的期初库存和本期购进情况如下：

5月1日	期初库存150件	单价60元	计9 000元
5月10日	购进100件	单价62元	计6 200元
5月25日	购进200件	单价68元	计13 600元
合　计			28 800元

如果期末实地盘存A商品为180件，由于本期进货单价不同，则期末存货成本可按不同的计价方法计价。期末存货的计价方法取决于发出存货的计价方法。

如果采用先进先出法，假设先购进的商品先售出，根据【例7-2】的资料，则期末存货成本和本期销售成本的计算如下：

期末存货成本=180×68=12 240（元）

根据"本期销售（耗用）成本=期初存货成本+本期进货成本-期末存货成本"的计算公式，可以计算本期销售成本如下：

本期销售成本=9 000+（6 200+13 600）-12 240=16 560（元）

先进先出法的优点是，可以随时计算发出存货成本，并使期末存货成本更接近于存货期末市价，因而期末存货价值比较真实。其缺点是，在存货收发比较频繁的企业，计算发出存货成本的工作量比较大，存货明细账的记录方式复杂；而且，在物价持续上涨的情况下，期末存货接近市价，而发出存货成本偏低，会高估当期利润和期末存货价值。

2.加权平均法

加权平均法是把可供发出存货的总成本平均分配于所有可供发出存货数量的存货计价方法。所有销售（耗用）存货的总成本和期末存货的总成本都按照加权平均单价计算确定。加权平均法可以分为全月一次加权平均法和移动加权平均法，但在实地盘存制下不适合使用移动加权平均法。

采用全月一次加权平均法，可在月末时计算全月加权平均单价，加权平均单价的计算公式如下：

$$加权平均单价=\frac{期初结存存货成本+本期入库存货成本}{期初结存存货数量+本期入库存货数量}$$

根据【例7-2】的资料，有关存货的成本计算结果如下：

$$加权平均单价=\frac{9\ 000+19\ 800}{150+300}=64（元/件）$$

期末存货成本=180×64=11 520（元）

本期销售成本=9 000+6 200+13 600-11 520=17 280（元）

由此可见，采用加权平均法和先进先出法计算期末存货成本和本期销售成本，其结果是不相同的。

加权平均法的优点是，只在月末一次计算加权平均单价，可以减轻平时存货核算的工作量；在物价变动频繁的情况下，可以平滑物价的变动。加权平均法的缺点是，平时无法确定发出存货成本和结余存货成本，因而不利于加强存货成本的日常管理和控制。

3.个别计价法

个别计价法又称个别认定法，是指每次发出存货的成本都是按其入库时的实际单位成本分别计算确定的方法。采用这一方法，需要逐一辨认各种或各批发出存货和期末存货的购进或生产批别。

根据【例7-2】的资料，假设期末180件A商品中有50件系期初结余存货，另有50件系5月10日购进存货，其余80件系5月25日购进存货。

采用个别计价法计算期末存货成本和本期销售成本如下：

期末存货成本=50×60+50×62+80×68=11 540（元）

本期销售成本=9 000+（6 200+13 600）-11 540=17 260（元）

个别计价法的优点是成本计算最准确，符合实际情况。但是，在存货收发频繁的情况下，采用个别计价法确认发出存货成本的工作复杂繁重。因此，这一方法一般适用于不能替代使用的存货和特殊的存货项目，如珠宝、金银首饰等贵重存货。

（三）实地盘存制的特点

实地盘存制的主要特点是：平时对各种存货的收发数量以及结存数量不做明细记录。显然，这种方法具有核算工作简便的优点。但是，实地盘存制也存在不足：第一，这种方法不能随时反映各项存货的收发结存数量，缺少存货的日常记录，不利于企业对存货的实物管理；第二，这种方法不能随时反映企业各项存货的收发金额（尤其是发出存货的金额），因而不利于企业对存货的价值管理和成本核算工作；第三，在期末盘点存货时，所有不包括在期末存货中的存货都视为发出，这就容易将非正常发出的存货减少数（如浪费、失窃、自然损耗等），都作为生产耗用或销售核算，从而导致损益确定的失真及掩盖存货管理的漏洞。

采用实地盘存制的，主要是那些价值较低和收发频繁的存货，以及一些鲜活商品的销售。

二、永续盘存制

永续盘存制是通过设置存货明细账，逐日或逐笔地登记存货收发数量，并随时计算出存货结存数量的一种方法。在永续盘存制下，存货明细账要按每种存货的品名规格设置，不仅登记数量，还要登记金额。

（一）存货会计的账簿组织

在永续盘存制下，存货会计的账簿组织不一定相同。一般的账簿组织如下：

会计部门设“库存商品”总分类账户，其下按商品大类设置二级账户，进行金额核算；在二级账户下，按商品品种设置明细分类账户，进行数量和金额核算。

仓储部门按商品品种设置保管账和商品卡。保管账由记账员根据收、发货单登记收发数量。商品卡挂在商品堆放处，由保管员根据收、发货单逐笔登记数量，以控制库存商品。

上述账簿组织如图7-1所示。

也有的企业把会计部门的明细分类账设在仓库，与仓储部门的保管账合并，既登记数量又登记金额，会计部门定期稽核，以简化账簿设置和记账工作。

（二）期末存货的计价和本期销售成本的计算

在永续盘存制下，存货明细分类账能随时反映商品的结存数量和销售数量，商品的销售成本可以采用先进先出法、加权平均法和个别计价法等。

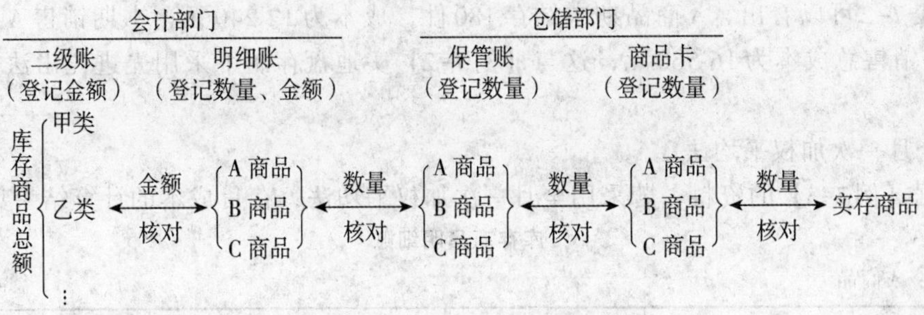

图 7-1 存货会计的账簿组织

1.先进先出法

在先进先出法下，期末存货和本期销售成本计算举例说明如下：

【例 7-3】A 商品的期初结存和本期购销情况见表 7-1。

表 7-1　A 商品期初结存和本期购销情况　金额单位：元

日期	摘要	数量（件）	单价	金额
5 月 1 日	期初结存	150	60	9 000
5 月 8 日	销售	70		
5 月 10 日	购进	100	62	6 200
5 月 20 日	销售	50		
5 月 24 日	销售	90		
5 月 25 日	购进	200	68	13 600
5 月 30 日	销售	60		

根据【例 7-3】的资料，如果采用先进先出法，则成本计算结果见表 7-2。

表 7-2　库存商品明细账

品名：A 商品　金额单位：元

201×年		凭证号	摘要	收入			发出			结存		
月	日			数量（件）	单价	金额	数量（件）	单价	金额	数量（件）	单价	金额
5	1	略	期初结存							150	60	9 000
	8		销售				70	60	4 200	80	60	4 800
	10		购进	100	62	6 200				80 100	60 62	11 000
	20		销售				50	60	3 000	30 100	60 62	8 000
	24		销售				30 60	60 62	1 800 3 720	40	62	2 480
	25		购进	200	68	13 600				40 200	62 68	16 080
	30		销售				40 20	62 68	2 480 1 360	180	68	12 240
	31		本期销售成本				270		16 560			

从表7-2可以看出，A商品期末结存180件，成本为12 240元；本期销售A商品共计270件，销售总成本为16 560元，这与【例7-2】实地盘存制下采用先进先出法的计算结果相同。

2.全月一次加权平均法

根据【例7-3】的资料，若采用全月一次加权平均法，存货成本的计算结果见表7-3。

表7-3 库存商品明细账

品名：A商品 金额单位：元

201×年		凭证号	摘要	收入			发出			结存		
月	日			数量（件）	单价	金额	数量（件）	单价	金额	数量（件）	单价	金额
5	1	略	期初结存							150	60	9 000
	8		销售				70			80		
	10		购进	100	62	6 200				180		
	20		销售				50			130		
	24		销售				90			40		
	25		购进	200	68	13 600				240		
	30		销售				60			180	64	11 520
	31		本期销售成本				270	64	17 280			

在表7-3中，A商品期末结存180件，成本为11 520元；本期销售A商品共计270件，销售总成本为17 280元，这与【例7-2】实地盘存制下采用全月一次加权平均法的计算结果相同。

3.移动加权平均法

在永续盘存制下，发出存货的计价可以采用移动加权平均法。在移动加权平均法下，当每次入库存货单价与结存存货单价不同时，就要重新计算一次加权平均单位成本，并据此计算下次入库前的发出存货成本和结存存货成本。移动加权平均单价的计算公式如下：

$$移动加权平均单价=\frac{本次入库前结存存货成本+本次入库存货成本}{本次入库前结存存货数量+本次入库存货数量}$$

根据【例7-3】的资料，若采用移动加权平均法，存货成本的计算结果见表7-4。

表7-4中移动加权平均单价的计算过程如下：

5月10日购进商品后：

移动加权平均单价=（4 800+6 200）÷（80+100）=61.11（元/件）

5月25日购进商品后：

移动加权平均单价=（2 444+13 600）÷（40+200）=66.85（元/件）

在表7-4中，A商品期末结存180件，成本为12 033元；本期销售A商品共计270件，销售总成本为16 767元。

表 7-4　　**库存商品明细账**

品名：A商品　　金额单位：元

201×年		凭证号	摘要	收入			发出			结存		
月	日			数量（件）	单价	金额	数量（件）	单价	金额	数量（件）	单价	金额
5	1	略	期初结存							150	60	9 000
	8		销售				70	60	4 200	80	60	4 800
	10		购进	100	62	6 200				180	61.11	11 000
	20		销售				50	61.11	3 056	130	61.11	7 944
	24		销售				90	61.11	5 500	40	61.11	2 444
	25		购进	200	68	13 600				240	66.85	16 044
	30		销售				60	66.85	4 011	180	66.85	12 033
	31		本期销售成本				270		16 767			

采用移动加权平均法的优点是，可以随时计算结转销售成本，随时提供存货结存数量和金额，便于存货日常管理。但是，由于每次进货后都要重新计算一次平均单价，会增加会计核算工作量。

4.个别计价法

在永续盘存制下，除了可以采用上述各种方法之外，存货还可以采用个别计价方法进行计价。而且，不管是实地盘存制还是永续盘存制，个别计价法计算结果相同。根据【例7-3】的资料，假设5月8日销售商品系期初结存存货；5月20日销售50件商品，30件系期初结存存货，另20件系5月10日购进商品；5月24日销售90件商品，50件系期初结存存货，另40件系5月10日购进商品；5月30日销售60件商品均系5月25日购进商品。采用个别计价法的成本计算结果见表7-5。

表 7-5　　**库存商品明细账**

品名：A商品　　金额单位：元

201×年		凭证号	摘要	收入			发出			结存		
月	日			数量（件）	单价	金额	数量（件）	单价	金额	数量（件）	单价	金额
5	1	略	期初结存							150	60	9 000
	8		销售				70	60	4 200	80	60	4 800
	10		购进	100	62	6 200				80 100	60 62	4 800 6 200
	20		销售				30 20	60 62	1 800 1 240	50 80	60 62	3 000 4 960
	24		销售				50 40	60 62	3 000 2 480	40	62	2 480
	25		购进	200	68	13 600				40 200	62 68	2 480 13 600
	30		销售				60	68	4 080	40 140	62 68	2 480 9 520
	31		本期销售成本				270		16 800			

本期销售成本=70×60+30×60+20×62+50×60+40×62+60×68=16 800（元）

期末存货成本=9 000+（6 200+13 600）−16 800=12 000（元）

或 =40×62+140×68=12 000（元）

（三）永续盘存制的特点

永续盘存制的主要优点是有利于加强对存货的管理。在存货明细账中，可以随时反映出每种存货的收发和结存数量，并可将账面结存数量同商品实有数量进行核对，以保证账实相符。此外，将账面结存数量和商品实有数量相核对，还可及时了解库存不足和积压的情况，便于企业及时组织存货的购销活动，加速资金周转。

永续盘存制与实地盘存制相比，存货明细分类核算的工作量较大，特别是在存货品种繁多的企业。但是永续盘存制弥补了实地盘存制的不足，因此应用范围比较广泛。

在永续盘存制下，期末结存存货是一个“剩余数量”，即：

期初结存+本期购入−本期发出=期末结存

毫无疑问，永续盘存制下也需要对存货进行定期或不定期的实地盘点，以便发现非正常出存货业务导致存货减少的数量、金额及原因，从而加强存货的管理。

第三节 财产清查

财产清查是通过盘点实物、核对账目，来确定各项财产物资、货币资金和往来款项的实存数，并查明实存数与账面数是否相符的一种会计方法。财产清查的内容包括货币资金、往来款项和各种实物资产。

一、货币资金的清查

（一）库存现金的清查

企业应根据库存现金管理的规定，对库存现金进行定期和不定期的清查，以便保证账款相符和库存现金的安全完整。清查库存现金的基本方法是实地盘点。对清查中发现的库存现金短缺和溢余，在会计上通过“待处理财产损溢”科目进行核算，会计期末再按规定进行处理。库存现金清查的账务处理详见第六章第一节。

（二）银行存款的清查

为了检查企业和开户银行账目是否有错漏，查明银行存款的实有数，企业应定期将银行存款日记账的记录与银行对账单进行核对，每月至少一次，如有不符，应查明原因，及时调整。如果二者余额不符，其原因有两个：一是企业或银行记账有误；二是存在未达账项。

未达账项是指企业与银行之间由于各种收付款的结算凭证，在传递过程中存在一定的时间差，导致一方已记账，而另一方尚未记账的款项。企业与银行之间的未达账项有如下四种情况：

（1）银行已收款记账而企业尚未收款记账的款项；

（2）银行已付款记账而企业尚未付款记账的款项；

（3）企业已收款记账而银行尚未收款记账的款项；

（4）企业已付款记账而银行尚未付款记账的款项。

为了正确反映各种未达账项，使企业和银行双方的账面存款余额保持一致，企业在逐笔核对银行送来的对账单后，要编制“银行存款余额调节表”（见表7-6）核对银行存款的余额。

举例说明“银行存款余额调节表”的编制方法如下：

【例7-4】某企业201×年9月30日银行存款日记账余额为115 000元，银行对账单余额为136 000元，经核对发现当月存在以下未达账项：

（1）企业将销售收入5 000元存入银行，企业已收款入账，但银行尚未记账；

（2）企业开出支票18 000元支付采购材料货款，企业已付款入账，但银行尚未记账；

（3）企业委托银行收取货款40 000元，银行已收妥款项并入账，但企业尚未收到收款通知，未记账；

（4）银行代企业支付电费32 000元，银行已登记入账，但企业尚未收到付款通知，尚未记账。

根据上述资料编制“银行存款余额调节表”，见表7-6。

表7-6　　银行存款余额调节表　　单位：元

项目	金额	项目	金额
企业银行存款日记账余额	115 000	银行对账单余额	136 000
加：银行已收企业未收款项	40 000	加：企业已收银行未收款项	5 000
减：银行已付企业未付款项	32 000	减：企业已付银行未付款项	18 000
调节后的存款余额	123 000	调节后的存款余额	123 000

如果调整后的存款余额相同，则说明双方账目都没有错误，该余额也是企业可以动用的银行存款实有额。如果调整后的存款余额不同，则说明双方账目发生错误，可能是银行出错，也可能是企业出错，应查明原因予以更正。“银行存款余额调节表”只能起到对账的作用，不能将其作为调整银行存款账面记录的原始凭证。对于银行已经入账、企业尚未入账的未达款项，应该在收到有关结算凭证后，再进行账务处理。

二、往来款项的清查

（一）往来款项清查的方法

往来款项主要包括各种应收款、应付款、暂收款、暂付款等款项。往来款项的清查，主要采取同对方单位核对账目的方法。往来款项清查的程序是：先查明本单位各项往来款项账簿记录无误后，再编制对账单，寄给或派人送交对方单位，进行核对。对账单一般应按明细账户逐笔抄列，一式两份，其中一份作为回单，由对方单位核对相符并盖章后退回本单位；如果经过核对，发现双方账目数字不符，应将不符情况在回单上注明，或另抄对账单退回，作为进一步核对的依据，如果有未达账项，应加以调整，其调整方法与银行存款的调整方法相同。

对往来款项清查结果应填制往来款项清查表，列明各项应收款、应付款、暂收款、暂付款等款项的余额，对于其中有争执的款项以及不可能收回或无法支付的款项，应在清查表内详细注明。“往来款项清查表”的一般格式见表7-7。

表7-7 **往来款项清查表**

年 月 日 单位：元

总分类账户		明细分类账户		清查结果		核对不符金额的单位和原因分析					备注
名称	余额	名称	余额	核对相符金额	核对不符金额	核对不符单位名称	未达账金额	争执款项金额	无法收回或偿还金额	其他	

记账员签章： 清查人员签章：

进行往来款项清查，要求企业将各项应收款及时收回，各项应付款及时偿还，发生坏账损失要按规定处理。

（二）应收款项清查结果的会计处理

无法收回或收回可能性极小的应收款项称为坏账，由于发生坏账而产生的损失称为坏账损失。根据企业会计准则规定，企业只能采用备抵法核算坏账损失。备抵法是指按期估计坏账损失，形成坏账准备，当某一应收款项全部或部分确认为坏账时，按确认的坏账金额冲减坏账准备，同时转销相应的应收款项的一种核算方法。

采用备抵法进行坏账损失核算时，应当设置“坏账准备”账户。“坏账准备”账户属于调整账户，用来抵减“应收账款”等账户。“应收账款”、“预付账款”、“其他应收款”等账户的账面余额减去“坏账准备”账户的账面余额，代表企业应收款项的净额。企业计提坏账准备时，借记“资产减值损失”账户，贷记“坏账准备”账户；实际发生坏账损失时，冲减已计提的坏账准备，借记“坏账准备”账户，贷记“应收账款”等账户。已确认并转销的应收款项以后又收回的，应按实际收回的金额，借记“应收账款”等账户，贷记“坏账准备”账户；同时，借记“银行存款”账户，贷记“应收账款”等账户。“坏账准备”账户平时（1至11月）期末余额可能在借方，也可能在贷方，但其年末余额一定在贷方。“坏账准备”账户的核算内容和结构如下：

借方 **坏账准备** 贷方

（1）冲减坏账准备的金额	（1）计提坏账准备的金额
（2）冲减多提的坏账准备金额	（2）重新收回已确认并转销的坏账金额
	已计提但尚未转销的坏账准备

下面以R企业为例来说明坏账损失的会计处理。

【例7-5】假设R企业2014年年末第一次计提坏账准备10 000元。

R企业编制计提坏账准备的会计分录如下：

借：资产减值损失 10 000

贷：坏账准备 10 000

会计期末时，企业应将“资产减值损失”账户的发生额转入“本年利润”账户。

R企业计提坏账准备后，“坏账准备”账户期末贷方余额为10 000元。

【例7-6】2015年6月，R企业应收丙单位的货款8 000元无法收回，确认为坏账损失。

R企业编制确认坏账损失冲减坏账准备的会计分录如下：

借：坏账准备　　8 000

　贷：应收账款——丙单位　　8 000

至此，R企业“坏账准备”账户期末贷方余额为2 000元。

【例7-7】2015年10月，丙单位财务状况好转，通过银行转账支付了应付R企业的货款3 000元。

R企业已确认为坏账的应收丙单位货款8 000元又收回了3 000元，并已存入银行。R企业编制重新收回已确认并转销的坏账的会计分录如下：

（1）注销已确认的坏账损失：

借：应收账款——丙单位　　3 000

　贷：坏账准备　　3 000

（2）收回应收账款：

借：银行存款　　3 000

　贷：应收账款——丙单位　　3 000

上述两笔分录也可以合成一笔，即：

借：银行存款　　3 000

　贷：坏账准备　　3 000

为了反映企业应收账款被注销、又被重新收回的情况，企业通常应当按上述两笔会计分录核算重新收回已确认并转销的坏账。

至此，R企业“坏账准备”账户期末贷方余额为5 000元。

【例7-8】2015年年末，R企业应收账款年末余额为600 000元，按照应收账款余额的1%计算确定应当计提坏账准备6 000元。

年末应当计提坏账准备6 000元，表示R企业年末计提坏账准备后，“坏账准备”账户贷方余额应为6 000元。由于R企业在年末计提坏账准备前“坏账准备”账户已有贷方余额5 000元，因此年末时只应按1 000元（6 000−5 000）计提坏账准备，并编制如下会计分录：

借：资产减值损失　　1 000

　贷：坏账准备　　1 000

在本例中，假设R企业应收账款2016年年末余额为350 000元，如果按照应收账款余额1%计算，则应当计提坏账准备的金额为3 500元。2016年年末应当计提坏账准备3 500元，表示R企业年末计提坏账准备后，“坏账准备”账户贷方余额应为3 500元。由于R企业在年末计提坏账准备前“坏账准备”账户已有贷方余额5 000元，因此R企业年末时不仅不能计提坏账准备，而且应当冲销多计提的坏账准备1 500元（5 000−3 500），并编制如下会计分录：

借：坏账准备　　1 500

贷：资产减值损失 1 500

从本例可以看出，每年年末应提取坏账准备金额的计算方法是：如果应提坏账准备金额大于“坏账准备”账户的已有余额时，按其差额计提坏账准备；如果应提坏账准备金额小于“坏账准备”账户贷方已有余额时，则按其差额冲减已提坏账准备金额。

小知识 7-1

估计坏账损失金额的方法

采用备抵法核算坏账损失时，企业应当在会计期末按应收款项余额百分比法估计坏账损失金额，并进行计提坏账准备的会计处理。应收款项余额百分比法是根据会计期末应收款项的余额和估计的坏账率，估计坏账损失并计提坏账准备的方法。估计坏账损失的方法还可以用账龄分析法和销货百分比法。

三、存货的清查

无论是采用永续盘存制还是采用实地盘存制，都需要对存货进行盘点。存货的盘点是企业财产清查工作的重要内容。存货盘点一般要填制下列几种凭证：

1.存货盘存单

在实地盘存制下，必须编制存货盘存单。在永续盘存制下，如果账实核对相符，可直接在存货明细账中做核对记号，省略盘存单的填制工作。盘存单通常按每种存货填列盘存数，其格式见表7-8。

表7-8 **商品盘存单**

单位名称： 盘点时间：

类别： 存放地点： 金额单位：元

货号	品名规格	单位	盘点数量	加：已提未销数量	减：已销未提数量	实际库存数量	平均单价	库存金额
	A商品	件	210		30	180	64	11 520
	B商品	箱	250	10		260	200	52 000
	C商品	千克				1 800	4	7 200
	合计	—	—	—	—	—	—	70 720

复核： 制表： 盘点：

2.存货溢缺报告单

如果存货账实不符，则需填制存货溢缺报告单，并据以进行账务处理。其格式见表7-9。

企业对存货进行清查时，如发生账实不符的情况，首先应将溢缺的情况通过“待处理财产损溢”账户予以反映，然后，根据溢缺发生的原因和性质，报经有关领导批准后予以转销。盘亏的存货一般应按其产生的原因，分别记入“其他应收款”、“管理费用”和“营业外支出”等账户中；盘盈的存货多为计量等方面的原因造成，故应冲减管理费用。

表7-9 **商品溢缺报告单**

类别: 201×年6月30日 编号:

货号	品名规格	单位	平均单价	实存		账存		盘盈		盘亏		说明
				数量	金额	数量	金额	数量	金额	数量	金额	
(略)												

处理意见:

记账: 复核: 制单:

以商品流通企业为例，举例说明存货溢缺的会计处理如下:

【例7-9】A商品盘亏10件，不含税金额为1 000元，原因待查。根据“商品溢缺报告单”编制会计分录如下:

借: 待处理财产损溢 1 170

贷: 库存商品——A商品 1 000

应交税费——应交增值税（进项税额转出） 170

【例7-10】上述盘亏的A商品，经查系保管员的责任，由保管员负责赔偿。在尚未收到其赔款时，编制会计分录如下:

借: 其他应收款——保管员 1 170

贷: 待处理财产损溢 1 170

【例7-11】清查时发现E商品盘盈5千克，市值为100元，原因待查。根据“商品溢缺报告单”编制会计分录如下:

借: 库存商品——E商品 100

贷: 待处理财产损溢 100

【例7-12】上述盘盈的E商品5千克，经查明属自然溢余，报经批准后冲减管理费用。编制会计分录如下:

借: 待处理财产损溢 100

贷: 管理费用 100

典型案例

某小型生产企业经营规模很小，库存存货管理存在很多问题。生产厂长既管生产又管存货，材料出入仓库时不登记，月末核算生产成本时，根据盘点结果估算材料消耗。请对该企业的存货管理进行分析，并指出其可能产生的不良影响。

分析提示：企业应建立存货总账，并按各种存货具体名称建立存货明细账，存货出入库时应有出库单或入库单，通常还应采用永续盘存制登记存货明细账。如果存货出入库不进行登记，责任不清，就容易造成丢失、浪费等各种问题。另外，该企业根据盘点结果估算材料消耗成本，可能会将丢失、自然损耗等造成的存货减少也计入了生产成本，造成成本核算不真实，从而影响企业利润的正确计算。

本章小结

存货是指企业在日常生产活动中持有以备出售的产成品或商品、处在生产过程中的在产品、在生产过程中或提供劳务过程中耗用的材料和物料等。存货是企业流动资产中的一项重要内容，存货计价影响产品生产成本和销售利润的正确计算。企业存货盘存方法包括实地盘存制和永续盘存制。前者是在期末时通过盘点实物来确定存货数量，并据以计算期末存货成本的一种方法；后者是通过逐日或逐笔地登记存货收发数量，随时计算出存货结存数量的一种方法。发出存货的计价方法主要有先进先出法、加权平均法和个别计价法等。财产清查是通过盘点实物、核对账目，来确定各项财产物资的实存数与账面数是否相符的一种会计方法，包括对货币资金、往来款项和各种实物资产的清查。

习题

一、选择题

1.银行存款的清查是指核对（　　）。

A.日记账与总账　　B.日记账与收付款凭证

C.日记账与银行对账单　　D.日记账与财务报表

2.实地盘存制的特点包括（　　）。

A.有利于加强存货管理　　B.随时反映存货结存数量

C.平时核算工作量较小　　D.平时核算工作量较大

3.期末存货结余成本应当列示在（　　）。

A.资产负债表项目中　　B.利润表项目中

C.现金流量表项目中　　D.管理费用明细表项目中

4.下列各项中属于存货项目的是（　　）。

A.应收账款　　B.固定资产　　C.半成品　　D.银行存款

5.财产清查的内容不包括（　　）。

A.固定资产　　B.库存现金　　C.应付账款　　D.银行借款

6.“待处理财产损溢”账户的借方发生额反映的是（　　）。

A.发生的库存现金溢余　　B.发生的库存现金短缺

C.已处理的库存现金溢余　　D.已处理的库存现金短缺

7.关于银行存款的清查，下列说法中正确的是（　　）。

A.将银行存款日记账与对账单核对

B.未达账项应逐笔登记入账

C.核对后余额是企业可以动用的银行存款实有额

D.未达账项是造成双方余额不一致的唯一原因

8.采用实地盘点法进行清查的资产项目是（　　）。

A.库存商品　　B.库存现金　　C.银行存款　　D.应收账款

9.关于定期盘存制度，下列说法中正确的是（　　）。

A.不能随时反映存货结余数量和金额　　B.不利于加强实物管理

C.平时不能简化存货核算工作量　　D.平时不登记存货减少数量和金额

10.下列各项不属于永续盘存制度特点的是（　　）。

A.随时反映各种存货收发和结存数量　　B.不能随时反映各种存货收发和结存数量

C.平时只登记收入数量，不记发出数量　　D.平时不登记收入数量，只记发出数量

二、简答题

1.实地盘存制和永续盘存制的主要特点各是什么?

2.在先进先出法下，如何计算发出存货成本和期末存货成本?

3.在全月一次加权平均法下，如何计算发出存货成本和期末存货成本?

4.什么是财产清查?财产清查的内容是什么?

5.如何对货币资金进行清查?

6.如何对往来款项进行清查?对应收账款清查结果应如何进行核算?

7.如何对存货进行清查?对存货清查结果应如何进行核算?

三、业务题

1.赤诚公司本年6月30日银行存款日记账账面余额为218 000元，经与银行对账，双方记账均无差错，但存在以下未达账项：

(1) 6月26日，委托银行收款26 000元，银行已收款记账但未通知企业；

(2) 6月28日，企业开出支票购买办公用品1 200元，企业已付款记账但支票尚未交到银行；

(3) 6月29日，企业销售商品收到支票8 500元，企业已记账但尚未将支票交存银行；

(4) 6月30日，银行代企业支付电话费1 500元，银行已记账但企业尚未收到付款通知。

要求：根据上述资料编制“银行存款余额调节表”（见表7-10)；说明企业在7月1日可以动用的银行存款实有额是多少?说明6月30日银行对账单的账面余额是多少?

表7-10　**银行存款余额调节表**

项目	金额	项目	金额
企业银行存款日记账		银行对账单余额	
加：银行已收企业未收款项		加：企业已收银行未收款项	
减：银行已付企业未付款项		减：企业已付银行未付款项	
调节后的存款余额		调节后的存款余额	

2.假设赤诚公司第一年年末应收账款余额为100 000元，提取坏账准备的比率为5%；第二年公司发生了坏账损失，其中应收甲企业货款20 000元，乙企业货款30 000元，年末应收账款余额为110 000元；第三年，上年已冲销的乙企业货款又重新收回10 000元，年末时应收账款余额为90 000元。

要求：根据上述资料，编制与应收账款有关的以下会计分录：

（1）第一年计提坏账准备。

（2）第二年确认坏账损失冲减坏账准备。

（3）第二年年末计提坏账准备。

（4）第三年重新收回已确认并转销的坏账。

（5）第三年年末计提坏账准备。

3.赤诚公司在财产清查中发现以下情况：

（1）盘盈甲材料200吨。经查是由于计量上的错误所造成的，按市场价格每吨20元入账。

（2）盘亏乙材料50吨，每吨单价300元。经查，属于定额内合理的损耗有15吨，属于过失人造成的应由责任人赔偿5吨，属于自然灾害造成的损失为30吨。

（3）盘亏机器设备一台，账面原值为8 000元，已提折旧额为7 000元，报经批准后计入营业外支出。

要求：对上述各项财产清查情况分别进行批准前和批准后的账务处理（假设不考虑相关税费）。

第八章　企业筹资和投资业务的核算

学习目标

知识目标　掌握企业筹资的渠道及会计核算，掌握交易性金融资产和长期股权投资的确认及会计核算，明确投资的分类，了解利息的资本化处理和费用化处理。

技能目标　熟悉实收资本、资本公积、短期借款、长期借款、交易性金融资产的账务处理。

第一节　企业筹资业务的核算

一个企业的生存和发展，离不开资金。资金是企业进行生产经营活动的物质基础。对于任何一个企业而言，资金的来源主要有两条渠道：一是投资者投入的资金及投入资金在经营过程中实现的增值，该部分业务可以称为所有者权益资金筹集业务；二是向债权人借入的资金，该部分业务可以称为负债资金筹集业务。在会计上，我们将债权人的要求权和投资人的要求权统称为权益，但二者存在着本质上的区别，所以这两种权益的会计处理也有着显著的差异。债权人将资金借给企业形成的对企业资产的要求权我们称之为债权人权益，即负债。投资者将资金投入企业形成的对企业净资产的要求权我们称之为所有者权益，即企业资产扣除负债后由所有者享有的剩余权益，又称为净资产。

一、所有者权益资金筹集业务的核算

企业从投资人处筹集到的资金形成企业所有者权益的重要组成部分，以下将具体说明所有者权益资金筹集业务的核算内容。

（一）实收资本业务的核算

1.实收资本的含义

实收资本是指企业的投资者按照企业章程或合同、协议的约定，实际投入企业的资本金以及按照有关规定由资本公积、盈余公积转为资本的资金。实收资本代表一个企业的实力，是创办企业的“本钱”，也是一个企业维持正常的经营活动、以本求利、以本负亏的最基本条件和保障，是企业独立承担民事责任的资金保证。它反映了企业的不同所有者通过投资而投入企业的外部资金来源，这部分资金是企业进行经营活动的原动力，正是有了这部分资金的投入，才有了企业的存在和发展。

企业接受各方投资者投入的资本金应遵守资本保全（或称资本维持）制度的要求，除法律、法规有规定外，不得随意抽回。因此，所有者向企业投入的资本，在一般情况下无须偿还，可以长期周转使用。企业在经营过程中实现的收入、发生的费用，以及在财产清查中发现的盘盈、盘亏等都不得直接增减投入资本。

小知识 8-1

实收资本和注册资本

《中华人民共和国民法通则》规定，设立企业法人必须具有必要的财产。《中华人民共和国企业法人登记管理条例》也规定，企业申请开业，必须具备符合国家规定并与其生产经营和服务规模相适应的资金数额。

这里需要注意的是，注册资本和实收资本是两个不同的概念。企业的注册资本是企业在登记机关登记注册的资本额，也叫法定资本。

实收资本是指投资人按照企业章程或合同、协议的约定，实际投入到企业中的各种资产的价值。

2.实收资本的分类

所有者向企业投入资本，即形成企业的资本金。企业的资本金按照投资主体的不同可以分为：国家资本金——企业接受国家投资而形成的资本金；法人资本金——企业接受其他企业单位的投资而形成的资本金；个人资本金——企业接受个人包括企业内部职工的投资而形成的资本金；外商资本金——企业接受外国及中国港、澳、台地区的投资而形成的资本金。

企业的资本金按照投资者投入资本的不同物质形态又分为货币资金出资，以及实物、知识产权、土地使用权等可以用货币估价并可以依法转让的非货币性财产作价出资等。

3.实收资本入账价值的确定

企业收到各方投资者投入资本金的入账价值的确定是实收资本核算中的一个比较重要的问题。总体来说，投入资本是按照实际收到的投资额入账，收到的是货币资金投资的，应以实际收到的货币资金额入账；收到的是实物等其他形式投资的，应以投资各方确认的价值入账。对于实际收到的货币资金额或投资各方确认的资产价值超过其在注册资本中所占的份额部分，作为超面额缴入资本，记入资本公积。

4.实收资本业务核算设置的账户

为了反映实收资本的形成及其变化情况，在会计核算上应设置“实收资本[①]”账户。“实收资本”账户是所有者权益类账户，用来核算所有者投入企业的资本金变化过程及其结果，其贷方登记所有者投入企业资本的增加额，借方登记所有者投入企业资本的减少额，期末余额在贷方，表示所有者投入企业资本的结余额。本账户应按照投资者的不同设置明细账户，进行明细核算。本账户的核算内容和结构如下：

借方　　实收资本	贷方
实收资本的减少额	实收资本的增加额
	期末余额：实收资本的实有额

① 按照要求，对于资本金的核算，在有限责任公司中使用“实收资本”账户，在股份有限公司中使用“股本”账户，本教材在处理具体业务过程中所涉及的资本金的核算时，对“实收资本”和“股本”两个账户不加以严格区别。

（二）资本公积业务的核算

1.资本公积的含义

资本公积是企业收到投资者投入的超出其在企业注册资本中所占份额，以及直接计入所有者权益的利得和损失等，是企业所有者权益的重要组成部分。从本质上讲，资本公积属于投入资本的范畴，是一种准资本，它是资本的一种储备形式。但是，资本公积与实收资本（或股本）又有一定的区别，实收资本（或股本）是企业所有者（股东）为谋求价值增值而对企业的一种原始投入，从法律上讲属于企业的法定资本，而资本公积可以来源于投资者的额外投入，也可以来源于除投资者之外的其他企业或个人等。可以说，实收资本（或股东）无论是在来源上还是在金额上，都有着比较严格的限制，而不同来源形成的资本公积却归所有投资者共同享有。

2.资本公积的来源

由于资本公积是所有者权益的重要组成部分，而且它通常会直接使企业净资产增加，因此资本公积信息对于投资者、债权人等会计信息使用者的决策十分重要。企业资本公积的主要来源包括所有者投入资本中超过法定资本份额的部分。

3.资本公积的用途

公司在经营过程中出于种种考虑，诸如增加资本的流动性，改变企业所有者投入资本的结构，体现企业稳健、持续发展的潜力等，对于形成的资本公积可以按照规定的用途予以使用。资本公积的主要用途是转增资本，即在办理增资手续后用资本公积转增实收资本，按所有者原有投资比例增加投资人的实收资本。

4.资本公积业务核算设置的账户

企业资本公积一般都有其特定的来源。不同来源形成的资本公积，其核算方法不同。为了反映和监督资本公积金的增减变动及其结余情况，会计上应设置“资本公积”账户，并设置“资本溢价”、“其他资本公积”等明细账户。“资本公积”账户属于所有者权益类账户，其贷方登记从不同渠道取得的资本公积即资本公积的增加额，借方登记用资本公积转增资本即资本公积的减少额，期末余额在贷方，表示资本公积的期末结余额。本账户的核算内容和结构如下：

借方　　**资本公积**　　贷方

借方	贷方
资本公积金的减少额（使用额）	资本公积金的增加额
	期末余额：资本公积金的结余额

（三）所有者权益资金筹集业务核算举例

【例8-1】连方有限责任公司接受某投资者投资1 000 000元，款项通过银行划转。

这项经济业务的发生，一方面使得公司银行存款增加1 000 000元，另一方面使得公司所有者对公司的投资增加1 000 000元。银行存款增加是资产的增加，应记入“银行存款”账户的借方；所有者对公司投资的增加是所有者权益的增加，应记入“实收资本”账户的贷方。这项经济业务应做的会计分录如下：

借：银行存款　　1 000 000

　贷：实收资本　　1 000 000

【例8-2】连方有限责任公司接受某投资方投入的一台全新设备，经投资双方共同确认的价值是58 500元，设备投入使用。

这项经济业务的发生，一方面使得公司的设备增加58 500元，另一方面使得公司所有者对公司的投资增加58 500元。设备增加属于资产的增加，应记入“固定资产”账户的借方；所有者对公司投资增加是所有者权益的增加，应记入“实收资本”账户的贷方。这项经济业务应做的会计分录如下：

借：固定资产　　58 500

　贷：实收资本　　58 500

【例8-3】连方有限责任公司接受某单位以一块土地使用权作为投资，经投资双方共同确认的价值为1 800 000元，已办完各种手续。

土地使用权属于无形资产。这项经济业务的发生，一方面使得公司的无形资产增加1 800 000元，另一方面使得公司所有者对公司的投资增加1 800 000元。土地使用权增加属于资产的增加，应记入“无形资产”账户的借方；所有者对公司投资的增加是所有者权益的增加，应记入“实收资本”账户的贷方。这项经济业务应做的会计分录如下：

借：无形资产　　1 800 000

　贷：实收资本　　1 800 000

【例8-4】连方有限责任公司接受某投资者的投资2 500 000元，其中2 000 000元作为实收资本，另500 000元作为资本公积。公司收到该投资者的投资后存入银行，相关手续已办妥。

这是一项接受投资而又涉及超过法定资本份额的业务。其中属于法定份额部分应记入实收资本，超过部分作为资本公积。银行存款增加是资产的增加，应记入“银行存款”账户的借方，实收资本和资本公积增加是所有者权益的增加，应分别记入“实收资本”、“资本公积”账户的贷方。这项经济业务应做的会计分录如下：

借：银行存款　　2 500 000

　贷：实收资本　　2 000 000

　　资本公积——资本溢价　　500 000

【例8-5】连方有限责任公司经股东大会批准，将资本公积100 000元转增资本。

这是一项所有者权益内部转化的业务。这项经济业务的发生，一方面使得公司实收资本增加100 000元，另一方面使得公司资本公积减少100 000元。资本公积减少是所有者权益的减少，应记入“资本公积”账户的借方，实收资本增加是所有者权益的增加，应记入“实收资本”账户的贷方。该项经济业务应做的会计分录如下：

借：资本公积　　100 000

　贷：实收资本　　100 000

根据上述【例8-1】至【例8-5】所有者权益资金筹集业务，列示其总分类核算过程，如图8-1所示。

二、负债资金筹集业务的核算

企业从债权人那里筹集到的资金形成企业的负债，它表示企业债权人对企业资产的要求权即债权人权益。当企业为了取得生产经营所需资金、商品或劳务等而向银行借款或向其他单位赊购材料、商品等时，就形成了企业同其他经济实体之间的债务关系。我们这里仅以短期借款和长期借款为例介绍负债资金筹集业务的核算内容。

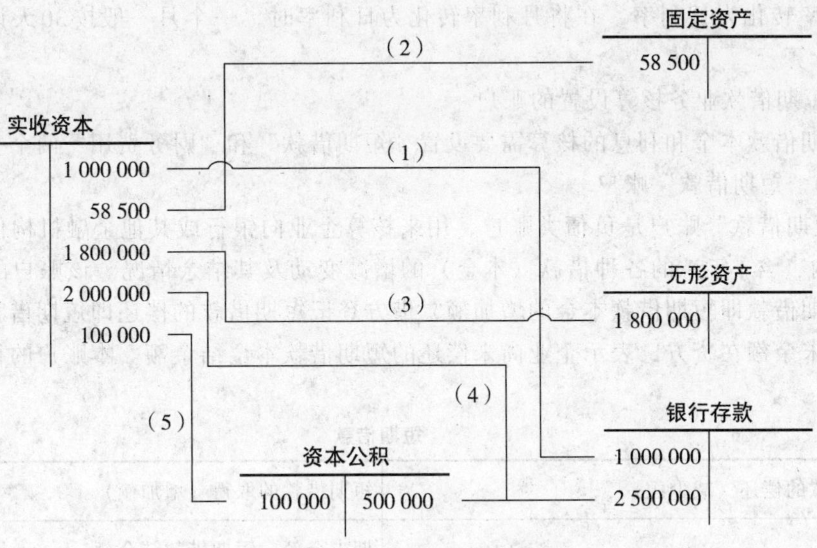

图8-1 所有者权益资金筹集核算示意图

(一) 短期借款业务的核算

1.短期借款的含义

短期借款是指企业为了满足其生产经营活动对资金的临时需要而向银行或其他金融机构等借入的偿还期限在1年以内（含1年）的各种借款。一般情况下，企业取得短期借款是为了维持正常的生产经营活动所需要的资金或者为了抵偿某项债务而借入的。企业取得各种短期借款时，应遵守银行或其他金融机构的有关规定，根据企业的借款计划及确定的担保形式，经贷款单位审核批准订立借款合同后方可取得借款。

2.短期借款利息的确认与计量

短期借款每笔借款在取得时可根据借款合同上的金额来确认和计量。短期借款必须按期归还本金并按时支付利息。短期借款的利息支出属于企业在理财活动过程中为筹集资金而发生的一项耗费，在会计核算中，企业应将其作为期间费用（财务费用）加以确认。由于短期借款利息的支付方式和支付时间不同，会计处理的方法也有一定的区别：如果银行或其他金融机构对企业的短期借款按月计收利息，或者虽在借款到期收回本金时一并收回利息，但利息数额不大，企业可以在收到银行或其他金融机构的计息通知或在实际支付利息时，直接将发生的利息费用记入当期损益（财务费用）；如果银行或其他金融机构对企业的短期借款采取按季或半年等较长期间计收利息，或者是在借款到期收回本金时一并计收利息且利息数额较大的，为了正确地计算各期损益额，保持各个会计期间损益额的均衡性，通常按权责发生制核算基础的要求，采取预提的方法按月预提借款利息，记入预提期间损益（财务费用），待季度或半年等结息期终了或到期支付利息时，再冲销应付利息这项负债。短期借款利息的计算公式为：

短期借款利息=借款本金×利率×计息期

按照权责发生制核算基础的要求，企业应于每月月末确认当月的利息费用，因而这里的“计息期”是一个月。而利率往往都是年利率，所以应将其转化为月利率，以计算出一个月的利息额，年利率除以12即为月利率。如果在月内的某一天取得借款，该日作为计息的起点时间，对于借款当月和还款月则应按实际经历天数（不足整月）计算，此时应将月利率转化为日利率，在将月利率转化为日利率时，一个月一般按30天计算，一年按360天计算。

3.短期借款业务核算设置的账户

短期借款本金和利息的核算需要设置“短期借款”和“财务费用”两个主要账户。

（1）“短期借款”账户

“短期借款”账户是负债类账户，用来核算企业向银行或其他金融机构借入的期限在1年以内（含1年）的各种借款（本金）的增减变动及其结余情况。该账户的贷方登记取得的短期借款即短期借款本金的增加额，借方登记短期借款的偿还即短期借款本金的减少额，期末余额在贷方，表示企业尚未偿还的短期借款本金结余额。本账户的核算内容和结构如下：

借方 **短期借款** 贷方

借方	贷方
短期借款的偿还（减少额）	短期借款的取得（增加额）
	期末余额：短期借款结余额

（2）“财务费用”账户

“财务费用”账户是损益类账户，用来核算企业为筹集生产经营所需资金而发生的各种筹资费用，包括利息支出（减利息收入）、佣金、汇兑损失（减汇兑收益）以及相关的手续费、企业发生的现金折扣或收到的现金折扣等。财务费用账户的借方登记发生的财务费用，贷方登记发生的应冲减财务费用的利息收入、汇兑收益以及期末转入“本年利润”账户的财务费用净额（即财务费用支出大于收入的差额，如果收入大于支出的差额则进行反方向的结转）。经过结转之后，该账户期末没有余额。本账户的核算内容和结构如下：

借方 **财务费用** 贷方

借方	贷方
发生的费用：	利息收入、汇兑收益
利息支出、手续费、汇兑损失	期末转入“本年利润”账户的财务费用

企业取得短期借款时，借记“银行存款”账户，贷记“短期借款”账户；期末计算借款利息时，借记“财务费用”账户，贷记“银行存款”或“应付利息”账户；偿还借款本金、支付利息时，借记“短期借款”、“应付利息”账户，贷记“银行存款”账户。

（二）长期借款业务的核算

1.长期借款的含义

长期借款是企业向银行及其他金融机构借入的偿还期限在1年以上的各种借款。企业举借长期借款，主要是为了增添大型固定资产、购置地产等，也就是为了扩充经营规模而增加各种长期耐用固定资产的需要。在会计核算中，应当区分长期借款的性质，按照申请获得借款时实际收到的借款数额进行确认和计量，并按照规定的利率和使用期限定期计息并确认为长期借款（注意此处与短期借款的区别）。借款到期时，企业应当按照借款合同的规定按期清偿借款本息。

2.长期借款利息的确认与计量

按照企业会计准则的规定，长期借款的利息费用等，应按照权责发生制核算基础的要求，按期计算提取计入所购建资产的成本（即予以资本化）或直接计入计算当期损益（财务费用）。具体来说，符合资本化条件的借款利息费用（关于资本化条件的规定比较复杂，可在后续课程中进一步学习），应将其资本化，计入所购建的资产成本；不符合资本化条件的借款利息费用，应当在利息费用发生当期直接计入当期财务费用。

3.长期借款业务核算设置的账户

为了核算长期借款本金及利息的取得和偿还情况，需要设置“长期借款”账户。该账户属于负债类账户，用来核算企业从银行或其他金融机构取得的长期借款的增减变动及其结余情况。其贷方登记长期借款的增加额（包括本金和计算的应付利息），借方登记长期借款的减少额（偿还的借款本金和利息）。期末余额在贷方，表示尚未偿还的长期借款本金和利息的结余额。本账户的核算内容和结构如下：

借方 **长期借款** 贷方

长期借款本息的偿还（减少额）	取得长期借款的本金和应付的利息（增加额）
	期末余额：尚未偿还长期借款本息的结余

企业取得长期借款时，借记“银行存款”账户，贷记“长期借款”账户；计算利息时借记“在建工程”、“财务费用”等账户，贷记“长期借款”账户；偿还借款、支付利息时借记“长期借款”账户，贷记“银行存款”账户。

（三）负债资金筹集业务核算举例

【例8-6】连方有限责任公司因生产经营的临时性需要，于201×年4月15日向银行申请取得期限为1个月的借款500 000元，借款年利率为6%，款项存入银行账户。

这项经济业务的发生，一方面使得公司的银行存款增加500 000元，另一方面使得公司的短期借款增加500 000元。银行存款增加是资产的增加，应记入“银行存款”账户的借方，短期借款增加是负债的增加，应记入“短期借款”账户的贷方。这项经济业务应做的会计分录如下：

借：银行存款 500 000

　贷：短期借款 500 000

【例8-7】连方有限责任公司在5月15日用银行存款2 500元偿还到期的银行临时借款利息。

短期借款利息=500 000×6%×1/12=2 500（元）

这项经济业务的发生，一方面使得公司的银行存款减少2 500元，另一方面又使得公司的财务费用增加2 500元。银行存款减少是资产的减少，应记入“银行存款”账户的贷方，财务费用增加是费用的增加，应记入“财务费用”账户的借方。这项经济业务应做的会计分录如下：

借：财务费用 2 500

　贷：银行存款 2 500

【例8-8】连方有限责任公司在5月15日用银行存款500 000元偿还到期的银行临时借

款本金。

这项经济业务的发生，一方面使得公司的银行存款减少500 000元，另一方面又使得公司的短期借款减少500 000元。银行存款减少是资产的减少，应记入“银行存款”账户的贷方，短期借款减少是负债的减少，应记入“短期借款”账户的借方。这项经济业务应做的会计分录如下：

借：短期借款　　500 000

　贷：银行存款　　500 000

【例8-9】连方有限责任公司为购建一条新的生产线（工期为1年），于201×年1月1日向中国银行取得期限为2年的人民币借款2 500 000元，存入银行。连方有限责任公司当即将该借款投入到生产线的购建工程中。

这项经济业务的发生，一方面使得公司银行存款增加2 500 000元，另一方面使得公司长期借款增加2 500 000元。银行存款增加是资产的增加，应记入“银行存款”账户的借方，长期借款增加是负债的增加，应记入“长期借款”账户的贷方。这项经济业务应做的会计分录如下：

借：银行存款　　2 500 000

　贷：长期借款　　2 500 000

【例8-10】上述借款年利率为12%，合同规定到期一次还本付息，单利计息。计算确定201×年应由该工程负担的借款利息。

201×年的利息=2 500 000×12%=300 000（元）

如果借款利息符合资本化条件的规定，在固定资产达到预定可使用状态之前，借款利息应计入固定资产建造工程成本。在单利计息的情况下，其利息的计算方法与短期借款利息计算方法相同。所以，这项经济业务的发生，一方面使得公司在建工程成本增加300 000元，另一方面使得公司长期借款利息增加300 000元。工程成本增加是资产的增加，应记入“在建工程”账户的借方，借款利息增加是负债增加，应记入“长期借款”账户的贷方。这项经济业务应做的会计分录如下：

借：在建工程　　300 000

　贷：长期借款　　300 000

【例8-11】连方有限责任公司在第二年年末借款到期时偿还上述全部借款的本金和利息。

该笔长期借款在存续期间的利息共计为600 000元（由于工程已经在201×年年末完工，所以第二年的利息不能计入工程成本，而应计入当年财务费用，会计处理略），借款本金为2 500 000元，合计为3 100 000元，在第二年年末一次付清。这项经济业务的发生，一方面使得公司银行存款减少3 100 000元，另一方面使得公司长期借款（包括本金和利息）减少3 100 000元。银行存款减少是资产的减少，应记入“银行存款”账户的贷方，长期借款减少是负债的减少，应记入“长期借款”账户的借方。这项经济业务应做的会计分录如下：

借：长期借款　　3 100 000

　贷：银行存款　　3 100 000

这里需要指出，以上举例是以长期借款单利计息的方式来说明的。在实际工作中，长期借款也可以采用复利计息的方法。

根据【例8-6】至【例8-11】负债资金筹集业务，可将其总分类核算过程列示如图8-2所示。

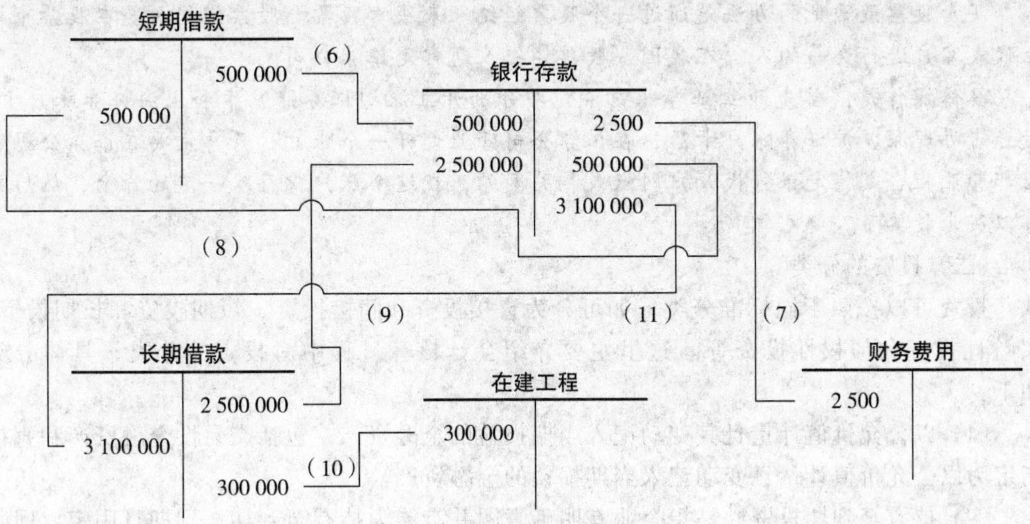

图8-2 负债资金筹集核算示意图

第二节 企业投资业务的核算

一、企业投资业务概述

(一) 投资的含义

投资的含义有广义和狭义之分。广义的投资既包括直接或间接的股票、债券投资，也指购置和建造固定资产、购买和储备流动资产的经济活动。狭义的投资仅指为获取利润而投放资本于其他企业的行为，即对外投资，主要是通过购买国内外企业发行的股票和债券来实现。本章主要说明的是狭义的投资。

小知识8-2

企业对外投资的目的

企业对外投资的目的主要有以下几种：(1) 通过对外投资，利用企业闲置的资金(资产)，提高资金的使用效益；(2) 通过对外投资，在企业外部尤其是在外地或外国开发能源来源，保证企业资源来源成本低廉、供应稳定，较好地解决企业生产经营某些资源供应不足的问题；(3) 通过对外投资，可以开辟企业新的产品市场，扩大销售规模；(4) 通过合资、联营，便于从国内外其他单位直接获取先进技术，快速提高企业的技术档次；(5) 利用控股投资方式，可以使企业以较少的资金实现企业扩张的目的；(6) 对外投资是获取经济信息的重要途径。在对外投资的可行性调研、合资联营谈判、投资项目建设和管理等的过程中，可以利用各种渠道和有利条件，及时捕捉对企业有用的各种信息。

小知识8-3

买卖股票

买卖股票最常见的办法是通过一个股票经纪人来买卖股票。股票经纪人是在股票市场上代表客户进行交易的人。在我国，股票经纪人通常是证券公司。

具体操作是：首先开立证券账户卡，即分别开立深圳证券账户卡和上海证券账户卡。投资者办理深、沪证券账户卡后，在证券公司营业部开一个账户，开户主要在证券公司营业部营业柜台或指定银行代开户网点或相关网站，在这个账户中存入一定的资金，然后就可以买卖股票了。

（二）投资的分类

投资可以按照不同标准分类。如可分为直接投资和间接投资、短期投资和长期投资、权益性投资和债权性投资等。这里主要介绍会计核算过程中对投资的分类，具体分类如下：

（1）以公允价值计量且其变动记入当期损益的金融资产，包括交易性金融资产和直接指定为以公允价值计量且其变动记入当期损益的金融资产。

（2）持有至到期投资，是指企业有明确意图并有能力持有至到期，到期日固定、回收金额固定或可确定的非衍生金融资产。

（3）可供出售金融资产。相对于交易性金融资产和持有至到期投资而言，可供出售金融资产的持有意图不明确，既不是打算短期出售而获利，也不是打算一直持有至到期。

（4）长期股权投资，是指企业准备长期持有的权益性投资。

本章主要以交易性金融资产和长期股权投资为例介绍企业对外投资活动业务的核算，其他对外投资核算内容将在后续课程中学习。

小知识8-4

金融资产

金融资产通常指企业的库存现金、银行存款、应收账款、应收票据、贷款、其他应收款、债权投资、股权投资等资产。

二、企业投资业务的核算

（一）交易性金融资产的核算

交易性金融资产是指企业为了近期内出售而持有的金融资产。比如企业以赚取差价为目的从二级市场购入的股票、债券、基金等。

1.交易性金融资产确认的条件

满足以下条件之一的金融资产，应当划分为交易性金融资产：持有目的主要是为了近期内出售的股票、债券等；属于进行集中管理的可辨认金融资产组合的一部分，企业近期采用短期获利方式对该组合进行管理；属于衍生金融资产。

2.交易性金融资产核算设置的账户

为了核算企业以交易为目的购入的各种交易性金融资产的取得、持有和出售情况，需要设置以下相关账户：

(1)“交易性金融资产”账户

该账户属于资产类账户，用来核算企业为交易目的所持有的债券投资、股票投资、基金投资等交易性金融资产的公允价值[①]。企业持有的直接指定为以公允价值计量且其变动计入当期损益的金融资产，也在本账户核算。本账户可按交易性金融资产的类别和品种，分别设置“成本”、“公允价值变动”等明细账户进行核算。

企业取得交易性金融资产，按其公允价值，记入本账户的借方，按发生的交易费用，记入“投资收益”账户的借方，按实际支付的金额，记入“银行存款”等账户的贷方。出售交易性金融资产，应按实际收到的金额，记入“银行存款”等账户的借方，按该金融资产的账面余额，记入“交易性金融资产”的贷方，按其差额记入“投资收益”账户的借方或贷方。本账户期末借方余额，反映企业持有的交易性金融资产的公允价值。本账户的核算内容和结构如下：

借方 **交易性金融资产** 贷方

购入交易性金融资产的公允价值	结转出售交易性金融资产账面余额
期末余额：交易性金融资产的公允价值	

(2)“投资收益”账户

该账户是损益类账户，用来核算企业对外投资所获得的收益或发生的损失及其结转情况。其贷方登记实现的投资收益和期末转入“本年利润”账户的投资净损失，借方登记发生的投资损失和期末转入“本年利润”账户的投资净收益。经过结转之后该账户期末没有余额。本账户的核算内容和结构如下：

借方 **投资收益** 贷方

发生的投资损失	实现的投资收益
期末转入“本年利润”账户的投资净收益	期末转入“本年利润”账户的投资净损失

(3)“应收利息”账户

本账户属于资产类账户，用来核算企业持有各项金融资产应收取的利息。该账户借方登记企业计算提取的应收未收利息，贷方登记实际收到利息金额。期末借方余额反映企业尚未收取的利息。本账户的核算内容和结构如下：

借方 **应收利息** 贷方

计算提取应收未收利息金额	实际收到的利息金额
期末余额：尚未收取的利息金额	

(4)“应收股利”账户

本账户属于资产类账户，用来核算企业应收取的现金股利和应收取其他单位分配的利

① 公允价值亦称公允市价、公允价格，是市场参与者在计量日发生的有序交易中，出售一项资产所能收到或者转移一项负债所需支付的价格。

润。该账户借方登记企业应取得现金股利或利润金额，贷方登记实际收回的现金股利或利润金额。期末借方余额反映企业尚未收回的现金股利或利润金额。本账户的核算内容和结构如下：

借方	应收股利	贷方
应收现金股利或利润的金额	实际收到的现金股利或利润金额	
期末余额：尚未收回的现金股利或利润金额		

3.交易性金融资产的核算举例

【例8-12】201×年1月1日，连方有限责任公司支付20 000元购入B公司发行在外的面值为100元的公司债券200份，期限为5年，票面年利率为5%，到期付息。连方有限责任公司将其划为交易性金融资产。

这项经济业务的发生，一方面使得公司交易性金融资产增加20 000元，另一方面使得公司的银行存款减少20 000元。交易性金融资产增加是资产的增加，应记入“交易性金融资产”账户的借方；银行存款减少是资产的减少，应记入“银行存款”账户的贷方。这项经济业务应做的会计分录如下：

借：交易性金融资产——B公司（成本）　　20 000

　贷：银行存款　　20 000

【例8-13】连方有限责任公司201×年3月10日委托某证券公司以每股9元的价格，购入A上市公司的股票10 000股，连方有限责任公司希望短期内出售该股票以获利。

交易性金融资产的初始计量成本=9×10 000=90 000（元）

这项经济业务的发生，一方面使得公司交易性金融资产增加90 000元，另一方面使得公司银行存款减少90 000元。交易性金融资产增加是资产的增加，应记入“交易性金融资产”账户的借方；银行存款减少是资产的减少，应记入“银行存款”账户的贷方。这项经济业务应做的会计分录如下：

借：交易性金融资产——A公司（成本）　　90 000

　贷：银行存款　　90 000

【例8-14】承【例8-13】，201×年4月25日，A公司宣告分派上年度现金股利，每10股派2元（假定不考虑相关税金）。201×年5月10日，连方有限责任公司取得上述股利。

连方有限责任公司应取得的现金股利=10 000÷10×2=2 000（元）

企业作为交易性金融资产核算的股票投资，在持有期间取得的现金股利（不包括取得金融资产时被投资单位已宣告但尚未发放的现金股利），应当在被投资单位对外宣告发放现金股利时按照当期应取得的股利金额，确认为当期损益。这项经济业务的发生，一方面使得公司应收股利增加2 000元，另一方面使得公司投资收益增加2 000元。应收股利增加是资产增加，应记入“应收股利”账户的借方；投资收益增加是收入增加，应记入“投资收益”账户的贷方。这项经济业务应做的会计分录如下：

借：应收股利——A公司　　2 000

　贷：投资收益　　2 000

201×年5月10日，连方有限责任公司实际取得现金股利这项经济业务的发生，一方面使得公司的应收股利减少2 000元，另一方面使得公司银行存款增加2 000元。银行存款增加是资产增加，应记入“银行存款”账户的借方；应收股利减少是资产的减少，应记入“应收股利”账户的贷方。这项经济业务应做的会计分录如下：

借：银行存款　　2 000

　贷：应收股利——A公司　　2 000

【例8-15】连方有限责任公司在201×年6月25日将持有的A公司股票全部出售，实际收到股票出售款项99 000元。出售日，该项交易性金融资产账面余额为90 000元。

这项经济业务的发生，一方面使得公司银行存款增加99 000元，另一方面使得公司交易性金融资产减少90 000元，投资收益增加9 000元。银行存款增加是资产的增加，应记入“银行存款”账户的借方；交易性金融资产减少是资产减少，应记入“交易性金融资产”账户的贷方；投资收益增加是收入的增加，应记入“投资收益”账户的贷方。这项经济业务应做的会计分录如下：

借：银行存款　　99 000

　贷：交易性金融资产——A公司（成本）　　90 000

　　投资收益　　9 000

（二）长期股权投资的核算

长期股权投资是指企业准备长期持有的权益性投资，其目的是通过股权投资达到控制被投资单位，或对被投资单位施加重大影响，或为了与被投资单位建立密切关系，以分散经营风险。长期股权投资通常具有投资金额大、期限长、风险大以及能为企业带来较大的利益等特点。

1.长期股权投资的核算内容

长期股权投资的核算内容包括以下几个方面：（1）对被投资单位实施控制的权益性投资，即对子公司的投资。（2）与其他合营方一同对被投资单位实施共同控制的权益性投资，即对合营企业的投资。（3）对被投资单位具有重大影响的权益性投资，即对联营企业的投资。

2.长期股权投资核算设置的主要账户

“长期股权投资账户”属于资产类账户，其借方登记企业取得的长期股权投资的初始投资成本，贷方登记企业出售长期股权投资的账面余额。该账户借方余额反映企业长期股权投资的价值。本账户的核算内容和结构如下：

借方　　**长期股权投资**　　贷方

借方	贷方
取得长期股权投资的初始投资成本	结转出售长期股权投资账面余额
期末余额：长期股权投资的价值	

3.长期股权投资取得时的核算

长期股权投资可以通过企业合并方式取得，也可以通过企业合并以外的其他方式取得。在不同的取得方式下，长期股权投资取得时初始成本的确定方法有所不同。本书主要以非合并方式取得的长期股权投资为例介绍长期股权投资的核算。企业可以通过支付现金、非现金资产等非企业合并方式取得长期股权投资。

（1）企业以支付现金方式取得的长期股权投资，应当按照实际支付的购买价款作为初始投资成本，包括购买过程中支付的手续费等相关交易费用，但所支付的买价中包含的被投资单位已宣告但尚未发放的现金股利或利润应当单独确认为应收项目，不构成长期股权投资的初始成本。

企业支付现金取得长期股权投资时，按照确定的初始投资成本，借记“长期股权投资”账户；如果支付的买价中包含已宣告但尚未发放的现金股利，借记“应收股利”账户；按照实际支付的价款，贷记“银行存款”账户。

【例8-16】连方有限责任公司201×年1月1日以每股3元的价格购买C公司股票10 000股，准备长期持有。

初始投资成本=3×10 000=30 000（元）

这项经济业务的发生，一方面使得公司的银行存款减少30 000元，另一方面使得公司长期股权投资增加30 000元。银行存款减少是资产的减少，应记入“银行存款”账户的贷方；长期股权投资增加是资产的增加，应记入“长期股权投资”账户的借方。这项经济业务应做的会计分录如下：

借：长期股权投资——C公司　　30 000

　　贷：银行存款　　30 000

（2）企业通过发行权益性证券取得的长期股权投资，按照所发行权益性证券的公允价值作为初始投资成本。

（3）企业接受投资者投资取得的长期股权投资，应当按照投资合同或协议约定的价格作为初始投资成本，但合同或协议约定的价值不公允的除外。

小知识8-5

长期股权投资核算的成本法和权益法

企业长期股权投资在持有期间，应当根据投资企业对被投资单位的影响程度，分别按照成本法和权益法进行核算。

成本法是指长期股权投资的账面余额通常按初始投资成本计量，除追加或收回投资外，一般不对长期股权投资的账面余额进行调整的一种会计处理方法。成本法的核算范围为企业持有的对子公司投资。

权益法是指长期股权投资最初以投资成本计量，以后则要根据投资企业在被投资单位所享有的权益份额的变动对长期股权投资的账面余额进行相应调整的一种会计处理方法。权益法的核算范围包括对投资单位具有共同控制（合营企业）或重大影响（联营企业）的投资。

有关成本法和权益法的具体内容可在后续课程中学习。

根据【例8-12】至【例8-16】的投资业务，可将其总分类核算过程列示如图8-3所示。

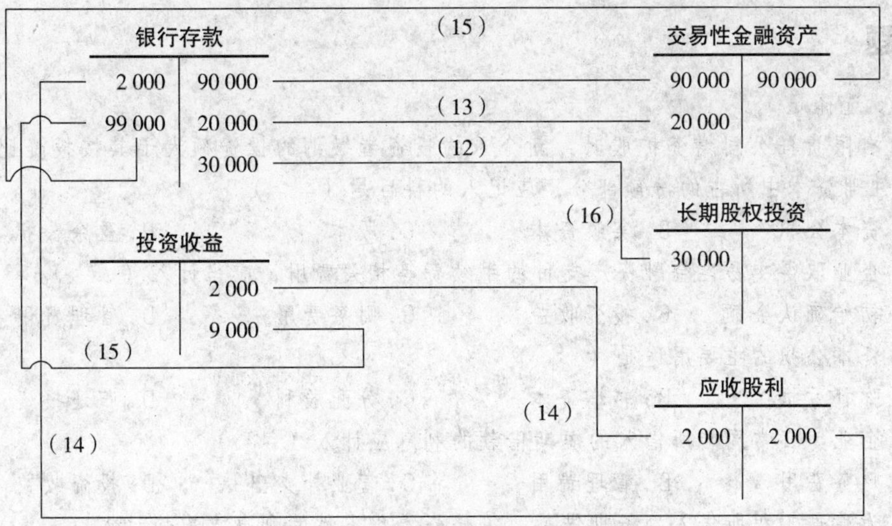

图8-3 投资业务核算示意图

典型案例

连宇有限责任公司成立时由张某、李某、赵某、孙某和王某5人出资，出资额分别为22万元、16万元、16万元、16万元、16万元。2015年1月11日，即上述出资经过验资合格后的次日，张某、李某、赵某和孙某从公司账户汇出合计70万元到某商场，然后，张某、李某、赵某和孙某从该商场取出70万元。连宇有限责任公司成立两个月后，欠某加工厂货款26万元，但是连宇有限责任公司未及时支付所欠货款而产生了纠纷。请你对该公司投资者的做法进行分析和评价。

分析提示：投资者应以出资额为限承担责任，公司以全部资产对债务承担责任。投资者有抽逃出资额的行为，应在出资额范围内承担民事责任。投资者抽逃的出资额实质上是公司财产，只不过被投资者侵占，所以，要恢复到被侵占以前的状态，保证公司筹集的资金真正到位。

本章小结

企业资金的筹集主要有两条渠道：一是投资者投入的资金及投入资金在经营过程中实现的增值，可称之为所有者权益资金筹集业务，包括实收资本和资本公积等；二是向债权人借入的资金，可称之为负债资金筹集业务，如短期借款和长期借款。债权人的要求权和投资人的要求权统称为权益，这两种权益的会计处理有着显著的差异。

投资有广义和狭义之分。广义的投资包括直接或间接的股票、债券投资以及购置和建造固定资产、购买和储备流动资产的经济活动。狭义的投资仅指为获取利润而投放资本于其他企业的行为，主要通过购买国内外企业发行的股票和债券来实现。本章主要说明的是狭义的投资。会计核算中对投资的分类包括：（1）以公允价值计量且其变动记入当期损益的金融资产；（2）持有至到期投资；（3）可供出售金融资产；（4）长期股权投资。本章以交易性金融资产和长期股权投资为例说明了企业对外投资活动业务的核算。

习题

一、选择题

1. 有限责任公司增资扩股时，新介入的投资者缴纳的投资额大于其按投资比例计算的其在注册资本中所占的份额部分，应记入的科目是（　　）。

A. 资本公积　　B. 实收资本　　C. 股本　　D. 盈余公积

2. 企业取得交易性金融资产支付的手续费等相关费用，应当计入（　　）。

A. 初始确认金额　　B. 投资收益　　C. 财务费用　　D. 管理费用

3. 资本公积的主要用途是（　　）。

A. 弥补亏损　　B. 转增资本　　C. 分配股利　　D. 归还投资

4. 企业为日常周转所借入的短期借款的利息应计入（　　）。

A. 财务费用　　B. 管理费用　　C. 营业外支出　　D. 投资收益

5. 为建造工程所借入的长期借款，符合资本化条件的利息支出应计入（　　）。

A. 管理费用　　B. 财务费用　　C. 固定资产　　D. 在建工程

6. 企业取得交易性金融资产的主要目的是（　　）。

A. 利用闲置资金短期获利　　B. 控制对方的经营政策

C. 向对方提供财务援助　　D. 分散经营风险

7. 所有者权益包括（　　）。

A. 实收资本　　B. 资本公积　　C. 盈余公积　　D. 未分配利润

二、简答题

1. 资金筹集渠道有哪些？

2. 资本公积的来源及用途是什么？

3. 短期借款与长期借款在账务处理上有何不同？

4. 什么是投资？如何对投资进行分类？

5. 如何区分交易性金融资产和长期股权投资？

三、业务题

1. 赤诚公司于201×年1月注册成立，当月发生经济业务如下：

(1) 接到银行通知，甲单位投资额100万元已到账。

(2) 接受乙单位以土地使用权作为投资，该项土地使用权评估确认价值为40万元。

(3) 接受丙单位以生产设备投资，该设备评估确认价值为30万元。

要求：根据上述业务编制会计分录。

2. 赤诚公司201×年发生如下有关短期借款的经济业务：

(1) 2月1日向银行借款10万元，年利率为8.4%，期限为1个月，借款期满一次还本付息。

(2) 3月1日，向银行偿还借款本息。

要求：根据上述业务编制会计分录。

3. 201×年1月10日，赤诚公司以每股6.50元的价格购入B公司每股面值1元的普通股10 000股作为交易性金融资产。201×年4月5日，B公司宣告上年度股利分配方案，每股分派现金股利0.10元。201×年9月25日，赤诚公司将B公司股票出售，收到出售价款86 000元，出售日，该项交易性金融资产的账面余额为65 000元。

要求：根据上述业务编制以下会计分录：

(1) 201×年1月10日，购入股票。

(2) 201×年4月5日，B公司宣告分派现金股利。

(3) 201×年9月25日，将B公司股票出售。

第九章　制造业企业主要经济业务的核算

学习目标

知识目标　掌握材料采购成本的计算与核算，掌握成本的分类和产品成本核算的程序，掌握商品销售收入的核算，掌握利润的计算与核算，掌握利润分配的内容及其核算，明确产品成本核算的要求，明确收入确认的条件，了解生产经营过程核算的主要内容，了解所得税费用的计算与核算。

技能目标　熟悉材料采购业务的会计处理、生产过程主要经济业务的会计处理、销售过程主要经济业务的会计处理、利润及利润分配主要业务的会计处理。

第一节　制造业企业主要经济业务概述

制造业企业是从事产品生产的单位，其完整的生产经营过程是由供应过程、生产过程和销售过程组成的。制造业企业的再生产过程是从货币资金开始，依次经过供应过程、生产过程和销售过程，再回到货币资金的循环和周转过程。在企业经营过程中所发生的各种各样的经济业务及其经营成果，构成了企业经营过程核算的主要内容。

制造业企业要进行生产经营活动，必须拥有一定数量的经营资金，而这些资金需要企业通过不同的渠道进行筹集。有关企业资金筹集方式和资金筹集业务的会计核算已在第八章进行了说明。企业筹集的资金在生产经营过程中被具体运用时可表现为不同的占用形态，包括货币资金、储备资金、生产资金和成品资金等。随着生产经营过程的不断进行，这些资金形态会不断发生变化，形成资金的不断循环与周转。

企业筹集的资金最初一般表现为货币资金形态。企业筹集的资金首先进入供应过程，在供应过程中，企业用货币资金购买各种原材料、辅助材料等劳动对象，支付材料的采购费用，并且同供应单位发生货款结算关系。供应过程中支付的材料买价和发生的采购费用构成材料的采购成本。材料采购业务和货款的结算业务，构成了企业供应过程会计核算的主要内容。

生产过程是制造业企业经营过程的中心环节。在生产过程中，生产工人借助于劳动手段（如机器设备等固定资产），对劳动对象（原材料）进行加工，制造出适合于社会需要的产品。生产过程既是产品的制造过程，又是物化劳动（劳动手段和劳动对象）和活劳动（劳动力）的耗费过程，所以要发生各项生产费用，如消耗材料发生的材料费用，房屋、机器设备等固定资产的折旧费用，以及支付职工薪酬的费用和其他费用等。同时，在这些费用发生的过程中，也会引起企业同职工和其他单位之间的结算业务。生产费用具有不同的经济内容和用途，不论发生哪一项生产费用，也不论这些生产费用发生在哪里，最终都要归集、分配到各种产品中去。企业生产过程中发生的各项生产费用，构成产品的制造成本。成本是反映企业经济活动的一项综合指标，为了正确地计算产品成本，必须先把所发生的各项生产费用按照一定的程序在各种产品之间进行归集和分配，在完工产品和在产品之间进行归集和分配，最后计算出完工产品的总成本和单位成本。通过成本计算，就能提供各种产品实际成本资料，不仅可以在产品实现销售以后据此计算确定产品销售成本，并计算确定营业利润，而且可以据此确定实际成本与计划成本的差异，分析成本升降的原因。这对于提高企业生产经营管理水平，不断挖掘潜力，降低成本，为企业增加积累，为国家增加收入，都是至关重要的。因此，生产费用的归集和分配，以及完工产品成本的计算，就成为产品生产过程核算的主要内容。

销售过程是产品价值的实现过程。在销售过程中，企业销售产品，收回货款，使得成品资金转化为货币资金形态，回到资金运动的起点状态，完成一次资金的循环；同时，还要发生各种销售费用。产品销售以后，要根据国家税法的规定交纳各种税费，作为国家的财政收入。销售产品，发生销售费用，结转销售成本，交纳各种税费，以及由此而引起的企业同国家及其他单位之间的结算业务，都是销售过程核算的主要内容。

制造业企业通过销售过程实现的营业收入，减去营业成本、营业税金及附加等，还有余额，表示企业获得了利润，否则表明企业发生了亏损。企业实现的利润一部分要以所得税的形式上交国家，交纳所得税后的剩余利润，要按国家规定的程序，在投资各方、企业及员工个人之间进行分配。通过利润分配，一部分资金将退出企业，还有一部分资金会继续留在企业进行周转使用。

综上所述，本章将要说明的制造业企业主要经济业务的核算内容包括：（1）供应过程经济业务的核算；（2）生产过程经济业务的核算；（3）销售过程经济业务的核算；（4）利润形成与利润分配经济业务的核算。

第二节 供应过程经济业务的核算

供应过程是生产的准备阶段，它的主要任务是用货币资金采购各种材料，以保证生产的需要。企业向供应单位购买材料，应当按照经济合同和结算制度的规定，及时地支付货款。企业采购材料时，还要支付采购费用，如运到企业仓库前所发生的运杂费等。材料的买价加上采购费用等，就构成材料的采购成本。

一、供应过程经济业务核算设置的账户

为了完成材料物资的采购任务，在材料物资按实际成本计价核算的情况下，供应过程的核算，需要设置和运用以下主要账户：

（一）“在途物资”账户

“在途物资”账户是资产类账户，设置和运用这个账户，是为了核算企业购入各种材料、商品等的采购成本，以确定材料物资的实际采购成本。

根据企业会计准则的规定，企业外购材料（或存货）的成本，是指材料从采购到入库前发生的全部支出，包括购买价款、相关税费、运输费、装卸费、保险费以及其他可归属于材料采购成本的费用。商品流通企业采购商品的进货费用（除了购买价款、相关税费之外的采购成本）金额较小的，可以在发生时直接计入当期销售费用，如果金额较大则应当计入存货采购成本。

制造业企业外购材料成本的确定是一个非常重要的问题，因为它影响到企业发出材料

成本的确定，也影响到企业产品生产成本的确定，从而影响营业利润的计算。外购材料实际成本具体包括以下内容：(1) 购买价款，指购货发票上注明的货款金额；(2) 运杂费，包括运输费、装卸费、保险费、仓储费等；(3) 材料在运输途中发生的合理损耗；(4) 材料入库前发生的整理、挑选费用，如整理、挑选人工费用；(5) 按规定应当计入材料采购成本的相关税金，如支付的关税；(6) 其他费用，如大宗材料采购发生的市内运杂费等(零星采购的市内运杂费、采购人员差旅费和采购机构经费均不计入材料采购成本，而是作为期间费用处理)。

制造业企业采购材料时，“在途物资”账户的核算内容和结构如下：

借方 **在途物资** 贷方

支付材料的买价 支付材料的采购费用	验收入库原材料的实际成本
期末余额：尚未到达或尚未验收入库 在途材料的实际成本	

为了具体核算和监督材料物资的采购数量与采购成本，还应按采购材料物资的类别分别设置“在途物资”明细账，进行明细分类核算，计算每一类材料的实际采购成本。

企业采购材料物资时，不管是否已经付款，一般都应先记入“在途物资”账户，在材料验收入库时，再按其实际成本从“在途物资”账户转入“原材料”账户。

(二)“原材料”账户

“原材料”账户是资产类账户，设置和运用这个账户，是为了核算企业库存原材料的增减变化和余额，监督原材料的保管和使用情况。本账户只核算原材料及主要材料、辅助材料、修理用备件（备品备件)、外购半成品（外购件)、燃料等。包装物则设“包装物”或“周转材料”账户进行核算。

“原材料”账户的核算内容和结构如下：

借方 **原材料** 贷方

验收入库原材料的实际成本	发出原材料的实际成本
期末余额：库存原材料的实际成本	

为了具体核算和监督每种原材料的增减变动情况，还应按原材料类别和品种分别设置明细账，进行明细分类核算。当材料采用计划成本计价核算时，原材料总账和明细账都按计划成本登记，并要设置“材料采购”和“材料成本差异”账户进行核算。

根据“原材料”账户提供的资料，既可以了解各种原材料实际数量的变动情况，又可以了解库存原材料实际占用的储备资金，从而考核储备资金定额的执行情况。

按照我国现行会计规范的要求，企业存货可以按两种计价方法进行日常收发核算，即企业存货既可以按照实际成本进行计价核算，也可以按照计划成本计价核算。在经营规模较小、存货种类不多的企业，可以按照实际成本计价进行存货日常收、发核算，其主要特点是：有关存货收、发凭证，存货明细账和总账，都是按实际成本进行计价核算。

在企业存货种类较多、收发次数比较频繁的情况下，为了简化核算工作量，考核采购工作成果，分析采购计划完成情况，应当按照计划成本进行存货日常收、发核算。存货按计划成本计价进行核算比较复杂，此处只做简单介绍，具体内容可在后续课程中进一步学习。按计划成本进行存货日常收、发核算时，也要设置“原材料”账户，而且“原材料”账户登记的内容不变，但却不再是按实际成本进行登记核算，而是按计划成本登记借、贷方的发生额和期末余额。当企业按计划成本计价进行材料收、发核算时，采购材料应当另外设置“材料采购”和“材料成本差异”账户。“材料采购”账户按两种不同的成本计价进行核算，其借方登记购入材料的实际成本，贷方登记入库材料的计划成本，实际成本与计划成本的差额即为材料成本差异。“材料采购”和“材料成本差异”账户的核算内容和结构如下：

材料采购

借方	贷方
购入材料的实际成本	结转入库材料的计划成本
结转入库材料的节约差异	结转入库材料的超支差异
期末余额：在途材料的实际成本	

材料成本差异

借方	贷方
结转入库材料的超支差异	结转入库材料的节约差异
	结转发出材料应负担的成本差异
	（超支用蓝字，节约用红字）
期末余额：库存材料的超支差异	期末余额：库存材料的节约差异

（三）“应付账款”账户

“应付账款”账户是负债类账户，设置和运用这个账户，是为了核算和监督企业因购买材料、商品和接受劳务供应等与供应单位发生的货款结算情况。

“应付账款”账户的核算内容和结构如下：

应付账款

借方	贷方
偿还的应付账款（减少）	发生的应付账款（增加）
开出、承兑商业汇票抵付应付账款的数额	
	期末余额：尚未支付的应付账款

为了具体核算和监督与供应单位的货款结算情况，还要按每一供应单位分别设置明细账，进行明细分类核算。

（四）“预付账款”账户

“预付账款”账户是资产类账户，设置和运用这个账户，是为了核算和监督企业按照购货合同规定预付给供应单位的货款结算情况。

“预付账款”账户的核算内容和结构如下：

预付账款

借方	贷方
预付账款增加的数额	收到已预付货款的货物金额
补付货款的数额	退回多付的货款数额
期末余额：尚未收到货物的预付账款数额	期末余额：尚未补付的款项

为了具体核算和监督企业与供应单位预付货款的结算情况，还要按每一供应单位分别设置明细账，进行明细分类核算。

（五）“应交税费”账户

“应交税费”账户是负债类账户，设置和运用这个账户，是为了核算和监督企业应交纳的各种税费，如消费税、增值税、营业税、城市维护建设税、房产税、车船税、城镇土地使用税、所得税、教育费附加、矿产资源补偿费等。企业交纳的印花税、耕地占用税以及其他不需要预计应交数的税金，不在本账户核算。

“应交税费”账户核算的内容和结构如下：

借方 **应交税费** 贷方

已交各种税费的数额 （包括增值税进项税额）	应交各种税费的数额 （包括增值税销项税额）
期末余额：多交或尚未抵扣的税费	期末余额：尚未交纳的税费

为了具体核算和监督企业各种税费应交和已交情况，应按税种分别设置应交税费明细账，进行明细分类核算，包括应交增值税、未交增值税、应交消费税、应交营业税、应交资源税、应交所得税、应交土地增值税、应交城市维护建设税、应交房产税、应交城镇土地使用税、应交车船税、应交个人所得税、应交教育费附加、应交矿产资源补偿费等。对于应交增值税，应在“应交税费——应交增值税”科目下分别设置“进项税额”、“已交税费”、“转出未交增值税”、“减免税款”、“销项税额”、“出口退税”、“进项税额转出”、“出口抵减内销产品应纳税”、“转出多交增值税”等专栏，反映企业应交的增值税。其账户设置见表9-1。小规模纳税企业只需设置“应交增值税”明细科目，不需要在“应交增值税”明细科目中设置上述专栏。

表9-1 **应交税费——应交增值税** 单位：元

<table>
<tr><td rowspan="2">略</td><td colspan="6">借　方</td></tr>
<tr><td>合计</td><td>进项税额</td><td>已交税费</td><td>减免税款</td><td>出口抵减内销产品应纳税</td><td>转出未交增值税</td></tr>
<tr><td></td><td></td><td></td><td></td><td></td><td></td><td></td></tr>
<tr><td></td><td></td><td></td><td></td><td></td><td></td><td></td></tr>
<tr><td colspan="5">贷　方</td><td rowspan="2">借或贷</td><td rowspan="2">余额</td></tr>
<tr><td>合计</td><td>销项税额</td><td>出口退税</td><td>进项税额转出</td><td>转出多交增值税</td></tr>
<tr><td></td><td></td><td></td><td></td><td></td><td></td><td></td></tr>
<tr><td></td><td></td><td></td><td></td><td></td><td></td><td></td></tr>
</table>

小知识9-1

一般纳税企业和小规模纳税企业应交增值税会计处理的区别

增值税是以商品（含应税劳务和应税服务）在流转过程中产生的增值额作为征税对象

而征收的一种流转税，即对在我国境内销售货物或者提供加工和修理修配劳务（以下简称“应税劳务”），交通运输业、邮政业、电信业及部分现代服务业服务（以下简称“应税服务”）以及进口货物的企业单位和个人，就其货物销售或提供应税劳务、应税服务的增值额和货物进口金额为计税依据而课征的一种流转税。根据税法规定，交纳增值税时将企业区分为两类，一类是一般纳税企业，另一类是小规模纳税企业。一般纳税企业增值税的税率分为基本税率（17%）、低税率（13%）和零税率三档；小规模纳税企业的征收率一般为3%。在购进货物时，一般纳税企业在符合抵扣条件的情况下，可将支付的增值税税额借记“应交税费——应交增值税（进项税额）”科目，以体现税款抵扣；而经过税务机关认定的小规模纳税企业，则要将所支付的增值税计入所购货物成本，不能抵扣税款。限于篇幅，对于一般纳税企业和小规模纳税企业有关增值税会计处理的其他区别，不予详细说明。

另外，我国自2012年1月1日起，试行营业税改征增值税试点，至2013年8月1日，“营改增”范围推广到全国试行。在现行增值税17%标准税率和13%低税率基础上，新增11%和6%两档低税率。租赁有形动产等适用17%税率，交通运输业、邮政业等适用11%税率，其他部分现代服务业适用6%税率。

二、供应过程经济业务核算举例

以下将通过举例说明供应过程原材料按实际成本计价采购业务的核算内容。

【例9-1】8月1日，东方公司从大华工厂购进下列原材料，货款和进项税额尚未支付，增值税税率为17%。

甲材料	1 500千克	每千克专用发票价格10元	计	15 000元
乙材料	6 000千克	每千克专用发票价格1.50元	计	9 000元
合计				24 000元

这项经济业务说明，一方面，应当支付材料款24 000元，其构成材料采购成本的主要部分，应记入“在途物资”账户的借方，按规定计算支付将来从销项税额中抵扣的“进项税额”4 080元（24 000×17%），应记入“应交税费——应交增值税（进项税额）”账户的借方。另一方面，材料价款、进项税款尚未支付，所以应记入“应付账款”账户的贷方。东方公司应编制的会计分录如下：

借：在途物资——甲材料　　15 000
　　　　　　——乙材料　　9 000
　　应交税费——应交增值税（进项税额）　　4 080
　贷：应付账款——大华工厂　　28 080

【例9-2】8月3日，东方公司以银行存款28 080元，偿还前欠大华工厂的全部贷款（包括材料价款和进项税额）。

这项经济业务说明，一方面，所欠供应单位的材料价款和进项税额已经偿还，应减少应付账款，记入“应付账款”账户的借方；另一方面，所欠的材料价款和进项税额是用银行存款偿还的，应减少银行存款，记入“银行存款”账户的贷方。东方公司应编制的会计分录如下：

借：应付账款——大华工厂　　28 080

贷：银行存款 28 080

【例9-3】8月5日，东方公司根据有关规定，以银行存款预付向红光工厂购买甲材料1 000千克、乙材料4 000千克，货款共18 720元。

这项经济业务说明，一方面，企业已经预付了材料货款，但尚未收到供应单位的材料，所以应记入“预付账款”账户的借方；另一方面，由于是用银行存款预付货款，还应记入“银行存款”账户的贷方。东方公司应编制的会计分录如下：

借：预付账款——红光工厂 18 720

贷：银行存款 18 720

【例9-4】8月7日，东方公司从红光工厂购入的甲材料1 000千克，乙材料4 000千克已经运到，专用发票上的价格为：甲材料每千克10元，乙材料每千克1.50元，共计16 000元，增值税税款2 720元。

这项经济业务说明，一方面，原材料的买价和增值税税额已确定，应分别记入“在途物资”和“应交税费——应交增值税（进项税额）”账户的借方；另一方面，预付供应单位的材料货款，由于已经收到材料应予减少，所以还应记入“预付账款”账户的贷方。东方公司应编制的会计分录如下：

借：在途物资——甲材料 10 000

——乙材料 6 000

应交税费——应交增值税（进项税额） 2 720

贷：预付账款——红光工厂 18 720

【例9-5】8月10日，东方公司以银行存款500元支付上述甲、乙两种材料的外埠运输费用。

甲、乙两种材料的买价可以分别直接计入甲、乙两种材料的采购成本中，称为直接费用。而支付的甲、乙材料的外埠运输费用，则是甲、乙两种材料共同发生的，不能直接计入，所以称为间接费用。在计算甲、乙两种材料的采购成本时，应选择一定的分配标准，将甲、乙材料共同发生的外埠运输费用在甲、乙材料之间进行分配，常用的分配标准有材料重量、体积、买价等。现以材料重量作为分配标准（甲材料2 500千克，乙材料10 000千克），计算分配如下：

运费分配率=500÷（2500+10 000）=0.04

甲材料应分摊的运费=2 500×0.04=100（元）

乙材料应分摊的运费=10 000×0.04=400（元）

合　计 500元

对于这项经济业务，发生的运输费用是材料采购成本的组成部分，应记入“在途物资”账户的借方，由于是用银行存款支付的，所以同时应记入“银行存款”账户的贷方。东方公司应编制的会计分录如下：

借：在途物资——甲材料 100

——乙材料 400

贷：银行存款 500

根据税法规定，一般纳税企业在购进或者销售货物以及在生产经营过程中支付运输费用的，可以按照运输费用金额和7%的扣除率计算进项税额。为了简化处理，本书在涉及运输费用增值税抵扣的会计处理时，对此不做考虑。

【例9–6】8月13日，东方公司购入的甲、乙两种材料已验收入库，实际采购成本为40 500元，其中：甲材料为25 100元，乙材料为15 400元。

这项经济业务说明，采购的材料已验收入库，库存的甲、乙材料增加了，应记入“原材料”账户的借方，同时，采购成本已确定，材料已经入库，则应记入“在途物资”账户的贷方。东方公司应编制的会计分录如下：

借：原材料——甲材料　　25 100

　　　　　——乙材料　　15 400

　贷：在途物资——甲材料　　25 100

　　　　　　——乙材料　　15 400

上述东方公司材料采购业务总分类核算过程如图9–1所示。

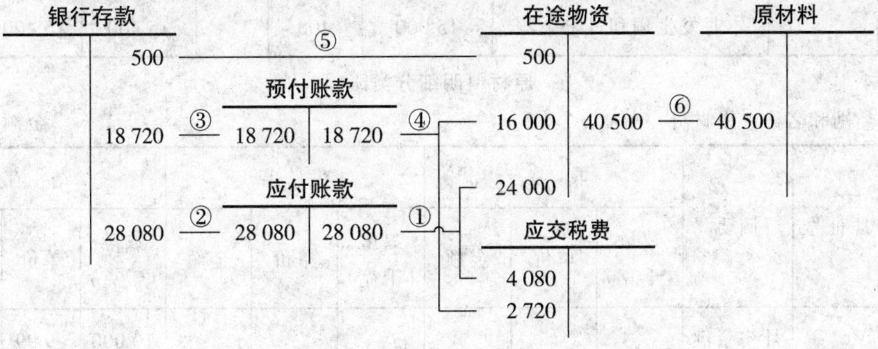

图9–1　东方公司材料采购业务总分类核算图示

根据上述举例所编制的会计分录等资料，登记有关明细分类账户见表9–2至表9–6。

表9–2　在途物资明细分类账

材料类别或名称：甲材料　　单位：元

201×年		凭证号	摘要	借方				贷方	余额
月	日			买价	运输费		小计		
8	1		月初余额						0
	1	转1	购入材料货款	15 000			15 000		
	7	转2	购入材料货款	10 000			10 000		
	10	银付3	购入材料运输费		100		100		
	13	转3	结转实际采购成本					25 100	
			本月发生额和月末余额	25 000	100		25 100	25 100	0

表 9-3 **在途物资明细分类账**

材料类别或名称：乙材料 单位：元

201×年		凭证号	摘要	借方				贷方	余额
月	日			买价	运输费		小计		
8	1		月初余额						0
	1	转 1	购入材料货款	9 000			9 000		
	7	转 2	购入材料货款	6 000			6 000		
	10	银付 3	购入材料运输费		400		400		
	13	转 3	结转实际采购成本					15 400	
			本月发生额和月末余额	15 000	400		15 400	15 400	0

表 9-4 **原材料明细分类账**

材料类别和名称：甲材料 金额单位：元

201×年		凭证号	摘要	收入			发出			结存		
月	日			数量（千克）	单价	金额	数量（千克）	单价	金额	数量（千克）	单价	金额
8	1		月初余额							10 000	9.99	99 900
	13	转 3	购入材料	2 500	10.04	25 100				12 500	10	125 000

表 9-5 **原材料明细分类账**

材料类别和名称：乙材料 金额单位：元

201×年		凭证号	摘要	收入			发出			结存		
月	日			数量（千克）	单价	金额	数量（千克）	单价	金额	数量（千克）	单价	金额
8	1		月初余额							50 000	2.092	104 600
	13	转 3	购入材料	10 000	1.54	15 400				60 000	2	120 000

表 9-6 **原材料明细分类账**

材料类别和名称：丙材料 金额单位：元

201×年		凭证号	摘要	收入			发出			结存		
月	日			数量（千克）	单价	金额	数量（千克）	单价	金额	数量（千克）	单价	金额
8	1		月初余额							5 500	1	5 500

第三节 生产过程经济业务的核算

生产过程是制造业企业经营活动的中心环节，它的主要内容是劳动者借助于劳动资料对劳动对象进行加工，把劳动对象加工成产成品。生产过程既是产品的制造过程，同时也是物化劳动和活劳动的消耗过程。一定时期内企业在生产经营过程中发生的各种耗费，称为企业的生产费用，它主要包括为制造产品所消耗的各种原材料、燃料、动力、应付职工薪酬、厂房和机器设备等固定资产的折旧费，以及为制造产品而发生的制造费用等。将企业发生的各种生产费用按产品进行归集和分配，就构成了各种产品的生产成本，或称为产品制造成本。因此，生产过程经济业务核算的内容，主要是核算和监督企业各项生产费用的支出，计算产品生产成本，考核企业物化劳动和活劳动的消耗情况，促使企业加强经济核算，不断降低产品成本，提高企业经济效益。

一、生产过程经济业务核算设置的账户

为了进行生产过程经济业务的核算，在生产过程中，对生产费用和产品成本的核算，需要设置和运用以下主要账户：

（一）"生产成本"账户

"生产成本"账户是成本类账户，设置和运用这个账户，是为了核算企业进行工业性生产，如生产各种产品（包括生产产成品、自制半成品和提供劳务等）、自制材料、自制工具、自制设备等所发生的各项生产费用，并计算其实际生产成本。

为了具体计算每种产品的实际成本，需要在"生产成本"账户下，分设"基本生产成本"和"辅助生产成本"两个二级账户。"基本生产成本"账户核算企业基本生产的各种产成品的实际生产成本，该账户应当按直接材料、直接人工、制造费用等成本项目设置专栏；"辅助生产成本"账户核算企业辅助生产的各种产品或劳务的实际生产成本，企业自制材料、自制工具、自制设备的生产成本也通过"辅助生产成本"账户核算。在二级账户下，再按成本计算对象设置生产成本明细账，或叫"产品成本计算单"，进行生产成本的明细核算。"生产成本"账户的核算内容和结构如下：

借方　　　　**生产成本——基本生产成本**　　　　贷方

借方	贷方
基本生产的产成品所发生的各项生产费用 （包括直接材料、直接人工、制造费用等）	结转完工产品成本
期末余额：在产品成本	

借方　　　　**生产成本——辅助生产成本**　　　　贷方

借方	贷方
辅助生产的产品或提供劳务所发生的生产费用 （包括直接材料、直接人工、制造费用等）	结转完工产品成本（如自制材料、工具等） 分配转出的辅助生产费用
期末余额：在产品成本	

企业发生的各项生产费用，应按成本核算对象和成本项目分别归集，属于直接材料、直接人工等直接费用，可直接或分配计入"基本生产成本"和"辅助生产成本"账户；属于辅助生产车间为基本生产提供的动力等直接费用，应当在"辅助生产成本"明细账户

归集核算后，再分配转入“基本生产成本”明细账户；其他间接费用发生时先归集到“制造费用”账户，月末汇总后，再按一定标准分配记入“基本生产成本”账户。

（二）“制造费用”账户

“制造费用”账户是成本类账户，设置和运用这个账户，是为了核算企业生产车间为组织和管理生产所发生的各项费用，包括生产车间管理人员工资等职工薪酬、折旧费、办公费、水电费等费用，其具体内容将在本节后面内容中说明。“制造费用”账户的核算内容和结构如下：

借方　　　　**制造费用**　　　　贷方

借方	贷方
发生的各项制造费用	分配转入“生产成本”账户的制造费用

“制造费用”账户借方归集的是本期生产单位为组织和管理生产发生的各项费用，一般情况下，本期发生的制造费用应当全部分配给本期生产的各种产品或劳务负担，除季节性生产的企业外，该账户期末一般无余额。

（三）“长期待摊费用”账户

“长期待摊费用”账户是资产类账户，设置和运用这个账户，是为了核算企业已经支出但应由本期和以后各期分别负担的、分摊期在1年以上的各项费用，如企业预先支付租入固定资产的租金、以经营租赁方式租入的固定资产发生的改良支出等。摊销期限在1年以内的费用，可通过其他相关账户核算，不在本账户核算。“长期待摊费用”账户的核算内容和结构如下：

借方　　　　**长期待摊费用**　　　　贷方

借方	贷方
支付(或发生)的长期待摊费用	已分期摊销的长期待摊费用
期末余额:已支付但尚未摊销的费用	

为了具体核算和监督长期待摊费用的支付或发生及其摊销情况，应按长期待摊费用的种类设置明细账，进行明细分类核算。

（四）“累计折旧”账户

“累计折旧”账户是资产类账户，设置和运用这个账户，是为了核算企业固定资产累计计提折旧的情况。折旧是指在固定资产使用寿命内，按照确定的方法对应计折旧额进行系统分摊。

制造业企业的固定资产，是生产中的主要劳动资料。固定资产是指同时具有下列特征的有形资产：（1）为生产商品、提供劳务、出租或经营管理而持有的；（2）使用寿命超过一个会计年度。根据企业会计准则规定，固定资产应当按照成本进行初始计量，成本包括企业为购建某项固定资产达到预定可使用状态前所发生的一切合理的、必要的支出。在实务中，企业固定资产可以通过外购等多种渠道取得，取得方式不同，其取得成本的具体构成内容和确定方法也不尽相同。例如，企业外购固定资产的成本，包括购买价款、相关税费、使固定资产达到预定可使用状态前所发生的可归属于该项资产的运输费、装卸费、安装费和专业人员服务费等。

固定资产在生产过程中能够使用较长时间、连续发挥作用，并能在报废前始终保持原有实物形态，而其价值则随着磨损程度而逐渐减少，形成企业的生产经营费用。在会计核算上为了反映这一特点，应分别设置“固定资产”和“累计折旧”两个账户，在“固定资产”账户中核算其原始价值的增减变动，在“累计折旧”账户中核算固定资产由于使用磨损而引起的价值变动，计提折旧会抵减固定资产的原始价值。

企业应当根据企业会计准则所规定的固定资产定义，结合本企业的具体情况，制定适合本企业的固定资产目录、分类方法、每类或每项固定资产的折旧年限和折旧方法，作为进行固定资产核算的依据。除下列情况外，企业应当对所有固定资产计提折旧：（1）已提足折旧仍继续使用的固定资产；（2）按规定单独估价作为固定资产入账的土地。

固定资产的折旧方法，可以采用年限平均法、工作量法、年数总和法、双倍余额递减法等。折旧方法一经确定，不得随意变更。如需变更，则应在财务报表附注中予以说明。有关固定资产折旧的具体计算方法将在后续课程中进一步学习。

固定资产因使用磨损而减少的这部分价值，即计提的折旧，应按固定资产的用途，分别记入有关生产经营费用账户，基本生产车间使用固定资产所计提的折旧，应记入“制造费用”账户，行政管理部门和其他非生产单位使用的固定资产所计提的折旧，应记入“管理费用”等账户。计提固定资产折旧在增加企业生产经营费用的同时，还要反映计提折旧所引起的固定资产价值的变化，将计提的折旧总额记入“累计折旧”账户的贷方。“累计折旧”账户是备抵调整固定资产的账户。将固定资产累计计提的折旧从固定资产的原始价值（固定资产取得成本）中扣除，即为固定资产的净值。“累计折旧”账户的核算内容和结构如下：

借方　　　　　　　　　　　　**累计折旧**　　　　　　　　　　　　贷方

固定资产已提折旧减少（注销）的数额	计提的固定资产折旧数额
	期末余额：固定资产已提折旧累计数额

“累计折旧”账户一般只进行总分类核算，不进行明细分类核算。如果需要了解某项固定资产已经提取的折旧额，可根据固定资产卡片上所记载的该项固定资产的原价、折旧率和实际使用年数等资料进行计算。

（五）“库存商品”账户

“库存商品”账户是资产类账户，设置和运用这个账户是为了核算企业库存的各种产成品的实际成本或计划成本。“库存商品”账户的核算内容和结构如下：

借方　　　　　　　　　　　　**库存商品**　　　　　　　　　　　　贷方

验收入库商品的实际成本 （包括产成品、代制品、代修品）	发出库存商品的实际成本
期末余额：库存商品的实际成本	

在库存商品品种规格较多的企业，“库存商品”账户也可以按计划成本进行核算。库存商品按计划成本计价核算时，“库存商品”账户的借方、贷方以及余额反映的是库存商品的计划成本。为了核算库存商品的实际成本以及实际成本与计划成本的差异，则需要另外增设“库存商品成本差异”账户。

为了具体核算和监督库存商品的收入、发出和结存情况，应按库存商品的种类、品种和规格设置明细账，进行明细分类核算。

（六）“应付职工薪酬”账户

职工薪酬是指企业为获得职工提供的服务或解除劳动关系而给予的各种形式的报酬或补偿。职工薪酬包括短期薪酬、离职后福利、辞退福利和其他长期职工福利。短期薪酬包括职工工资、奖金、津贴和补贴，职工福利费，医疗保险费、工伤保险费和生育保险费等社会保险费，住房公积金，工会经费和职工教育经费，短期带薪缺勤，短期利润分享计划，非货币性福利以及其他短期薪酬。企业应当在职工为其提供服务的会计期间，将实际发生的短期薪酬确认为负债，并计入资产成本或当期损益。对于应由生产产品、提供劳务负担的职工薪酬，计入存货成本或劳务成本；应由在建工程、无形资产负担的职工薪酬，计入建造固定资产或无形资产的成本；其他职工薪酬，计入当期损益。

为了核算企业应付职工薪酬，应当设置“应付职工薪酬”账户。“应付职工薪酬”账户是负债类账户，设置和运用这个账户是为了核算企业按规定应付给职工的各种薪酬，包括在职工短期薪酬总额内的各种工资、奖金、津贴等，不论是否在当月支付，都应通过本账户核算，不包括在职工薪酬总额内的发给职工的款项，如医药费、退休费等，均不在本账户中核算。对企业短期职工薪酬进行核算时，应当根据工资结算汇总表或按月编制的“职工薪酬分配表”，登记有关总分类账户和明细分类账户，进行相应的账务处理。“应付职工薪酬”账户的核算内容和结构如下：

借方	应付职工薪酬　　　　　　贷方
实际支付的职工薪酬（减少）	应付的职工薪酬（增加）
	期末余额：应付未付的职工薪酬

“应付职工薪酬”账户期末一般应无余额。如果企业本月实发职工薪酬是按上月考勤记录计算的，实发职工薪酬与按本月考勤记录计算的应付职工薪酬的差额，即为本账户的期末余额。如果企业实发职工薪酬与应付职工薪酬相差不大，则可以按本月实发职工薪酬作为应付职工薪酬进行分配，这样，应付职工薪酬账户期末无余额。

为了具体核算和监督应付职工薪酬的实际发放和月末分配情况，“应付职工薪酬”账户可按“工资”、“职工福利”、“社会保险费”、“住房公积金”、“工会经费”、“职工教育经费”、“非货币性福利”、“辞退福利”等设置明细账户进行明细核算。以下说明中我们只介绍职工工资及职工福利费的核算。

（七）“管理费用”账户

在生产经营过程中，还会发生一些与产品成本形成关系不大，不应计入本期产品生产成本，而应直接计入本期损益的一些期间费用，如管理费用、财务费用和销售费用。为了归集这些费用，还应设置“管理费用”、“财务费用”和“销售费用”账户。“销售费用”账户将在销售业务中进行说明。

“管理费用”账户用来核算企业为管理和组织生产经营活动而发生的各项费用，包括企业在筹建期内发生的开办费、董事会和行政管理部门在企业的经营管理中发生的或者应由企业统一负担的公司经费（包括行政管理部门职工薪酬、物料消耗、低值易耗品摊销、办公费和差旅费等）、工会经费、董事会费（包括董事会成员津贴、会议费和差旅费）、聘请中介机构费、咨询费（含顾问费）、诉讼费、业务招待费、房产税、车船税、城镇土地使用税、印花税、技术转让费、矿产资源补偿费、研究费用、排污费以及企业生产车间和行政管理部门等发生的固定资产修理费用等。

“管理费用”账户是损益类账户，其借方登记企业发生的管理费用，贷方登记期末转入“本年利润”账户的管理费用。“管理费用”账户的核算内容和结构如下：

借方　　　　　　　　　　　　　**管理费用**　　　　　　　　　　　　　贷方

借方	贷方
发生的管理费用（增加）	期末转入“本年利润”账户的管理费用

一般情况下，“管理费用”账户本期借方发生多少费用，期末通过贷方全部结转到“本年利润”账户，因此，本账户期末应无余额。为了具体核算和监督管理费用的发生和期末结转情况，应按费用项目设置明细账，进行明细分类核算。

（八）“财务费用”账户

“财务费用”账户用来核算企业为筹集生产经营所需资金等而发生的费用，包括利息支出（减利息收入）、汇兑损益以及相关的手续费、企业发生的现金折扣或收到的现金折扣等。

“财务费用”账户是损益类账户，其借方登记企业发生的财务费用，贷方登记期末转入“本年利润”账户的财务费用。“财务费用”账户本期借方发生多少费用，期末通过贷方全部结转到“本年利润”账户。期末结转后，本账户应无余额。为了具体核算和监督财务费用的发生和期末结转情况，应按费用项目设置明细账，进行明细分类核算。

“财务费用”账户的核算内容和结构见第八章。

二、生产过程经济业务核算举例

【例 9-7】8 月 14 日，东方公司从仓库发出下列原材料用于生产：

其中：	生产子产品用	甲材料 2 000 千克，每千克 100 元
		乙材料 5 000 千克，每千克 20 元
	生产丑产品用	甲材料 4 000 千克，每千克 100 元
		乙材料 10 000 千克，每千克 20 元
	车间一般性消耗用	丙材料 4 300 千克，每千克 10 元
合　计		943 000 元

这项经济业务说明，由于发出原材料用于生产，一方面使库存原材料减少，应记入“原材料”账户的贷方；另一方面，生产领用材料，使生产费用增加，用于直接制造产品的原材料，应记入“生产成本——基本生产成本”账户的借方，用于车间一般性消耗的原材料，应记入“制造费用”账户的借方。这项经济业务应编制的会计分录如下：

	借方金额	贷方金额
借：生产成本——基本生产成本（子产品）	300 000	
——基本生产成本（丑产品）	600 000	
制造费用	43 000	
贷：原材料——甲材料		600 000
——乙材料		300 000

贷：原材料——丙材料　　43 000

【例 9-8】8月13日，东方公司向银行提取现金200 000元，备发本月工资。

这项经济业务发生后，银行存款减少，库存现金增加，应编制的会计分录如下：

借：库存现金　　200 000

贷：银行存款　　200 000

【例 9-9】8月13日，东方公司以库存现金200 000元支付本月工资。

这项经济业务发生后，一方面，用库存现金支付工资使库存现金减少；另一方面，企业与职工工资的结算由于支付了工资而使应付工资减少。因此，这项经济业务应编制的会计分录如下：

借：应付职工薪酬——工资　　200 000

贷：库存现金　　200 000

【例 9-10】月末，东方公司分配本月份工资费用200 000元。

其中：制造子产品生产工人工资	60 000 元
制造丑产品生产工人工资	120 000 元
基本生产车间管理人员工资	5 000 元
厂部行政管理人员工资	15 000 元
合　计	200 000 元

这项经济业务说明，一方面，工资费用是产品成本的组成部分，分配工资费用使生产费用增加，应当根据工资费用发生的地点和用途进行分配，其中：直接从事产品生产的工人工资，应记入“生产成本——基本生产成本”账户的借方；基本生产车间管理人员的工资，应记入“制造费用”账户的借方；厂部行政管理人员的工资，应记入“管理费用”账户的借方。另一方面，分配本月工资费用，使本月应付工资增加，应记入“应付职工薪酬”账户的贷方。因此，这项经济业务应编制的会计分录如下：

借：生产成本——基本生产成本（子产品）　　60 000

——基本生产成本（丑产品）　　120 000

制造费用　　5 000

管理费用　　15 000

贷：应付职工薪酬——工资　　200 000

【例 9-11】月末，东方公司根据规定按本月应付各类人员工资总额的14%提取职工福利费。

其中：子产品生产工人的福利费	60 000×14%=8 400（元）
丑产品生产工人的福利费	120 000×14%=16 800（元）
基本生产车间管理人员的福利费	5 000×14%=700（元）
厂部行政管理人员的福利费	15 000×14%=2 100（元）
合　计	28 000 元

这项经济业务说明，一方面，计提职工福利费使生产费用增加，应按职工类别分别记入“生产成本——基本生产成本”、“制造费用”、“管理费用”账户的借方；另一方面，计

提职工福利使“应付职工薪酬——职工福利”增加，应记入“应付职工薪酬——职工福利”账户的贷方。因此，这项经济业务应编制的会计分录如下：

借：生产成本——基本生产成本（子产品）　　8 400
　　　　　　——基本生产成本（丑产品）　　16 800
　　制造费用　　700
　　管理费用　　2 100
　贷：应付职工薪酬——职工福利　　28 000

【例9-12】月末，东方公司按确定的月折旧率0.6%和月初在用固定资产原始价值7 500 000元（其中：基本生产车间6 000 000元，行政管理部门1 500 000元），计提本月固定资产折旧费。

其中：基本生产车间折旧费　　6 000 000×0.6%=36 000（元）
　　　行政管理部门折旧费　　1 500 000×0.6%=9 000（元）

　　　合　计　　45 000元

企业固定资产因使用磨损而减少的价值，应当通过计提折旧进行反映。会计核算时，应按规定的折旧方法，按月计提各类或各项固定资产折旧额，并按固定资产的用途，将计提的折旧作为间接费用，分别记入有关生产费用账户，其中：基本生产车间使用固定资产所计提的折旧，应记入“制造费用”账户的借方，行政管理部门和其他非生产单位使用固定资产所计提的折旧，应记入“管理费用”等账户的借方。另外，还要反映计提折旧所引起的固定资产价值的变化，将计提的折旧总额记入“累计折旧”账户的贷方。因此，这项经济业务应编制的会计分录如下：

借：制造费用　　36 000
　　管理费用　　9 000
　贷：累计折旧　　45 000

【例9-13】8月15日，东方公司以银行存款116 000元支付其他各项费用见表9-7。

表9-7　**其他各项费用表**　单位：元

项　目	办公费	水电费	差旅费	其他支出	合　计
基本生产车间	7 100	25 000	9 000	4 000	45 100
行政管理部门	32 900	12 000	20 000	6 000	70 900
合　计	40 000	37 000	29 000	10 000	116 000

这项经济业务使公司生产经营费用增加，应按发生各项费用的用途分别记入不同生产经营费用账户的借方，其中：基本生产车间发生的各项费用应记入“制造费用”账户的借方，行政管理部门发生的各项费用应记入“管理费用”账户的借方；同时，这项业务又使企业银行存款减少，应记入“银行存款”账户的贷方。这项经济业务应编制的会计分录如下：

借：制造费用　　45 100
　　管理费用　　70 900

贷：银行存款　116 000

【例 9-14】月末，东方公司按分次摊销法摊销以前月份领用的低值易耗品，本月摊销金额为66 000元。

其中：基本生产车间　50 000元

　　　行政管理部门　16 000元

　　　合　计　66 000元

企业低值易耗品和包装物发生增减变动时，可以通过"周转材料"账户进行核算，"周转材料"账户的登记方法同"原材料"账户。低值易耗品的摊销方法有一次摊销法、分次摊销法等。东方公司按分次摊销法摊销低值易耗品时，一方面，应当按摊销的金额记入"周转材料——摊销"账户的贷方；另一方面，应当按照低值易耗品的用途，分别记入"制造费用"和"管理费用"账户的借方。因此，公司应编制的会计分录如下：

借：制造费用　50 000

　　管理费用　16 000

　贷：周转材料——摊销　66 000

【例 9-15】月末，公司摊销已列作长期待摊费用，应由本月负担的固定资产租金78 000元。

其中：基本生产车间　65 000元

　　　行政管理部门　13 000元

　　　合　计　78 000元

这项经济业务，使长期待摊费用减少，应当记入"长期待摊费用"账户的贷方；同时，又使制造费用、管理费用增加，应当分别记入"制造费用"和"管理费用"账户的借方。公司应编制的会计分录如下：

借：制造费用　65 000

　　管理费用　13 000

　贷：长期待摊费用　78 000

【例 9-16】月末，公司按银行短期借款计划，预提应由本月负担的利息支出12 000元。

企业从银行取得的短期借款，应按月支付利息，由于银行一般是在季末结算本季度的利息，即采取按季结算利息的办法，所以东方公司本月并未实际支付利息。但是，按照权责发生制原则的要求，本月虽未实际支付利息费用，也应预先提取利息费用，按规定利息支出应记入"财务费用"账户。由于此项利息费用当月并未实际支付，因此应当作为公司的一项负债，记入"应付利息"账户的贷方。东方公司应编制的会计分录如下：

借：财务费用　12 000

　贷：应付利息　12 000

如果此项业务的利息费用当月支付，则可以不通过"应付利息"账户核算，而直接记入"银行存款"账户的贷方。此时，公司编制的会计分录如下：

借：财务费用　12 000

贷：银行存款　　12 000

【例9-17】月末，东方公司将本月发生的管理费用126 000元和财务费用12 000元，结转到“本年利润”账户。

根据前述【例9-10】至【例9-16】的资料可知，东方公司本月发生管理费用总额是126 000元（15 000+2 100+9 000+70 900+16 000+13 000），发生财务费用总额是12 000元。这项经济业务要求公司在月末时结转损益类账户发生额，分别将“管理费用”和“财务费用”账户的发生额，从各账户的贷方转入“本年利润”账户的借方。公司应编制的会计分录如下：

借：本年利润　　138 000

贷：管理费用　　126 000

财务费用　　12 000

【例9-18】月末，东方公司将本月发生的制造费用244 800元，按子、丑产品生产工人工资比例分配计入产品成本。

按照企业成本核算程序要求，“制造费用”账户借方归集的费用，月末时需要选择一定的标准分配计入各种产品生产成本。常用的分配标准有生产工时、生产工人工资等。如果按照生产工人工资为标准分配制造费用，则计算公式如下：

$$\text{制造费用分配率}=\frac{\text{制造费用总额}}{\text{各种产品生产工人工资总额}}$$

某种产品应分配的制造费用=该种产品的生产工人工资总额×制造费用分配率

东方公司采用生产工人工资作为分配标准，由【例9-10】可知，子、丑产品的生产工人工资总额分别是60 000元和120 000元。东方公司制造费用的分配计算如下：

$$\text{制造费用分配率}=\frac{244\ 800}{120\ 000+60\ 000}=1.36$$

子产品分配的制造费用=60 000×1.36=81 600（元）

丑产品分配的制造费用=120 000×1.36=163 200（元）

合　计　　244 800元

根据上面计算的结果，编制制造费用分配的会计分录如下：

借：生产成本——基本生产成本（子产品）　　81 600

——基本生产成本（丑产品）　　163 200

贷：制造费用　　244 800

【例9-19】月末，子产品10台全部完工并验收入库，实际总成本为1 136 000元。

子产品全部完工入库，应将其实际总成本从“生产成本——基本生产成本”账户的贷方，结转到“库存商品”账户的借方，编制的会计分录如下：

借：库存商品　　1 136 000

贷：生产成本——基本生产成本　　1 136 000

根据上述举例，东方公司生产过程经济业务总分类核算如图9-2所示。

三、产品生产成本的计算

制造业企业在生产过程中，一方面要生产出各种产成品，另一方面又要发生各种耗费，这些耗费包括劳动手段的耗费、劳动对象的耗费和劳动力方面的耗费。制造业企业在

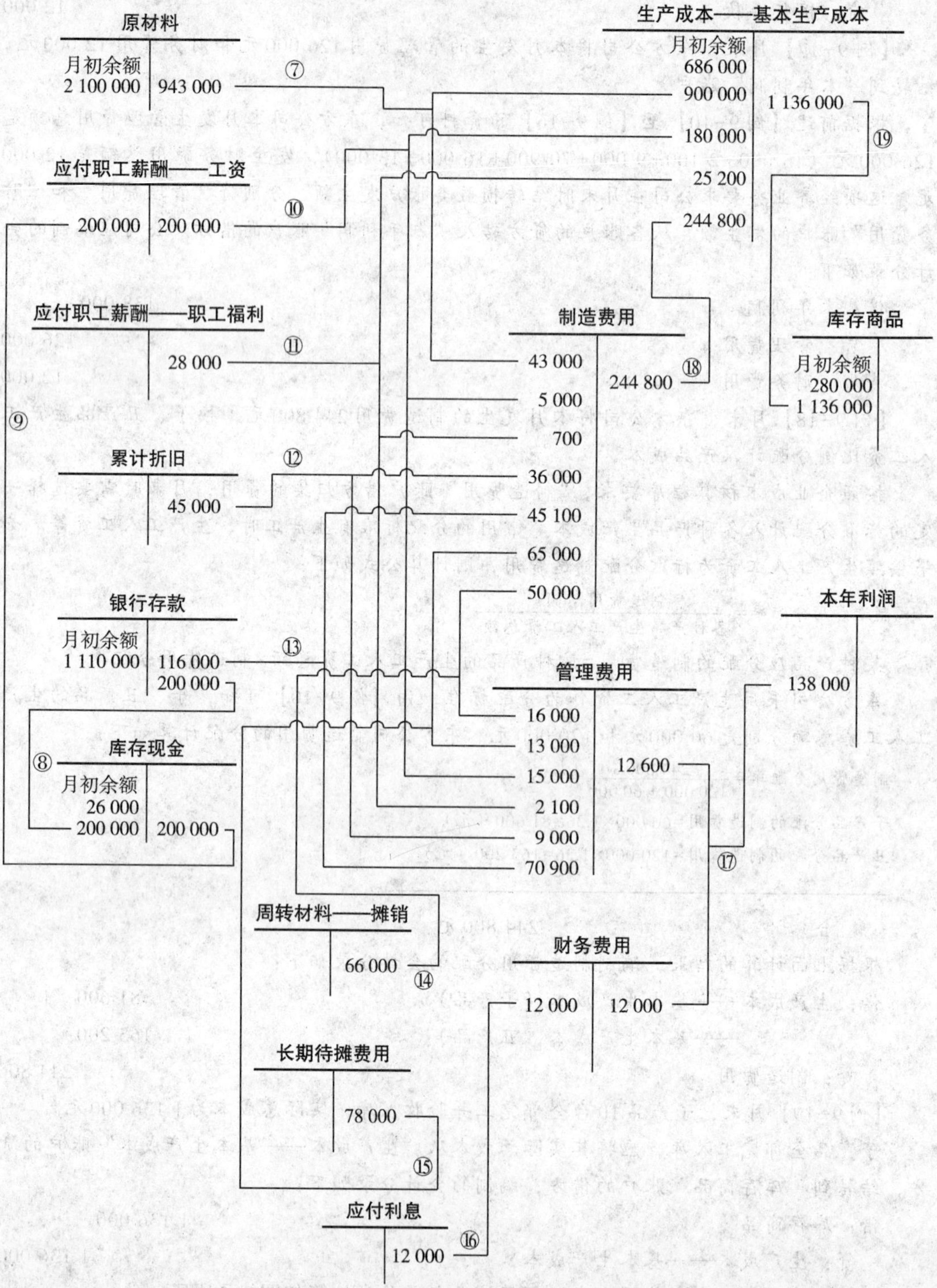

图 9-2 东方公司生产过程经济业务总分类核算图示

一定时期内所发生的各种生产耗费的货币表现，称之为生产费用。企业为生产一定种类和数量的产品而发生的各项生产费用，称之为产品成本（或称为产品制造成本、产品生产成本）。

生产费用和产品成本既有联系又有区别。两者的经济内容一致，都是一种耗费，一定会计时期的生产费用是计算该期间完工产品成本的基础。但它们之间又有着一定的区别：生产费用同“会计期间”相联系，而产品生产成本则同“产品”相联系，有实物承担者；它们两者的金额不一定相等，因为有些在本期支出的费用可能计入下期产品成本，而有些在下期支出的费用可能要提前计入本期产品成本。而且，由于企业在本期投产的产品不一定在本期完工，这样，计算确定本期完工产品成本，就要在本期生产费用的基础上，加上期初在产品成本，减去期末在产品成本。

正确计算各种产品生产成本意义重大。无论企业发生什么生产费用，也无论这些生产费用发生在哪里，最终都要归集、分配到各种产品中去。通过成本计算，能够提供各种产品实际成本资料，并可以在产品实现销售以后据此计算确定产品销售成本，从而计算确定企业的营业利润。为了正确计算产品生产成本，需要对成本进行分类，并根据成本核算要求，按照规定的成本核算程序进行产品成本计算。

（一）成本的分类

成本具有不同的分类形式，这里主要介绍两种基本的分类形式。

1.按经济用途或职能不同进行分类

按经济用途或职能不同进行分类，可以把成本分为制造成本和非制造成本。

（1）制造成本。

制造成本是指制造产品过程中所发生的各项成本，一般包括直接材料、直接人工和制造费用等成本项目。

①直接材料。直接材料成本项目是指加工后直接构成产品实体或主要部分的原料、主要材料、外购半成品，以及有助于产品形成的辅助材料等。例如，木材是制作家具的主要材料，木材构成了家具的直接材料成本。制作家具时所用的铁钉、胶剂等属于辅助材料。

②直接人工。直接人工是指在生产中对材料直接进行加工制成产品所消耗的人工的工资、奖金和各种津贴，以及按规定比例提取的职工福利费等。

③制造费用。制造费用是指生产单位在生产过程中发生的除了直接材料、直接人工以外的各种费用，包括企业各个生产单位（分厂、车间）为组织和管理生产所发生的职工薪酬，生产单位房屋建筑物、机器设备等的折旧费，机物料消耗，低值易耗品摊销，取暖费，水电费，办公费，运输费，保险费，设计制图费，试验检验费，劳动保护费和季节性的停工损失等。

成本按经济用途所做的分类，是大多数企业计算产品成本时成本分类的主要依据，上述分类的内容称为产品成本项目。制造业企业在计算成本时所设置的产品生产成本明细账，通常就是按这些项目分设专栏。

（2）非制造成本。

非制造成本也称非产品成本或期间成本，是指与产品制造过程没有直接联系的非生产性的成本耗费。非制造成本一般包括销售费用、管理费用和财务费用。

成本按经济用途所做的分类，是最基本的分类。通过这种分类，可以了解制造成本的构成情况，对计算产品成本和确定损益具有重要意义。

2.按成本与特定产品之间的关系进行分类

按成本与特定产品之间的关系进行分类，可以把成本分为直接成本和间接成本。

（1）直接成本。

直接成本也称为可追溯成本，是指与某一特定产品之间具有直接联系，可以用经济合理的方式直接计入该产品或某一成本对象中的成本。例如，构成产品实体的原材料成本、生产工人工资等，属于直接成本。只生产一种产品的企业，所有产品的成本都是直接成本。

（2）间接成本。

间接成本是指与某一特定产品之间没有直接联系，或者虽然具有直接联系但不能用经济合理的方式计入各产品成本中的成本。例如，车间管理人员的工资费用、厂房的折旧费用等，不能直接计入某一种产品成本中，属于间接成本。

将成本划分为直接成本和间接成本，对于正确计算产品成本有着重要意义。凡是直接成本，必须根据原始凭证直接计入该种产品成本中；对于间接成本，则要选择合理的分配标准分配计入相关产品成本中，即直接成本直接计入、间接成本分配计入。

小知识9-2

生产费用分类

企业的生产费用主要包括劳动对象、劳动手段和活劳动中必要劳动消耗三方面费用。生产费用按其经济内容（或性质）不同所做的这种分类，在会计上称为生产费用要素。对制造业企业生产费用要素进行细分，其主要内容包括外购材料、外购燃料、外购动力、职工薪酬、折旧费用和其他支出。

制造业企业发生的这些生产费用支出，应当依据其与各种产品之间的关系，划分为直接费用或间接费用，并依据“直接费用直接计入、间接费用分配计入”的原则，分别计入各种产品生产成本明细账中相应的直接材料、直接人工和制造费用等成本项目中。

（二）产品成本核算的要求

为了及时、正确地计算出各种产品的生产成本，必须按照一定的要求，遵守相关的制度规定。

1.严格执行国家规定的成本开支范围和费用开支标准

为了规范产品成本所包含的内容，做到口径一致，相互可比，使得各企业列入成本的各种开支的项目和内容保持统一，便于进行成本对比和分析，并防止乱挤、乱摊成本，国家针对成本的经济内涵、生产费用的性质以及加强经济核算的要求，对有关成本开支范围和费用开支标准做出明确规定，并以此作为产品成本核算和管理的依据。按照国家有关规定，下列支出不得列入产品生产成本：①构建固定资产、无形资产和其他长期资产的支出；②对外投资的支出以及分配给投资者的利润支出；③被没收的财物损失，违反税法规定等而支付的滞纳金、罚款、违约金、赔偿金以及企业对外赞助、捐赠支出；④销售费用、管理费用和财务费用支出；⑤国家规定的不得列入生产成本的其他支出。

费用开支标准是对某些费用支出的数额、比例所做出的具体规定。如固定资产和低值易耗品的划分标准、职工福利费的提取比例等，都应根据国家规定的标准开支，不能突破。企业严格遵守国家规定的成本开支范围和费用开支标准，既能保证产品成本的真实性，使同类企业以及企业本身不同时期之间的产品成本内容一致，又能正确计算企业利润。所以，严格遵守成本开支范围和费用开支标准，是国家对企业产品成本核算的一项基本要求，每个企业都应遵照执行。

2.正确划分各种成本费用界限

（1）分清计入产品成本和不计入产品成本的费用界限。

分清计入产品成本和不计入产品成本的费用界限，即分清各项费用归属对象的界限。属于产品生产的费用，即成本开支范围规定的费用，应计入产品成本；属于构建固定资产、无形资产和其他长期资产的资本性支出的费用，应当计入有关资产的价值中；属于期间费用，应计入当期损益。

（2）分清计入本期和以后各期产品成本的界限。

企业在本期发生的生产性费用，并不一定由本期的产品成本来负担，如长期待摊费用；有些费用，虽然本期并没有支付，但却应由本期产品成本来负担，如预提租入设备的租金费用。正确划分计入本期和以后各期产品成本的界限，即正确划分生产费用归属期间的界限，或者正确划分各个期间的费用界限，要求贯彻权责发生制原则，合理核算各种待摊费用和预提费用等跨期摊配费用，不得人为地调节各期产品成本。

（3）分清计入各种产品的成本界限。

分清计入各种产品的成本界限，即分清生产费用归属对象的界限。企业生产的产品可能不止一种，为了正确计算各种产品成本，必须将应计入本期产品成本的生产费用，在各种不同产品之间进行合理划分，即对应计入本期产品成本的费用，确定应计入哪一种产品成本。对于直接材料、直接人工等能够直接计入某种产品的费用，应直接计入该种产品成本；对于几种产品共同发生的、不能直接计入各种产品的间接费用，则应采用适当的分配方法，分配计入这几种产品成本中。简单来说，生产费用计入产品成本的原则就是：直接费用直接计入各种产品成本，间接费用分配计入各种产品成本。这样，可以防止企业为了掩盖成本超支或以盈补亏而在各种产品之间任意转移费用，人为调节各种产品成本。

（4）分清计入完工产品与在产品的成本界限。

通过以上成本费用界限的划分，企业在一定时期内为生产某种产品所发生的各项生产费用，就被归集、汇总到各种产品成本明细账中。对于每种产品成本账中归集的生产费用，要分别确定应由完工产品和在产品各自负担的金额，即将产品成本明细账中归集的生产费用，采用适当的方法，在完工产品和在产品之间进行分配。企业应当根据生产特点，即考虑在产品数量的多少、各月在产品数量变化大小、产品成本各成本项目所占比重大小以及企业定额管理工作的具体情况，分别选择不同的方法将生产费用在完工产品和在产品之间分配。

3.做好成本核算的各项基础工作

成本核算的基础工作是进行成本会计工作的首要条件，可以保证成本计算资料的真实、可靠。成本会计的基础工作包括以下内容：

（1）建立定额管理制度，制定必要的消耗定额。

定额是指企业在生产经营过程中，对人力、物力、财力的消耗所规定的标准。与成本有关的定额按其内容可分为：①劳动定额，如工时定额、产量定额、缺勤率等；②材料、动力、工具消耗定额，如原材料消耗定额、材料利用率、材料损耗率等；③费用定额，如有关制造费用或管理费用定额；④质量定额，如产品合格率、一级品率、废品率、返修率等；⑤固定资产利用定额，如设备利用率、固定资产利用率等。

（2）加强物资的计量、验收、领发和清查制定。

企业一切物资的收发都要经过计量验收和办理必要的凭证手续。领发材料、半成品、工具等物资，都要有严格的手续和制度。有消耗定额的，按定额发料；没有消耗定额的，按照合理需用量发料，防止乱领、乱用，造成积压浪费。库存物资应定期进行清查、盘点，做到账物相符，避免出现差错和霉烂变质等，防止积压浪费和贪污盗窃，以保护财产物资的安全。

（3）建立内部结算制度，制定内部结算价格。

内部结算是指对企业内部各部门、车间之间的经济事项，运用货币形式进行等价交换结算，以明确经济责任的一种管理形式。搞好内部结算要抓好内部结算价格、内部结算方式和内部结算组织三个方面的工作。

内部结算价格是指企业内部各单位之间计价结算的价格。内部结算价格的制定，通常是以产品计划单位成本作为内部结算价格，也有些单位以产品计划单位成本加上一定利润作为结算价格。内部结算方式有厂内货币结算方式、厂内支票结算方式、厂内托收承付结算方式、厂内委托收款结算方式和厂内委托付款结算方式等。企业应本着既满足往来结算和资金管理的要求，又简化结算手续的原则选择使用。无论企业采用哪一种结算方式，都需要一定的内部结算组织或机构，我国目前采用较为广泛的有两种内部结算组织形式：一是在企业财会部门设立内部结算中心；二是在企业内部设立内部银行。

（4）建立原始记录制度，制定合理的凭证传递流程。

与成本有关的原始记录包括：物资方面的原始记录，如领料单、补料单、退库单、废料回收（缴库）单、自制原材料入库单；生产方面的原始记录，包括生产任务通知单，工票，停工通知单，废品通知单，劳务委托书，完工通知单，半成品入库、调拨、报废及盈亏报告单，在产品转移交接单，能源耗用记录单等；产成品方面的原始记录，如产成品入库单、产成品报废单、产成品盈亏报告单；人事工资方面的原始记录，包括职工录用通知单、职工调动通知单、请假单、考勤记录表、加班加点申请书及记录单、工资和奖金支付单等。原始记录往往为几个部门所需要，因此按要求填写的原始记录，应分别送交有关部门使用。

企业应健全原始记录制度，统一规定各种原始记录的格式、内容、填制方法、存档和销毁等制度；应根据成本计算和内部控制的需要，制定各种原始记录的传递程序，包括凭证传递所流经部门、各部门对凭证的处理程序等。

4.选择适当的成本计算方法

为了准确计算各种产品的成本，需要根据企业生产类型的特点和成本管理的要求，选择适当的成本计算方法。

企业生产类型的特点主要可以从生产工艺特点和生产组织方式两方面来考虑。根据企业生产工艺特点，可以将企业生产划分为简单生产（单步骤生产）和复杂生产（多步骤生产）两种类型；根据生产组织方式不同，可以将企业生产划分为大量生产、成批生产和单件生产三种类型。生产类型不同，产品成本计算对象、成本计算期、生产费用在完工产品与在产品之间的分配等，都将会产生一定的差异，进而会形成各种不同的成本计算方法。

成本计算对象是指归集生产费用、计算产品成本的承担物。生产工艺过程不同，成本计算对象就不一样：单步骤的生产类型，只要求按照产品品种为成本计算对象；而多步骤的生产类型，则要求按照产品品种和产品所经过的生产步骤作为成本计算对象，然后汇总各步骤成本，计算产成品成本。生产组织方式不同，产品成本计算对象也不一样：大量大批生产类型的企业通常要求按照产品品种作为成本计算对象；单件小批生产类型的企业则要求按照产品的批别作为成本计算对象。另外，成本管理的要求不同，成本计算对象也不一样。例如，在多步骤生产的企业，如果成本管理上不需要提供分步骤的成本计算资料，则可以按照产品品种作为成本计算对象，不分步骤计算产品成本；而如果成本管理需要提供分步骤的成本计算资料，则要按照产品品种和产品所经过的加工步骤作为成本计算对象，分步骤计算产品成本。

成本计算方法是以成本计算对象命名的。以产品品种为成本计算对象的成本计算方法，称为品种法；以产品品种和其所经过的生产步骤为成本计算对象的成本计算方法，称为分步法；以产品的批别作为成本计算对象的成本计算方法，称为分批法。品种法、分步法、分批法是产品成本计算的基本方法。由此可见，成本计算对象是区别不同成本计算方法的主要标志。为了正确进行成本计算，企业应当根据生产类型特点和成本管理要求，确定适合本企业的成本计算方法，成本计算对象和成本计算方法一经确定，不得随意变更。

（三）产品成本核算的程序

1.对发生的费用进行审核和控制

对发生的费用进行审核和控制，是产品成本计算的开始，即对发生的各项费用，按照成本开支范围等有关制度规定，审核其是否属于成本开支范围，如企业购建固定资产、无形资产和其他长期资产的支出，与企业日常生产经营活动无关的营业外支出，销售费用、管理费用和财务费用等支出，不能计入产品成本。对于符合成本开支范围的费用，还应审核其是否符合费用开支标准的要求，如职工差旅费、职工福利费的提取标准等。

2.将应由本期负担的费用计入本期产品成本

凡应由本期产品成本负担的费用，不论是否在本期支付，均应计入本期产品成本中；不应由本期产品成本负担的费用，即使在本期实际支付，也不应计入本期产品成本中。为此，要求企业正确处理相关的待摊费用和预提费用，不能任意摊提费用，调节产品成本。在实际工作中，需要编制“长期待摊费用”等分配表，将应由本期产品负担的费用，分配计入本期有关产品生产成本或其他生产费用账户中。

3.将本期生产费用计入各种产品生产成本

对于计入本期产品成本的生产费用，属于应由哪种产品负担的费用，就应计入哪种产品成本中，即将生产费用在各种产品之间进行归集和分配。生产费用在各种产品之间进行归集和分配时，对于直接费用应在各种产品之间按成本项目进行归集，一般应直接计入各种产品成本明细账中的相应成本项目中，对于间接费用应先按费用项目进行归集，再选择适当标准在各种产品之间进行分配，即直接费用直接计入各种产品成本，间接费用分配计入各种产品成本。

4.将生产费用在完工产品和在产品之间进行分配

生产费用在完工产品和在产品之间分配，即指将各种产品成本明细账中本期归集的生产费用，加上各产品的期初在产品成本，在各种产品的完工产品和期末在产品之间进行分配，即将某种产品的期初在产品成本和本期发生的生产费用总额，选择适当的方法，在其完工产品和期末在产品之间进行分配，分别确定本期各种完工产品成本和期末在产品成本。完工产品和期末在产品成本分配方法的选择，应根据企业的具体情况而定，如考虑期末在产品成本的大小、产品成本中各成本项目所占比重大小、定额资料是否完整等，具体计算方法可在后续课程中学习。计算出完工产品成本后，应编制“完工产品成本计算表”，将完工产品成本结转至“库存商品”账户中。

（四）产品成本核算举例

东方公司，以子、丑产品作为成本计算对象，产品成本项目按“直接材料”、“直接人工”和“制造费用”3个项目设置，制造费用按子、丑产品生产工人工资作为分配标准。8月份继续生产子产品并投产丑产品，月末时，子产品10台已全部制造完工并验收入库，丑产品5台尚未完工。根据【例9-7】至【例9-19】的核算资料，东方公司201×年8月份发生的各项生产费用以及本期发生的管理费用和财务费用汇总见表9-8。

表9-8 **生产费用和期间费用表** 单位：元

费用用途 费用种类	子产品	丑产品	制造费用	管理费用和财务费用	合计
原材料	300 000	600 000	43 000		943 000
职工工资	60 000	120 000	5 000	15 000	200 000
职工福利费	8 400	16 800	700	2 100	28 000
折旧费			36 000	9 000	45 000
租金			65 000	13 000	78 000
低值易耗品摊销			50 000	16 000	66 000
其他费用：					
办公费			7 100	32 900	40 000
水电费			25 000	12 000	37 000
差旅费			9 000	20 000	29 000
其他支出			4 000	6 000	10 000
利息支出				12 000	12 000
合计	368 400	736 800	244 800	138 000	1 488 000

在【例9-7】至【例9-16】所编制的会计分录中，已经体现了以下成本核算程序：（1）对发生的费用进行审核和控制，如在【例9-10】中，生产工人工资记入了“生产成本——基本生产成本”账户，行政管理人员工资记入了“管理费用”账户。（2）将应由本期负担的费用计入本期产品成本，如在【例9-14】、【例9-15】和【例9-16】中，通过摊销低值易耗品、长期待摊费用和计提利息费用，将应由本期负担的费用记入本期“制造费

用”和“管理费用”等账户中。(3) 将本期发生的生产费用计入各种产品生产成本，如在【例9-7】中，生产领用原材料在记入“生产成本”账户的同时，分别记入了子产品和丑产品的“基本生产成本”明细账。

在上述核算程序的基础上，应按下列步骤进行产品生产成本计算：

首先，按照已确定的成本计算对象和规定的成本项目，分别设置“子产品成本计算单”和“丑产品成本计算单”，见表9-9和表9-10。在产品成本计算单中，登记子产品和丑产品所发生的直接费用，如直接材料和直接人工；间接费用先归集到按费用项目设置的“制造费用明细账”中，见表9-11。

表9-9 **产品成本计算单（一）**

产品名称：子产品 单位：元

201×年		凭证号	摘 要	直接材料	直接人工	制造费用	合 计
月	日						
8	1		月初在产品成本	453 000	102 600	130 400	686 000
8	31		分配材料费用	300 000			300 000
			分配职工薪酬		68 400		68 400
			分配制造费用			81 600	81 600
			月 计	300 000	68 400	81 600	450 000
			累 计	753 000	171 000	212 000	1 136 000
			结转完工产品成本	753 000	171 000	212 000	1 136 000
			月末在产品成本	—	—	—	—

表9-10 **产品成本计算单（二）**

产品名称：丑产品 单位：元

201×年		凭证号	摘 要	直接材料	直接人工	制造费用	合 计
月	日						
8	1		月初在产品成本	—	—	—	—
8	31		分配材料费用	600 000			600 000
			分配职工薪酬		136 800		136 800
			分配制造费用			163 200	163 200
			月 计	600 000	136 800	163 200	900 000
			累 计	600 000	136 800	163 200	900 000
			结转完工产品成本	—	—	—	—
			月末在产品成本	600 000	136 800	163 200	900 000

表9-11 **制造费用明细账** 单位：元

201×年		凭证号	摘要	借方										贷方	余额
月	日			职工福利	折旧费	租金	机物料消耗	低值易耗品	办公费	水电费	差旅费	其他	小计		
8	31		原材料费用				43 000						43 000		
			职工薪酬	5 700									5 700		
			折旧费用		36 000								36 000		
			其他费用						7 100	25 000	9 000	4 000	45 100		
			摊销周转材料					50 000					50 000		
			摊销长期待摊费用			65 000							65 000		
			月 计	5 700	36 000	65 000	43 000	50 000	7 100	25 000	9 000	4 000	244 800		
			本月转出											244 800	0

其次，根据“制造费用明细账”上汇总的各项费用总额，按子产品、丑产品的生产工人工资作为分配标准，编制“制造费用分配表”，见表9-12，据以编制会计分录，见【例9-18】，再据以分别登记“子产品成本计算单”和“丑产品成本计算单”。

表9-12 **制造费用分配表**

201×年8月 单位：元

产品名称	分配标准（生产人员工资）	分配率	分配金额
子产品	60 000	1.36	81 600
丑产品	120 000	1.36	163 200
合计	180 000		244 800

最后，在各产品成本计算单中，采用适当的方法将生产费用在完工产品和在产品之间进行分配。在本例中，子产品10台全部完工，“子产品成本计算单”中的全部生产费用就是10台完工产品的总成本；丑产品5台尚未完工，“丑产品成本计算单”的全部生产费用就是期末在产品总成本。如果部分产品完工部分产品未完工，则要采用适当的方法将生产费用在完工产品和在产品之间进行分配。为了简化核算，本例对此情况未进行说明，可在后续课程中进一步学习。根据“子产品成本计算单”上汇总的完工产品成本，编制“完工产品成本汇总计算表”，计算完工产品总成本和单位成本，见表9-13，据以编制结转完工产品成本的会计分录，见【例9-19】。

表9-13 完工产品成本汇总计算表

201×年8月

单位：元

成本项目	子产品 产量：10台		合 计
	总成本	单位成本	
直接材料	753 000	75 300	753 000
直接人工	171 000	17 100	171 000
制造费用	212 000	21 200	212 000
合 计	1 136 000	113 600	1 136 000

第四节 销售过程经济业务的核算

销售过程是制造业企业生产经营活动的最后阶段。销售过程的主要任务是把已经检验合格并验收入库、可供销售的库存商品，按照合同、结算办法的规定及时发运出去，实现销售，并与购货单位结算价款，取得商品销售收入。企业在进行商品销售的过程中，会发生各种销售费用，并要核算根据国家税法规定应当交纳的各种税费。企业实现的商品销售收入，一部分用于补偿生产、销售过程中的耗费，即商品销售成本（已销商品的生产成本），另一部分则体现为企业生产经营活动的纯收入，它包括商品销售税金及附加和商品销售利润两个部分。商品销售税金及附加是在企业商品实现销售以后，按照销售收入和规定的计税比率计算上交给国家的各种税费；商品销售利润，则是企业利润总额的重要组成部分。销售过程核算的任务是：正确、及时地确认商品销售收入，考核商品销售计划的执行情况，监督商品销售税金及附加的及时交纳，按时结转商品销售成本和销售费用，从而正确计算商品销售利润。因此，销售过程经济业务核算的内容，主要是对商品销售收入、商品销售成本、销售费用和交纳各种税费进行会计核算。

一、收入的分类和确认

收入或称营业收入，是指企业在日常活动中形成的、会导致所有者权益增加的、与所有者投入资本无关的经济利益的总流入。根据《企业会计准则第14号——收入》的规定，收入包括销售商品收入、提供劳务收入和让渡资产使用权收入，但是不包括企业为第三方代收的款项。

（一）收入的分类

收入有不同的分类。按性质分类，收入可以分为销售商品的收入、提供劳务收入和让渡资产使用权收入，其中：销售商品收入是指企业通过销售商品实现的收入，如制造业企业销售其生产制造的产品、商品流通企业销售其购进的商品等实现的收入；提供劳务收入是指企业通过提供劳务实现的收入，如运输公司提供运输服务、饮食服务业提供餐饮服务、咨询公司提供咨询服务等取得的收入；让渡资产使用权收入是指企业通过让渡资产使用权实现的收入，包括利息收入（如商业银行对外贷款形成的利息收入）和使用费收入（指企业转让无形资产等资产使用权形成的收入、租赁公司出租资产等实现的收入）。

按收入的构成内容分类，收入分为主营业务收入、其他业务收入和投资收益。销售商品、自制半成品和提供工业性劳务取得的收入，属于制造业企业的主营业务收入。除此之外，企业如果发生销售材料、出租包装物、出租固定资产等业务取得的收入，可以作为其他业务收入。投资收益是指企业对外投资所取得的净收益。根据企业会计准则的规定，我国企业按主营业务收入、其他业务收入和投资收益分别设置会计科目，对各种收入进行会计核算。

（二）收入的确认

1.销售商品收入的确认

按照《企业会计准则第14号——收入》的规定，企业销售商品的收入，应当在下列条件均能满足的情况下予以确认：

（1）企业已将商品所有权上的主要风险和报酬转移给购货方；

（2）企业既没有保留通常与所有权相联系的继续管理权，也没有对已售出的商品实施有效控制；

（3）收入的金额能够可靠地计量；

（4）相关的经济利益很可能流入企业；

（5）相关的已发生和将发生的成本能够可靠地计量。

2.提供劳务收入的确认

企业提供劳务的收入应当在提供劳务交易的结果能够可靠估计的情况下，按完工百分比法确认相关的劳务收入。完工百分比法是指按照提供劳务交易的完工进度确认收入与费用的方法。当以下条件均能满足时，劳务交易的结果才能可靠地估计：

（1）收入的金额能够可靠地计量，是指提供劳务收入的总额能够合理地估计；

（2）相关的经济利益很可能流入企业，是指提供劳务收入总额收回的可能性大于不能收回的可能性；

（3）交易的完工进度能够可靠地确定，是指交易的完工进度能够合理地估计；

（4）交易中已发生和将发生的成本能够可靠地计量，是指交易中已发生和将发生的成本能够合理地估计。

3.让渡资产使用权收入的确认

企业让渡资产使用权而产生的利息收入和使用费收入，应当在以下条件均能满足时予以确认：

（1）与交易相关的经济利益很可能流入企业；

（2）收入的金额能够可靠地计量。

二、销售过程经济业务核算设置的账户

本部分主要结合商品销售业务说明企业销售过程账户的设置，商品销售业务的核算需要设置和运用以下账户：

1.“主营业务收入”账户

“主营业务收入”账户是损益类账户。设置和运用这个账户，是为了核算企业在销售商品、提供劳务等主营业务中所产生的收入。制造业企业销售商品的收入主要包括销售产成品、自制半成品、提供工业性劳务等所发生的收入。“主营业务收入”账户的核算内容和结构如下：

借方	主营业务收入 贷方
销售退回、折让冲减的主营业务收入 期末转入"本年利润"账户的净收入	实现的主营业务收入

销售退回是指企业售出的商品由于质量、品种不符合要求等原因而发生的退货。根据企业会计准则的规定，企业已经确认销售商品收入的售出商品发生销售退回的，应当在发生时冲减当期销售商品收入。销售折让是指企业因售出商品的质量不合格等原因而在售价上给予的减让。根据企业会计准则的规定，企业已经确认销售商品收入的售出商品发生销售折让的，应当在发生时冲减当期销售商品收入。

会计期末时，"主营业务收入"账户的发生额应当全部转入"本年利润"账户，即"主营业务收入"账户期末经结转后应无余额。

为了具体地核算和监督每一种商品（或劳务）销售所发生的收入，"主营业务收入"账户应按商品（或劳务）类别设置明细账，进行明细分类核算。

小知识 9-3

销售折扣

企业销售商品有时会出现销售折扣的情况，销售折扣包括现金折扣和商业折扣。

现金折扣是指债权人为鼓励债务人在规定的期限内付款而向债务人提供的债务扣除。根据企业会计准则规定，销售商品涉及现金折扣的，应当按照扣除现金折扣前的金额确定销售商品收入金额，现金折扣作为一种理财费用，在实际发生时计入当期损益（财务费用）。商业折扣是指企业为促进商品销售而在商品标价上给予的价格扣除。商业折扣是一种促销手段。根据企业会计准则的规定，销售商品涉及商业折扣的，应当按照扣除商业折扣后的金额确定销售商品收入金额。

小知识 9-4

销售折让

销售折让是指企业因售出商品的质量不合格等原因而在售价上给予的减让。对于销售折让，企业应当分不同情况进行处理：（1）已确认收入的售出商品发生销售折让的，通常应当在实际发生时冲减当期销售商品收入；（2）已确认收入的销售折让属于资产负债表日后事项的，应当按照资产负债表日后事项的相关规定进行处理。

2."主营业务成本"账户

"主营业务成本"账户是损益类账户。设置和运用这个账户，是为了核算企业因销售商品、提供劳务而发生的实际成本。制造业企业销售商品的成本包括销售产成品、自制半成品的成本和提供工业性劳务等的成本。"主营业务成本"账户的核算内容和结构如下：

借方 主营业务成本	贷方
发生的主营业务成本	发生销售退回冲减的主营业务成本 期末转入"本年利润"账户的主营业务成本

与"主营业务收入"账户一样，会计期末时，"主营业务成本"账户的发生额应当全部转入"本年利润"账户，期末经结转后"主营业务成本"账户应无余额。

为了具体地核算和监督每一种商品（或劳务）所结转的销售成本，"主营业务成本"账户应按商品（或劳务）类别设置明细账，进行明细分类核算。

3."营业税金及附加"账户

"营业税金及附加"账户是损益类账户。设置和运用这个账户，是为了核算企业日常活动应负担的各种税金及附加。对制造业企业而言，营业税金及附加主要是由于企业销售商品、提供工业性劳务等负担的销售税金及附加，包括营业税、消费税、城市维护建设税、资源税、土地增值税、教育费附加和矿产资源补偿费等。房产税、车船税、城镇土地使用税、印花税在"管理费用"账户核算，不在本账户核算，但与投资性房地产相关的房产税、城镇土地使用税在本账户核算。"营业税金及附加"账户的核算内容和结构如下：

借方 营业税金及附加	贷方
应交各种营业税金及附加的金额	期末转入"本年利润"账户的营业税金及附加金额

期末经结转后，"营业税金及附加"账户应无余额。

4."应收账款"账户

"应收账款"账户是资产类账户。设置和运用这个账户，是为了核算企业因销售商品、材料和提供劳务等业务，应向购货单位或接受劳务单位收取的款项。企业为购货单位垫付的包装费、运杂费也在本账户核算。"应收账款"账户的核算内容和结构如下：

借方 应收账款	贷方
发生的应收账款(增加) 收回已转销的坏账损失数额	收回的应收账款(减少) 确认并转销的坏账损失数额
期末余额:尚未收回的应收账款	

为了具体地核算应向每一购货单位或接受劳务单位收取的款项，本账户应按不同的应收账款单位设置明细账，进行明细分类核算。

不单独设置"预收账款"账户的企业，预收的账款也在本账户核算。在这种情况下，"应收账款"账户如出现期末贷方余额，则反映为企业预收的账款。

5."预收账款"账户

"预收账款"账户是负债类账户。设置和运用这个账户，是为了核算企业因销售商品、材料和提供劳务等业务，按照合同规定向购货单位预收的款项。"预收账款"账户的核算内容和结构如下：

借方 预收账款	贷方
预收账款减少	预收账款增加
期末余额:购货单位应补付的款项	期末余额:结余的预收款项

为了具体地核算应向每一购货单位或接受劳务单位收取的款项，本账户应按不同的预收账款单位设置明细账，进行明细分类核算。

6.“销售费用”账户

“销售费用”账户是损益类账户。设置和运用这个账户，是为了核算企业在销售商品、材料和提供劳务过程中发生的各种费用，包括保险费、包装费、展览费和广告费、商品维修费、预计产品质量保证损失、运输费、装卸费等以及为销售本企业商品而专设的销售机构（含销售网点、售后服务网点等）的职工薪酬、业务费、折旧费、固定资产修理费等经营费用。商品流通企业在购买商品过程中发生的运输费、装卸费、包装费、保险费、运输途中的合理损耗和入库前的整理挑选费用等，如果金额较小也在本账户核算。商品流通企业可不单独设置“管理费用”账户（在管理费用不多的情况下），其核算内容并入“销售费用”账户。

“销售费用”账户的核算内容和结构如下：

借方 销售费用	贷方
发生的销售费用	期末转入“本年利润”账户的销售费用

“销售费用”账户应按费用项目设置明细账，进行明细核算。会计期末，应将“销售费用”账户的余额转入“本年利润”账户，结转后，“销售费用”账户应无余额。

三、销售过程经济业务核算举例

以下举例将主要结合商品销售收入说明企业销售过程相关经济业务的核算内容。

【例 9-20】8月18日，东方公司按照合同规定销售给五一工厂丑产品1台，增值税专用发票上注明货款为500 000元，增值税税额为85 000元，货款、增值税税款尚未收到。

这项经济业务的发生，一方面使得公司应收账款增加585 000元（500 000+85 000），应记入“应收账款”账户的借方；另一方面，公司商品销售收入和应交增值税分别增加500 000元和85 000元，应当分别记入“主营业务收入”和“应交税费——应交增值税（销项税额）”账户的贷方。东方公司应编制的会计分录如下：

借：应收账款——五一工厂	585 000	
贷：主营业务收入		500 000
应交税费——应交增值税（销项税额）		85 000

【例 9-21】8月20日，东方公司按合同规定销售给长征工厂子产品8台，增值税专用发票上注明货款为1 500 000元，增值税税额为255 000元，货款和增值税税款已收到并存入银行。

这项经济业务的发生，一方面使得公司银行存款增加1 755 000元（1 500 000+255 000），应记入“银行存款”账户的借方；另一方面，公司商品销售收入和应交增值税分别增加1 500 000元和255 000元，应当分别记入“主营业务收入”和“应交税费——应交增值税（销项税额）”账户的贷方。东方公司应编制的会计分录如下：

借：银行存款　1 755 000

　贷：主营业务收入　1 500 000

　　应交税费——应交增值税（销项税额）　255 000

【例9-22】月末，东方公司结转销售丑产品销售成本280 000元，结转子产品8台销售成本共计908 800元（每台113 600元）。

这项经济业务的发生，一方面使得公司商品销售成本增加1 188 800元（280 000+908 800），应记入“主营业务成本”账户的借方；另一方面，发出库存商品使得库存商品减少，应当记入“库存商品”账户的贷方。东方公司应编制的会计分录如下：

借：主营业务成本——子产品　908 800

　　——丑产品　280 000

　贷：库存商品——子产品　908 800

　　——丑产品　280 000

【例9-23】8月21日，东方公司以银行存款支付子、丑产品的销售费用9 400元。

这项经济业务的发生，一方面使得公司销售费用增加9 400元，应记入“销售费用”账户的借方；另一方面，支付银行存款使得银行存款减少，应当记入“银行存款”账户的贷方。东方公司应编制的会计分录如下：

借：销售费用　9 400

　贷：银行存款　9 400

【例9-24】月末，东方公司按照规定计税标准计算已销子、丑产品应交纳的城市维护建设税23 400元，应交的教育费附加10 200元。

这项经济业务的发生，一方面使得公司营业税金及附加增加33 600元（23 400+10 200），应记入“营业税金及附加”账户的借方；另一方面，应交的营业税金及附加并未实际支付，表明公司负债增加，应当分别记入“应交税费——应交城市维护建设税”和“应交税费——应交教育费附加”账户的贷方。东方公司应编制的会计分录如下：

借：营业税金及附加　33 600

　贷：应交税费——应交城市维护建设税　23 400

　　——应交教育费附加　10 200

上述东方公司商品销售业务总分类核算如图9-3所示。

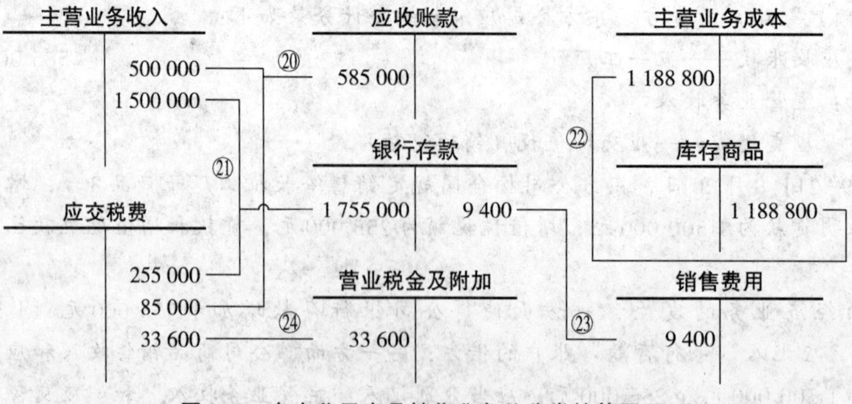

图9-3　东方公司商品销售业务总分类核算图示

第五节 利润形成与分配业务的核算

一、利润的形成与计算

将企业在一定期间内实现的收入与相应的成本费用进行配比，可能出现两种情况：一是收入大于成本费用形成企业利润；二是收入小于成本费用产生亏损。利润或亏损是企业经营结果在财务上的表现。利用利润这一指标，可以考核企业的工作成果，因此利润是衡量企业工作质量的重要指标。

（一）利润的构成内容

利润是指企业在一定会计期间的经营成果，包括收入减去费用后的净额、直接计入当期利润的利得和损失等。

利润的构成内容如下：

1.营业利润

营业利润是企业利润的主要来源，主要由主营业务利润和其他业务利润等构成。在数量上，营业利润等于企业营业收入减去营业成本，减去营业税金及附加，减去销售费用、管理费用和财务费用，减去资产减值损失，再加上公允价值变动收益（减损失）和投资收益（减损失）后的金额。

营业收入是指企业经营业务所实现的收入总额，包括主营业务收入和其他业务收入。制造业企业的主营业务收入包括销售商品、自制半成品和提供工业性劳务取得的收入；其他业务收入是指企业确认的除主营业务活动以外的其他经营活动实现的收入，包括出租固定资产、出租无形资产、出租包装物、销售材料等实现的收入。

营业成本是指企业经营业务所发生的实际成本总额，包括主营业务成本和其他业务成本。主营业务成本是指企业确认销售商品、提供劳务等主营业务收入时应结转的成本；其他业务成本是指企业确认的除主营业务活动以外的其他经营活动所发生的支出，包括销售材料的成本、出租固定资产的折旧额、出租无形资产的摊销额、出租包装物的摊销额等。

资产减值损失是指企业计提各项资产减值准备所形成的损失。公允价值变动收益或损失是指企业交易性金融资产以及采用公允价值模式计量的投资性房地产，其公允价值变动形成的应计入当期损益的利得或损失。投资收益或损失是指企业对外投资所取得的收益或发生的投资损失。

营业税金及附加，销售费用、管理费用和财务费用，本章前面内容中已经涉及，此处不再说明。

2.利润总额

利润总额是指营业利润加上营业外收入，减去营业外支出后的金额。

营业外收入是指企业发生的与其日常生产经营活动没有直接关系的各项收入，主要包括非流动资产处置利得、非货币性资产交换利得、债务重组利得、政府补助、盘盈利得、捐赠利得等。

营业外支出是指企业发生的与其日常生产经营活动无直接关系的各项支出，主要包括非流动资产处置损失、非货币性资产交换损失、债务重组损失、公益性捐赠支出、非常损失、盘亏损失等。

3.净利润

净利润是指企业利润总额减去所得税费用后的金额。净利润是企业利润计算的最终结果，也是企业当期的财务成果。其中，所得税费用是指企业确认的应当从当期利润总额中扣除的所得税费用。

（二）利润的计算

根据企业会计准则的规定，企业进行利润计算时应当分别计算营业利润、利润总额和净利润。综合上述内容，企业当期实现净利润的计算过程和计算公式如下：

1.计算营业利润

营业利润的计算公式如下：

营业利润=营业收入-营业成本-营业税金及附加-销售费用-管理费用-财务费用-资产减值损失+公允价值变动收益（减损失）+投资收益（减损失）

2.计算利润总额

利润总额的计算公式如下：

利润总额=营业利润+营业外收入-营业外支出

3.计算净利润

净利润的计算公式如下：

净利润=利润总额-所得税费用

企业应按月计算利润，按月计算利润有困难的企业，可以按季或按年计算利润。

（三）所得税费用

所得税是指国家按照税法规定，对我国境内企业，就其生产经营所得和其他所得征收的一种税。其中，生产经营所得是指企业通过生产经营活动而获得的利润；其他所得是指股息、利息（不包括国库券利息）、租金、转让各类资产收益及营业外收益等经税务机关确定的所得。所得税费用是企业确认的应当从当期利润总额中扣除的所得税费用，也是计入利润表中的所得税费用。根据《企业会计准则第18号——所得税》准则的要求，所得税应当按照资产负债表债务法进行核算，所得税费用包括当期所得税费用（当期应交所得税）和递延所得税费用。递延所得税费用比较复杂，可在后续课程中进一步学习，此处我们主要介绍当期所得税费用的核算。

所得税是企业按照我国税法有关规定，对企业在某一会计期内实现的各种经营所得和其他所得，按照适用的所得税税率计算交纳的一种税款。会计期末，企业应按应纳税所得额和规定的适用税率，计算每期应纳所得税税额。应纳所得税税额的计算公式如下：

应纳所得税税额=应纳税所得额×所得税税率

一般情况下，应纳税所得额是在税前会计利润的基础上，考虑到会计利润与税法要求之间的差异进行调整计算确定的，即：

应纳税所得额=会计利润±应予调整的利润项目

上式的“会计利润”，是指按照会计准则要求进行会计核算计算确定的企业利润总额，本书前面所介绍的内容，都是按照会计准则的要求进行利润计算的。上式中“应予调整的利润项目”，即指在对某一项涉及收入或费用的业务进行处理时，由于会计准则与税法的要求不同而产生的对企业应纳税所得额的影响。例如，按照会计准则规定，计入企业会计利润总额中但计税时不允许税前扣除的费用（如企业对外捐赠的支出，按照会计准则规定可以作为当期费用，允许扣减利润，但按税法规定不允许扣减利润），是企业纳税时应当调整增加应纳税所得额的项目；按照会计准则规定，计入会计利润总额但不计入应纳税所得额的收入（如企业购买国债的利息收入，按税法规定可不计入应纳税所得额，但是按照会计准则的规定，利息收入应计入企业利润总额），是企业纳税时可以调整减少应纳税所得额的项目。由此，企业应纳税所得额可按下列公式计算确定：

$$\begin{matrix}\text{应纳税}\\\text{所得额}\end{matrix}=\begin{matrix}\text{会计}\\\text{利润}\end{matrix}+\begin{matrix}\text{按会计准则规定计入利润表}\\\text{但计税时不允许税前扣除的费用}\end{matrix}\pm\begin{matrix}\text{计入利润表的费用与按税法规定}\\\text{可予税前扣除的金额之间的差额}\end{matrix}\pm\begin{matrix}\text{计入利润表的收入与按税法规定计入}\\\text{应纳税所得额的收入之间的差额}\end{matrix}-\begin{matrix}\text{税法规定的}\\\text{不征税收入}\end{matrix}\pm\begin{matrix}\text{其他需要}\\\text{调整的项目}\end{matrix}$$

由于上述调整项目比较复杂，在此不做具体说明，为了简化核算，我们可以假设这些调整项目不存在，这样企业的会计利润总额与应纳税所得额是一致的。2008年1月1日起开始施行的《中华人民共和国企业所得税法》规定，企业所得税的税率为25%。将企业会计利润总额乘以所得税税率，就可以计算确定企业当期的所得税费用。

小知识9-5

递延所得税

我国所得税会计采用了资产负债表债务法，要求企业从资产负债表出发，比较资产负债表上列示的资产、负债，按照会计准则确定的账面价值与按照税法规定确定的计税基础，两者之间的差异确定为暂时性差异，分为应纳税暂时性差异和可抵扣暂时性差异，由此确认相关的递延所得税负债与递延所得税资产，并在此基础上确定每一会计期间利润表中的所得税费用。利润表中的所得税费用包括当期所得税费用和递延所得税费用。

资产的账面价值代表的是某项资产在持续持有及最终处置的一定期间内，为企业带来未来经济利益的总额，而其计税基础代表的是该期间内按照税法规定就该项资产可以税前扣除的金额。负债的计税基础，是指负债的账面价值减去未来期间计算应纳税所得额时按照税法规定可予扣除的金额。

应纳税暂时性差异，是指在确定未来收回资产或清偿某项负债期间的应纳税所得额时，将导致产生应纳税金额的暂时性差异，在其产生当期应当确认相关的递延所得税负债。应纳税暂时性差异通常产生于以下情况：(1) 资产的账面价值大于其计税基础；(2) 负债的账面价值小于其计税基础。可抵扣暂时性差异，是指在确定未来收回资产或清偿负债期间的应纳税所得额时，将导致产生可抵扣金额的暂时性差异。可抵扣暂时性差异在产生的当期，符合确认条件时应当确认相关的递延所得税资产。可抵扣暂时性差异一般产生于以下情况：(1) 资产的账面价值小于其计税基础；(2) 负债的账面价值大于其计税基础。

在分别确定了应纳税暂时性差异和可抵扣暂时性差异后，可以分别确定资产负债表日递延所得税负债和递延所得税资产的应有金额，再与期初递延所得税负债和递延所得税资产的余额相比，确定当期应予进一步确认的递延所得税负债和递延所得税资产的金额或应予转销的金额，作为递延所得税。

二、利润分配

企业实现的利润总额在未交纳所得税之前即为税前利润，税前利润要按照计税要求进行调整，并按照规定的所得税税率计算应纳所得税税额并上交国家。交纳所得税后的净利润即为税后利润，税后利润要按照规定在有关各方之间进行分配。利润分配是指企业根据股东大会或类似权力机构批准的、对企业可供分配利润指定其特定用途和分配给投资者的行为。

利润分配涉及企业、投资者和企业职工各方的经济利益。根据《中华人民共和国公司法》等有关法规的规定，企业当年实现的净利润，应先用来弥补企业以前年度发生的经营性亏损，其余部分应当按照以下顺序进行分配：

（一）提取法定盈余公积

根据《中华人民共和国公司法》的规定，公司制企业应按当年实现净利润的10%提取法定盈余公积，但累计法定盈余公积达到注册资本50%时，可以不再提取。非公司制企业法定盈余公积的提取比例可以由企业自行确定（一般不低于10%）。

（二）提取任意盈余公积

提取任意盈余公积，是指企业按规定提取的任意盈余公积。提取法定盈余公积后，经股东会或股东大会决议，公司制企业可以从税后利润中提取任意盈余公积。非公司制企业经类似权力机构批准，也可以提取任意盈余公积。

（三）向投资者分配利润或股利

企业实现的净利润扣除上述项目后，加上年初未分配利润和其他转入（用公积金弥补的亏损等）后的余额，形成可供投资者分配的利润。可供投资者分配的利润用计算公式可表示如下：

$$\text{可供投资者分配的利润}=\text{净利润}-\text{弥补以前年度的亏损}-\text{提取法定盈余公积}+\text{以前年度未分配利润}+\text{公积金转入数}$$

可供投资者分配的利润，应按下列顺序进行分配：

1.支付优先股股利

支付优先股股利，是指企业按利润分配方案分配给优先股股东的现金股利。

2.支付普通股股利

支付普通股股利，是指企业按利润分配方案分配给普通股股东的现金股利。非股份制企业分配给投资者的利润，也在本项目核算。

3.转作资本（或股本）的普通股股利

转作资本（或股本）的普通股股利，是指企业按利润分配方案以分派股票股利的形式转作的资本（或股本）。非股份制企业以利润转增的资本，也在本项目核算。

可供投资者分配的利润经过上述分配程序后，为企业的未分配利润（或未弥补亏损）。年末未分配利润的计算公式如下：

年末未分配利润=可供投资者分配的利润-优先股股利-提取的任意盈余公积-普通股股利

企业提取的法定盈余公积、分配的优先股股利、提取的任意盈余公积等利润分配的情况，应当在所有者权益变动表中进行反映。

未分配利润是企业所有者权益的组成部分，未分配利润可留待企业以后年度进行分配。企业利润形成和利润分配核算的主要任务是：正确地计算企业的利润（或亏损）总额，考核投资净收益的形成，认真审查各项营业外收支项目，分析利润计划的执行情况，监督利润的分配、所得税费用的计算，以及确定未分配利润。

小知识 9-6

企业亏损弥补的方式

按照规定，企业发生亏损，可以用发生亏损后五年内实现的税前利润来弥补，发生的亏损连续五年仍不能弥补的，不能再用税前利润弥补，可以用以后各年实现的税后利润弥补。当企业发生的亏损用税后利润仍不足弥补时，可以用所提取的盈余公积来弥补，但应由董事会提议，并经过股东大会或类似机构批准。

三、利润形成和分配业务核算设置的账户

我国企业会计准则对企业利润形成和分配的核算提出了具体要求：企业实现的利润和利润分配应当分别核算，利润形成与利润分配各项目应当设置明细账，进行明细核算。

为了反映和核算企业利润形成和利润分配情况，需要设置的主要账户如下：

（一）“本年利润”账户

“本年利润”账户是所有者权益类账户。设置和运用这个账户，是为了核算企业在本年度实现的净利润（或发生的净亏损）总额。“本年利润”账户的核算内容和结构如下：

借方　　**本年利润**　　贷方

借方	贷方
期末转入的各项成本费用：	期末转入的各项收入：
主营业务成本	主营业务收入
营业税金及附加	其他业务收入
其他业务成本	公允价值变动收益
销售费用	营业外收入
管理费用	投资净收益
财务费用	
资产减值损失	
公允价值变动损失	
投资净损失	
营业外支出	
所得税费用	
1—11月末余额：本年累计发生的亏损	1—11月末余额：本年累计实现的净利润

通过“本年利润”账户，将本年实现的各项收入和发生的各项成本费用相抵后结出本年净利润（或净亏损），年度终了时转入“利润分配——未分配利润”账户，做借记“本年利润”账户、贷记“利润分配——未分配利润”账户的会计分录；如为净亏损，则做相反会计分录。年终结转之后，本账户应无余额。

（二）“投资收益”账户

“投资收益”账户是损益类账户。设置和运用这个账户，是为了核算企业对外投资所取得的投资收益或发生的投资损失。“投资收益”账户应按投资收益的种类设置明细账，进行明细核算。会计期末，将本账户的发生额全部转入“本年利润”账户，如果是实现的投资收益，做借记“投资收益”账户、贷记“本年利润”账户的会计分录；如为投资净损失，则做相反会计分录。期末结转后，本账户应无余额。“投资收益”账户的核算内容和结构见第八章。

（三）“营业外收入”账户

“营业外收入”账户是损益类账户。设置和运用这个账户，是为了核算企业发生的与其日常生产经营活动无直接关系的各项收入，包括非流动资产处置利得、非货币性资产交换利得、债务重组利得、政府补助利得、盘盈利得、捐赠利得等。“营业外收入”账户的核算内容和结构如下：

借方 营业外收入	贷方
期末转入“本年利润”账户的营业外收入	实现的各项营业外收入(增加)

为了具体核算每项营业外收入的发生和结转情况，“营业外收入”账户应按收入项目设置明细账，进行明细核算。

会计期末，应将本账户的余额全部转入“本年利润”账户。结转后，“营业外收入”账户应无余额。

（四）“营业外支出”账户

“营业外支出”账户是损益类账户。设置和运用这个账户，是为了核算企业发生的与其日常生产经营活动无直接关系的各项支出，包括非流动资产处置损失、非货币性资产交换损失、债务重组损失、公益性捐赠支出、非常损失、盘亏损失等。“营业外支出”账户的核算内容和结构如下：

借方 营业外支出	贷方
发生的各项营业外支出（增加）	期末转入“本年利润”账户的营业外支出

为了具体核算每项营业外支出的发生和结转情况，“营业外支出”账户应按支出项目设置明细账，进行明细分类核算。

会计期末，应将“营业外支出”账户的余额全部转入“本年利润”账户。经期末结转后，本账户应无余额。

（五）“所得税费用”账户

“所得税费用”账户是损益类账户。设置和运用这个账户，是为了核算企业按规定从当期损益中扣除的所得税费用。“所得税费用”账户的核算内容和结构如下：

借方 所得税费用	贷方
本期发生的所得税费用	期末转入“本年利润”账户的所得税费用

会计期末，应将“所得税费用”账户的余额全部转入“本年利润”账户。结转之后，

“所得税费用”账户应无余额。

（六）“利润分配”账户

“利润分配”账户是所有者权益类账户。设置和运用这个账户，是为了核算企业利润的分配（或亏损的弥补）和历年分配（或弥补）后的积存余额。“利润分配”账户的核算内容和结构如下：

借方 **利润分配** 贷方

年末从“本年利润”账户转入的全年净亏损 实际分配的利润额： 提取的盈余公积 应付现金股利（或应付利润） 实际分派的股票股利	年末从“本年利润”账户转入的全年净利润 盈余公积弥补亏损
年内余额：已分配的利润额 年末余额：累计的未弥补亏损	年末余额：累计的未分配利润

为了具体核算企业利润的分配情况，“利润分配”账户应设置以下明细账户进行核算：

（1）盈余公积补亏；

（2）提取法定盈余公积；

（3）提取任意盈余公积；

（4）应付现金股利或利润；

（5）转作资本（或股本）的普通股股利；

（6）未分配利润。

年度终了，企业应将全年实现的净利润（或发生的净亏损）自“本年利润”账户转入“利润分配——未分配利润”账户，并将“利润分配”账户下的其他明细账户的余额转入“利润分配——未分配利润”明细账户。结转之后，除“未分配利润”明细账户外，“利润分配”账户的其他各明细账户均无余额。

（七）“盈余公积”账户

“盈余公积”账户是所有者权益类账户。设置和运用这个账户，是为了核算企业从净利润中提取的盈余公积。“盈余公积”账户的核算内容和结构如下：

借方 **盈余公积** 贷方

实际使用的盈余公积（减少）	提取的盈余公积（增加）
	期末余额：结余的盈余公积

“盈余公积”账户应当分别设置“法定盈余公积”和“任意盈余公积”明细账户进行核算。

（八）“应付股利”账户

“应付股利”账户是负债类账户。设置和运用这个账户，是为了核算企业分配的现金股利或利润。“应付股利”账户可按投资者设置明细账户进行核算。“应付股利”账户的核算内容和结构如下：

借方	应付股利 贷方
实际支付的股利或利润（减少）	应付未付的股利或利润（增加）
	期末余额：尚未支付的股利或利润

四、利润形成与分配业务核算举例

兹举例说明企业利润形成与利润分配业务的核算如下：

【例 9-25】月末，东方公司收到从联营甲单位分得的投资利润533 000元，存入银行。

这项经济业务的发生，一方面使得公司银行存款增加，应记入"银行存款"账户的借方；另一方面，公司投资收益增加应当记入"投资收益"账户的贷方。东方公司应编制的会计分录如下：

借：银行存款 533 000

贷：投资收益 533 000

【例 9-26】月末，东方公司收到联营乙单位财务报表，乙单位全年发生亏损540 000元。东方公司投资额占乙单位全部资本的25%，应承担弥补亏损额135 000元。

根据企业会计准则规定，企业对联营单位的投资应当通过"长期股权投资"账户进行核算。对于被投资单位发生的净亏损，投资企业在资产负债表日应按持股比例计算应承担的部分，借记"投资收益"账户，贷记"长期股权投资"账户。这项经济业务的发生，东方公司应编制的会计分录如下：

借：投资收益 135 000

贷：长期股权投资 135 000

【例 9-27】东方公司将财产清查中发现的原材料盘盈，报经批准后转入营业外收入。该批原材料账面成本为12 300元。

按照规定，原材料发生盘盈时应当记入"待处理财产损溢"账户的贷方，月末报经批准后从"待处理财产损溢"账户的借方转入"营业外收入"账户的贷方。东方公司应编制的会计分录如下：

借：待处理财产损溢 12 300

贷：营业外收入 12 300

【例 9-28】东方公司于本月末收到其他单位交来的罚款264 500元，已存入银行。

这项经济业务的发生，一方面使得公司银行存款增加，应记入"银行存款"账户的借方；另一方面，罚款收入应当作为营业外收入记入"营业外收入"账户的贷方。东方公司应编制的会计分录如下：

借：银行存款 264 500

贷：营业外收入 264 500

【例 9-29】东方公司在清查财产中发现，由于非常原因造成库存商品盘亏167 000元，报经批准后转入营业外支出。

财产清查中发现存货盘亏时应当记入"待处理财产损溢"账户的借方，月末报经批准后从"待处理财产损溢"账户的贷方转入"营业外支出"账户的借方。东方公司应编制的会计分录如下：

借：营业外支出 167 000

贷：待处理财产损溢　167 000

【例 9–30】东方公司以银行存款支付因违法经营被罚款项 11 500 元。

这项经济业务的发生，一方面使得公司银行存款减少，应记入“银行存款”账户的贷方；另一方面，罚款支出应当作为营业外支出记入“营业外支出”账户的借方。东方公司应编制的会计分录如下：

借：营业外支出　11 500

贷：银行存款　11 500

【例 9–31】月末，东方公司按规定结转损益类账户的发生额，将本月发生的主营业务收入、主营业务成本、销售费用、管理费用、财务费用、营业税金及附加，结转到“本年利润”账户（相关数据资料见【例 9–17】、【例 9–20】至【例 9–24】），并将本月发生的投资净收益、营业外收入、营业外支出等结转到“本年利润”账户（数据资料见【例 9–25】至【例 9–30】）。

这项经济业务的发生，应将公司“主营业务收入”、“主营业务成本”、“销售费用”、“管理费用”、“财务费用”、“营业税金及附加”、“投资收益”、“营业外收入”和“营业外支出”账户的发生额，分别转入“本年利润”账户。其中，对于“主营业务收入”账户的发生额 2 000 000 元、“投资收益”账户的发生额 398 000 元和“营业外收入”账户的发生额 276 800 元，应当分别从“主营业务收入”、“投资收益”和“营业外收入”账户的借方转入“本年利润”账户的贷方；对于“主营业务成本”、“销售费用”、“管理费用”、“财务费用”、“营业税金及附加”和“营业外支出”账户的发生额（分别是 1 188 800 元、9 400 元、126 000 元、12 000 元、33 600 元和 178 500 元），应当分别从各该账户的贷方转入“本年利润”账户的借方。需要说明的是，在【例 9–17】中，已将“管理费用”、“财务费用”账户的发生额分别从“管理费用”和“财务费用”账户的贷方转入“本年利润”账户的借方，因此此处不能再重复结转，但是为了完整反映本期全部损益类账户发生额的结转情况，特将【例 9–17】的结转分录并入。东方公司应编制的会计分录如下：

（1）结转收入类账户的发生额

借：主营业务收入　2 000 000（500 000+1 500 000）

　　投资收益　398 000（533 000–135 000）

　　营业外收入　276 800（12 300+264 500）

贷：本年利润　2 674 800

（2）结转成本、费用类账户的发生额

借：本年利润　1 548 300

贷：主营业务成本　1 188 800

　　销售费用　9 400

　　管理费用　126 000

　　财务费用　12 000

　　营业税金及附加　33 600

　　营业外支出　178 500（167 000+11 500）

经过上述处理后，“本年利润”账户未结转的贷方余额 1 126 500 元（2 674 800–1 548 300）为本期实现的税前会计利润，也是企业计算当期应交所得税的依据。

【例9-32】承前例，月末，东方公司依据税法规定计算出本期应纳税所得额为1 000 000元，适用所得税税率为25%。

假设前例东方公司实现的税前会计利润总额1 126 500元为全年利润总额，并假设依据税法要求对各种差异项目进行纳税调整后，计算出企业全年应纳税所得额为1 000 000元。东方公司当期应交所得税计算如下：

应交所得税=1 000 000×25%=250 000（元）

对于这项经济业务，一方面应将应交所得税作为当期所得税费用记入“所得税费用”账户的借方，另一方面，应交的税金并未实际支付，应当记入“应交税费——应交所得税”账户的贷方。东方公司应编制的会计分录如下：

借：所得税费用　　250 000

　贷：应交税费——应交所得税　　250 000

会计期末时，应将“所得税费用”账户的发生额结转到“本年利润”账户，东方公司应编制的会计分录如下：

借：本年利润　　250 000

　贷：所得税费用　　250 000

【例9-33】东方公司期末结转本期实现的净利润。

承【例9-31】和【例9-32】，东方公司全年净利润的计算如下：

净利润=1 126 500−250 000=876 500（元）

东方公司“本年利润”账户未结转的贷方余额876 500元为本期实现的税后会计利润，即净利润，也是企业进行税后利润分配的依据。结转本期实现的净利润这项经济业务的发生，一方面使得记录在“本年利润”账户的累计净利润减少876 500元，另一方面又使公司可供分配的利润增加876 500元。因此，应当将本期实现的净利润，从“本年利润”账户的借方转入“利润分配——未分配利润”明细账户的贷方（如果结转净亏损，则做相反的处理）。这项经济业务应编制的会计分录如下：

借：本年利润　　876 500

　贷：利润分配——未分配利润　　876 500

根据上述举例，东方公司利润形成业务总分类核算如图9-4所示。

【例9-34】承前例，年末时，东方公司从税后净利润中按规定比例10%提取法定盈余公积，按5%提取任意盈余公积。

根据【例9-33】，东方公司利润分配计算如下：

提取的法定盈余公积=876 500×10%=87 650（元）

提取的任意盈余公积=876 500×5%=43 825（元）

提取法定盈余公积和任意盈余公积，一方面使得公司已分配的利润增加（所有者权益减少），应当记入“利润分配”账户的借方；另一方面使得公司盈余公积增加，应当记入“盈余公积”账户的贷方。对于这项经济业务，东方公司应编制的会计分录如下：

借：利润分配——提取法定盈余公积　　87 650

　　　　　——提取任意盈余公积　　43 825

　贷：盈余公积——法定盈余公积　　87 650

　　　　　——任意盈余公积　　43 825

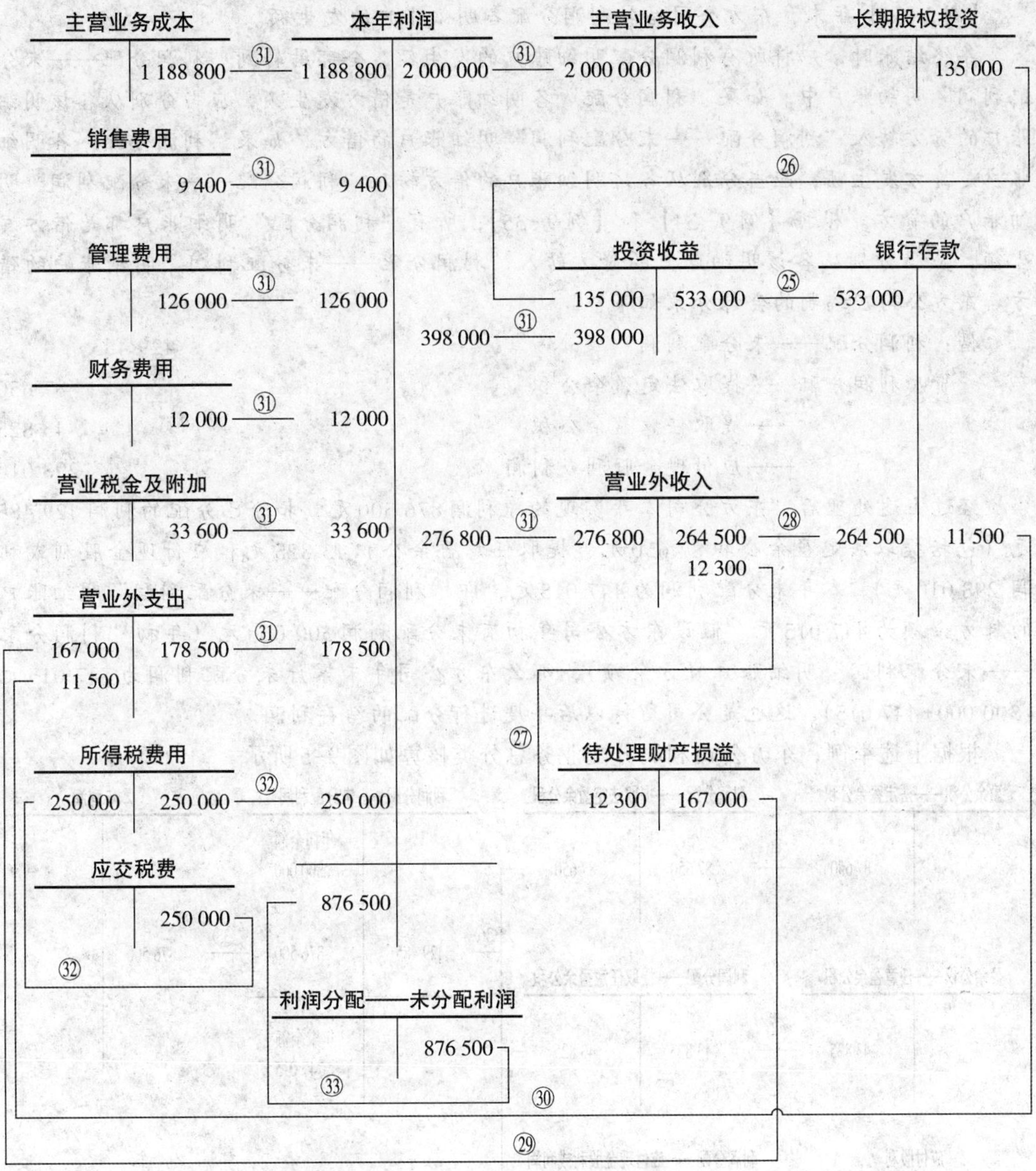

图9-4 东方公司利润形成业务总分类核算图示

【例9-35】经公司权力机构批准，东方公司将本年实现的净利润扣除提取盈余公积后的40%，作为应向投资者分配的利润进行转账。

东方公司应向投资者分配的利润计算如下：

应付利润=（876 500−87 650−43 825）×40%=298 010（元）

这项经济业务的发生，一方面使得公司已分配的利润增加（所有者权益减少），应当记入“利润分配”账户的借方；另一方面使得公司应付利润增加，应当记入“应付股利”账户的贷方。东方公司应编制的会计分录如下：

借：利润分配——应付现金股利或利润　　298 010

　贷：应付股利　　298 010

【例 9-36】年末，东方公司结转利润分配各明细账户的发生额。

年终结账时，应将所有利润分配明细账户的发生额，全部结转到“利润分配——未分配利润”明细账户中。如果“利润分配”各明细账户是借方发生额，应当分别从各该明细账户的贷方转入“利润分配——未分配利润”明细账户的借方，如果“利润分配”各明细账户是贷方发生额，应当分别从各该明细账户的借方转入“利润分配——未分配利润”明细账户的贷方。根据【例 9-34】和【例 9-35】，所有“利润分配”明细账户都是借方发生额，应当分别从各该明细账户的贷方转入“利润分配——未分配利润”明细账户的借方。东方公司应编制的会计分录如下：

借：利润分配——未分配利润	429 485	
贷：利润分配——提取法定盈余公积		87 650
——提取任意盈余公积		43 825
——应付现金股利或利润		298 010

经过上述处理后，东方公司本年实现的净利润 876 500 元，扣除已分配的利润 429 485 元（包括提取法定盈余公积 87 650 元、提取任意盈余公积 43 825 元和应付现金股利或利润 298 010 元），本年未分配利润为 447 015 元，即“利润分配——未分配利润”明细账户的贷方余额为 447 015 元。假设东方公司年初有未分配利润 300 000 元（年初“利润分配——未分配利润”明细账户贷方余额），那么东方公司年末累计未分配利润为 747 015 元（300 000+447 015），这也是公司留待以后年度进行分配的结存利润。

根据上述举例，东方公司利润分配业务总分类核算如图 9-5 所示。

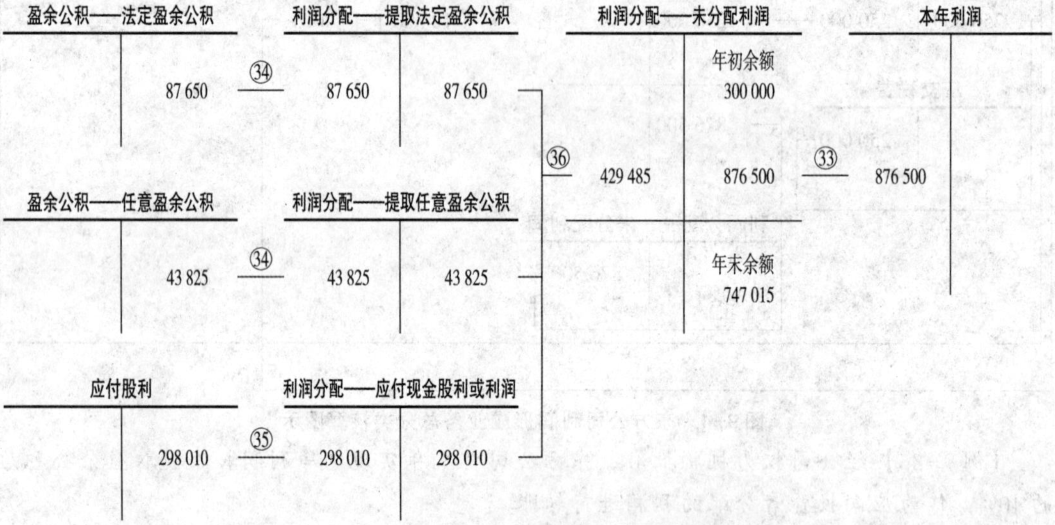

图 9-5　东方公司利润分配业务总分类核算图示

典型案例

某企业财务管理制度形同虚设，很多业务处理不规范。比如，该企业各期所记的商品销售收入是以实际收到款项为依据，而不考虑其他因素；对于已销产品成本的计算结转，是根据企业当期确认并已入账的商品销售收入情况，按一定比例进行销售成本结转，而且当销售价格偏低时，则可能不结转销售成本。请你对该企业的错误做法进行更正，并指出其影响。

分析提示：关于商品销售收入，应当在商品销售收入确认的五个条件均能得到满足的情况下予以确认。该企业以实际收到的款项为依据确认收入，则会将预收款项提前记作收入，而已经符合五个条件但并未收到款项的应收款项，则未记作收入。销售成本结转必须根据实际销售量和按存货计价方法（如先进先出法等）确定的产品单位成本，在确认收入的同时进行结转。该企业的做法没能正确计算确定企业的销售利润，使企业的经营成果计算不真实，这种做法是会计法规制度所不能允许的。

本章小结

制造业企业生产经营过程的核算是本教材的重点内容之一。本章说明了制造业企业除投资、筹资业务以外的主要经济业务的核算内容，包括供应、生产、销售过程经济业务的核算，以及利润形成与分配业务的核算。在供应过程，企业采购材料支付的买价和各种采购费用，构成材料的采购成本。在生产过程，企业应当根据产品成本项目组成内容（主要包括直接材料、直接人工和制造费用），按照产品成本核算的要求和程序进行产品生产成本的计算。对于企业销售商品的收入、提供劳务的收入等，应当在满足收入确认的条件时予以确认并进行会计处理。利润是企业在一定会计期间的经营成果，包括营业利润、利润总额和净利润。企业实现的利润，应当按照规定的程序进行利润分配。所得税费用是企业确认的应当从当期利润总额中扣除的所得税费用。

习题

一、选择题

1.某一般纳税企业本期外购材料取得增值税专用发票，注明材料价款为30 000元，增值税税额为5 100 元，运输途中合理损耗为300元，采购员同时报销差旅费1 500元。该采购材料的实际成本是（　　）。

A.30 000元　B.35 100元　C.35 400元　D.36 900元

2.下列项目中，不构成产品生产成本，应直接计入当期损益的是（　　）。

A.直接材料费用　B.直接人工费用

C.制造费用　D.管理费用

3.下列会计科目中，会计期末可能保留余额的是（　　）。

A.利润分配——提取法定盈余公积　B.利润分配——应付现金股利或利润

C.利润分配——盈余公积补亏　D.利润分配——未分配利润

4.如果原材料按计划成本计价进行会计核算，那么既可反映材料计划成本，又可反映材料实际成本的会计科目是（　　）。

A.“原材料”科目　B.“材料采购”科目

C.“在途物资”科目　D.“库存商品”科目

5.下列各项中，应计入营业外收入的是（　　）。

A.商品销售收入　B.提供劳务收入

C.处置固定资产净收益　D.销售材料取得收入

6.一般纳税企业上交本期应交增值税，在贷记“银行存款”科目的同时，应借记的会计科目是（　　）。

A.“应交税费——应交增值税（进项税额）”

B.“应交税费——应交增值税（销项税额）”

C.“应交税费——应交增值税（已交税费）”

D.“应交税费——应交增值税”

7.“长期待摊费用”是资产性质的会计科目，该科目期末借方余额表明（　　）。

A.等待摊销的费用　　B.已经摊销的费用

C.本期预提的费用　　D.支付的待摊费用

8.不应计提折旧的固定资产是（　　）。

A.大修理停用的固定资产

B.融资租入固定资产

C.已提足折旧仍继续使用的固定资产

D.未使用的房屋

9.法定盈余公积的提取比例是（　　）。

A.1%　　B.3%　　C.5%　　D.10%

10.按照规定，应计入营业利润的各项目是（　　）。

A.投资收益　　B.营业外收入　　C.所得税费用　　D.营业外支出

11.应计入制造费用的项目是（　　）。

A.生产设备折旧费　　B.行政管理部门人员工资

C.生产工人工资　　D.生产单位办公费

12.根据企业会计准则规定，商品销售收入确认的各项条件是（　　）。

A.收入的金额能够可靠计量

B.相关的经济利益很可能流入企业

C.交易的完成程度能够可靠估计

D.与商品所有权有关的主要风险、报酬已经转移

13.企业实现的净利润可以分配的去向是（　　）。

A.弥补以前年度亏损　　B.提取法定盈余公积

C.支付投资者现金股利　　D.计算应交所得税

14.收入可以有不同的分类，按收入的性质分类，可将收入分为（　　）。

A.商品销售收入　　B.主营业务收入

C.提供劳务收入　　D.其他业务收入

15.构成制造业企业其他业务利润的项目有（　　）。

A.材料销售收入　　B.固定资产出租收入

C.固定资产处置净收益　　D.接受捐赠收入

16.计算当期所得税费用，应对会计利润进行调整的下列各项有（　　）。

A.购买国债利息收入　　B.超过规定标准计提职工福利费

C.企业对外捐赠支出　　D.超过核定工资标准发放的工资

17.下列项目中，应记入“营业外支出”账户核算的有（　　）。

A.固定资产盘亏损失　　B.债务重组损失

C.非常损失　　　　　　　　　　D.罚款支出

18.产品成本项目包括（　　）。

A.直接材料　　B.直接人工　　　C.制造费用　　　D.外购材料

19.成本计算对象确定的依据有（　　）。

A.生产组织方式　　　　　　　　B.生产工艺过程

C.成本管理要求　　　　　　　　D.定额管理制度

20.应记入“管理费用”账户核算的费用有（　　）。

A.工会经费　　B.业务招待费　　C.差旅费　　　D.公司经费

二、简答题

1.制造业企业供应过程核算主要应设置哪些会计科目?各科目的用途是什么?

2.制造业企业生产过程核算主要应设置哪些会计科目?各科目的用途是什么?

3.成本按其经济用途或职能分类的内容和意义各是什么?

4.按成本与特定产品之间的关系分类的内容和意义各是什么?

5.产品成本核算的要求是什么?

6.产品成本核算的程序是什么?

7.企业商品销售收入确认的条件是什么?

8.收入核算应设置的主要会计科目是什么?各科目反映的主要内容是什么?

9.企业利润的构成内容是什么?怎样计算利润?

10.利润分配的程序是什么?

11.利润形成和分配核算应设置的主要会计科目是什么?各科目反映的主要内容是什么?

12.“利润分配”科目应设置的明细科目有哪些?

13.什么是所得税费用?怎样计算企业应交所得税?

三、业务题

1.赤诚公司201×年10月份发生下列经济业务:

(1) 采购员出差预借差旅费3 000元，已用库存现金支付。

(2) 向东方工厂购入A材料500吨，每吨10元；B材料5 000吨，每吨6元。材料均已验收入库，款项已通过银行支付。

(3) 向东方工厂购入材料发生的外地运杂费共5 500元，已开出支票支付。运杂费按材料重量比例分配。

(4) 向明阳金属材料厂购入两种材料，包括C材料400米，每米30元；D材料 300千克，每千克12元。全部货款已经通过银行转账支付，运杂费由供货方负担。

(5) 用银行存款20 000元预付给大东工厂订购E材料。

(6) 采购员出差归来报销差旅费2 600元，余款已退回。

(7) 用银行存款支付从安东工厂购入材料的货款及运杂费，其中A材料8 000吨，每吨9元；B材料2 000吨，每吨8元。外地运杂费3 000元，运杂费按照材料重量比例进行分配。材料已验收入库。

(8) 向大东工厂订购的E材料已收到，货款及大东工厂垫付的外地运杂费共19 200元，其中运杂费200元，多预付的款项800元已通过银行退回。

(9) 用库存现金150元支付本月购入A、B两种材料的市内运杂费。

(10) 月末结转本月购入材料的采购成本。

要求:(1) 编制本月发生经济业务的会计分录(假设不考虑增值税);

(2) 编制本月购入材料采购成本计算表(见表9-14);

表9-14 **材料采购成本计算表** 单位:元

项 目	买 价	采购费用	总成本
A材料			
B材料			
C材料			
D材料			
E材料			
合 计			

2.赤诚公司201×年12月份发生与产品生产有关的经济业务如下:

(1) 从银行提取现金36 000元,已全部用于发放本月职工工资。

(2) 用银行存款9 000元支付本月电力费用,其中:甲产品生产耗用4 000元,乙产品生产耗用3 000元,车间照明用电1 500元,行政管理部门耗用500元。

(3) 月末分配当月工资费用,其中:甲产品生产工人工资18 000元,乙产品生产工人工资16 000元,车间管理人员工资8 000元,行政管理部门人员工资6 000元。

(4) 月末按工资总额14%提取职工福利费。

(5) 本月固定资产计提折旧额10 000元,其中:生产车间8 000元,行政管理部门2 000元。

(6) 本月发出原材料60 000元,其中:甲产品耗用30 000元,乙产品生产耗用26 000元,车间一般性消耗3 000元,行政管理部门耗用1 000元。

(7) 预提本月固定资产租金4 000元,其中:基本生产车间3 500元,行政管理部门500元。

(8) 本月摊销财产保险费2 880元,其中:基本生产车间2 080元,行政管理部门800元,该项财产保险费的摊销期为2年。

(9) 将生产车间本月发生的制造费用登记在制造费用明细账中,并按生产工人工资比例分配计入产品成本,计算结果填入“制造费用明细账”(见表9-15)和“制造费用分配表”(见表9-16)中。

(10) 赤诚公司设有“直接材料”、“燃料与动力”、“直接人工”和“制造费用”4个成本项目。本月生产的产品全部完工入库,甲产品完工80件,乙产品完工50件,结转完工产品生产成本(假设甲、乙产品月初均没有在产品),将完工产品成本计算结果填入“产品成本明细账”(见表9-17、表9-18)。

表 9-15　　**制造费用明细账**　　单位：元

项目	工资	职工福利	机物料	折旧费	租金	电力费	保险费	合计
本月发生额								
合计								
本月转出								

表 9-16　　**制造费用分配表**　　单位：元

分配对象	分配标准	分配率	分配金额
甲产品			
乙产品			
合计			

表 9-17　　**产品成本明细账**

产品名称：甲产品　　单位：元

项目	产量	直接材料	燃料与动力	直接人工	制造费用	合计
月初在产品成本						
本月分配材料费用						
本月分配工资费用						
本月分配动力费用						
本月分配制造费用						
生产费用合计						
结转完工产品成本						
完工产品单位成本						

表 9-18　　**产品成本明细账**

产品名称：乙产品　　单位：元

项目	产量	直接材料	燃料与动力	直接人工	制造费用	合计
月初在产品成本						
本月分配材料费用						
本月分配工资费用						
本月分配动力费用						
本月分配制造费用						
生产费用合计						
结转完工产品成本						
完工产品单位成本						

要求：根据本月发生的经济业务，编制有关会计分录，并计算结转完工产品成本。

3.赤诚公司本年5月份发生下列与销售有关的经济业务：

(1) 销售甲产品40件，单价为1 200元，增值税税率为17%，货款和增值税税款已通过银行转账收讫。

(2) 预收销售乙产品的货款100 000元，款项已存入银行。

(3) 以银行存款5 000元支付销售产品的广告费。

(4) 发出已预收款项的乙产品60件，单价1 500元，增值税税率为17%，少收的款项尚未收到。

(5) 开出转账支票支付销售乙产品代垫运费500元。

(6) 甲产品单位成本为710元，乙产品单位成本为1 200元。结转本月已销售产品的销售成本。

(7) 上交本月销售产品应交增值税3 200元。

(8) 将本期损益类科目发生额结转到“本年利润”科目。

要求：根据5月份发生的上述经济业务，编制会计分录。

4.赤诚公司201×年12月份发生的与利润有关的经济业务如下：

(1) 向某单位捐赠现金5 000元。

(2) 由于债务单位撤销，将无法支付的应付货款15 000元予以转销，计入营业外收入。

(3) 以银行存款6 000元支付销售产品运输费。

(4) 发生业务招待费4 000元，以库存现金支付。

(5) 预提应由本月负担的银行短期借款利息2 500元。

(6) 收取明星公司违约金3 000元，收到购买公司债券的投资收益21 000元，上述款项均已存入银行。

(7) 计算本月应交的城市维护建设税1 000元，教育费附加500元，并以银行存款支付。

(8) 结转本月实现的产品销售收入180 000元和产品销售成本115 000元，结转本月其他损益类科目发生额。

(9) 计算本月利润总额。当年1—11月累计实现的利润总额为630 000元。按25%的税率计算全年应交所得税（假设会计利润与应纳税所得额相同，且无其他纳税调整事项）。

(10) 计算并结转本年实现的净利润。

(11) 按净利润的10%提取法定盈余公积，按5%提取任意盈余公积，并将净利润的30%分配给投资者。

(12) 年末，将利润分配各明细科目的发生额结转到“利润分配——未分配利润”明细科目中，并计算本年累计未分配利润（或未弥补亏损）。年初时，公司“利润分配——未分配利润”科目有借方余额8 750元。

要求：编制上述业务的会计分录。

第十章　商品流通过程经济业务的核算

学习目标

知识目标　掌握商品流通企业外购商品采购成本的确定方法及核算内容，掌握商品销售成本计算结转的方法和核算内容，明确特殊情况下商品销售收入的确认原则和已销商品进销差价的计算与结转，了解商业批发企业和商业零售企业商品经营的特点。

技能目标　熟悉商业批发企业、商业零售企业商品采购和商品销售业务的账务处理。

第一节　商品流通过程经济业务核算概述

商品流通企业是以从事商品流通活动为主营业务的独立核算的企业。商品流通企业的根本任务就是正确地组织各类商品流通，使各类商品能源源不断地从生产领域转移到消费领域，从而实现商品的价值，并满足社会生产和人民生活的需要。

一、商品流通企业的经营特点

商品流通企业具有如下经营特点：

第一，既买又卖，独立经营，完成商品买卖全过程。商品流通企业为完成其根本任务，必须不断地组织购进适销对路的商品，合理地储存商品，并迅速地销售商品。商品流通企业没有产品的生产活动，只有少量的加工活动，商品的购、销、存业务是商品流通企业的主要业务。

第二，通过组织商品流通，实现商品的价值，并获得盈利。制造业企业生产的大部分产品只有进入流通领域由商品流通企业销售后，才能最终实现它的价值。商品流通企业虽然不创造新的价值，但通过它的一买一卖活动，却使商品实现了增值，这一增值即为商品流通企业的盈利。

第三，商品流通企业要占有一定的生产资料和劳动力，并具有支配权。只有这样，商品流通企业才能独立完成商品经营活动。

商品流通企业有多种存在形式。按其经济性质不同，可以分为国有、集体和私营企业等；按组织形式不同，可以分为有限责任公司、股份有限公司、外商投资企业和联营企业等；按经营方式不同，可分为租赁经营、承包经营企业等；按经营商品的种类不同，可分为物资、粮食、医药、图书企业等；按其在商品经营中所处的地位和作用不同，可分为批发企业和零售企业等。

二、商品流通企业会计核算的主要内容

由于商品流通企业的主要经营活动是组织商品购销，因此商品的购进和销售业务是其会计核算的主要内容。在商品购进过程中，企业以货币资金购买商品，并支付各种流通费用、商品的购进和由此发生的同供货单位的货款结算业务，是商品购进过程经济业务核算的主要内容。在商品销售过程中，企业要出售商品，收回货币资金，实现商品销售收入，

并发生各种流通费用，同时，也要按照国家规定计算交纳各种税费。因此，销售商品、支付各种费用，交纳各种税费，以及由于销售而同购货单位发生的货款结算业务，是商品销售过程经济业务核算的主要内容。

此外，在商品购销过程中，必然有一部分商品停留在企业中，这就是商品储存。商品储存是保证商品销售正常进行的前提。商品在储存过程中发生的盘盈、盘亏及商品削价损失准备等业务，也是会计核算的主要内容。商品流通过程既是商品价值的实现过程，也是各种会计要素不断发生增减变化的过程。在企业的资本运营过程中，一方面要收回货币资金，形成企业的各项收入，如商品销售收入和其他业务收入等；另一方面要发生各种耗费，形成企业的各项成本、费用，如商品销售成本、经营费用、管理费用、财务费用、商品销售税金及附加、其他业务成本等，这些耗费主要是商品销售成本和各种流通费用。从理论上说，商品销售成本应是销售商品的实际成本，即应包括销售商品的进价和商品采购费用，但在实际工作中，由于企业经营的商品种类繁多，进销次数频繁，一般不将商品采购费用按商品品种进行归集分配，而是作为期间费用从当期收入中扣除。因此，商品销售成本一般是指已销商品的进价。企业的收入与费用相抵后，即为企业的经营成果，即赢利或亏损。经营成果也是商品流通企业会计核算的主要内容。

本章以后各节将以批发企业和零售企业来说明其商品购销业务的核算，以及商品流通费用和企业经营成果的核算。

第二节 批发企业经营过程主要业务的核算

一、批发企业商品经营的特点和核算方法

（一）批发企业商品经营的特点

批发企业处于商品流通过程的起始阶段和中间环节，其主要任务是：在国家政策指导下，根据市场需要，组织工农业产品的收购，促进生产发展；合理投入与调配商品，安排好市场销售；适当储备商品，调节市场供求。批发企业在商品流通领域中所处的地位和担负的任务，决定了批发企业在经营业务上具有特殊性。这些特点主要是：一般经营大宗商品，商品购销量较大，企业规模较大，内部分工较细；一般要保持一定数量的商品储备，库存商品数量较大；商品购销对象，一般都是企业单位。根据批发企业商品经营的特点，批发企业一般适宜采用数量进价金额核算法。

（二）数量进价金额核算法

数量进价金额核算法是采用实物数量和进价金额两种计量单位来控制商品进、销、存情况的一种商品核算方法。其主要内容有：（1）库存商品总账与明细账户一律按商品的进货原价记账。总分类账只记金额，不记数量。库存商品明细账一般按商品编号、品名、规格分户，既登记实物数量又登记进价金额，实行数量进价金额核算。（2）对经营品种较多的企业，可在库存商品总账与明细账之间，按照商品类别设置类目账（即二级账），一般只登记金额，不登记数量。（3）在会计、业务、仓库各部门之间，建立以商品账为中心的商品账体系。（4）商品销售成本应根据经营商品的不同特点，分别采用不同的方法进行计算与结转。

二、批发企业商品购进业务的核算

（一）商品采购成本的确定

商品购进是商品流通的起点，在商品购进过程中，企业以货币资产购买商品，形成商品存货，以便为商品销售做好准备。通过商品购进过程，企业的货币资产转化为商品资产。

根据企业会计准则的规定，存货在取得时应该按照实际成本入账，具体可分为以下情况：

1.外购存货的成本

商品流通企业购入的商品，按采购价格、进口关税和其他税费，作为实际采购成本。在采购商品过程中发生的包括运输费、装卸费、保险费、包装费、仓储费、运输途中的合理损耗、入库前的挑选整理费用，以及其他可归属于存货采购成本的进货费用，应计入所购商品成本。在实务中，企业可以将运输费、装卸费、保险费，以及其他可归属于存货采购成本的费用等先进行归集，期末时按照所购商品的存销情况进行分摊。对于已销商品的进货费用，计入主营业务成本；对于未售商品的进货费用，计入期末存货成本。商品流通企业采购商品的进货费用金额较小的，可以在发生时直接计入当期销售费用，而不计入库存商品的采购成本。商品流通企业库存商品按售价核算的情况下，以含税售价作为库存商品的入账价值。

2.加工取得存货的成本

通过进一步加工取得的存货，其成本包括采购成本和加工成本（包括直接人工及按一定方法分配的制造费用），也可能包括其他成本（指除采购成本、加工成本以外，使存货到达目前场所和达到目前状态所发生的其他支出，如为特定客户设计产品所发生的设计费用等）。

3.投资者投入存货的成本

投资者投入的存货按照投资合同或协议约定的价值作为实际成本，但合同或协议约定价值不公允的除外。在投资合同或协议约定价值不公允的情况下，按照该项存货的公允价值作为其入账价值。

4.通过非现金资产抵偿债务方式取得存货的成本

通过非现金资产抵偿债务方式取得的存货，应当按照取得存货（非现金资产）的公允价值入账，重组债权的账面余额与受让的非现金资产的公允价值之间的差额，确认为债务重组损失，作为营业外支出，计入当期损益。企业收到非现金资产时发生的有关运杂费等，应当计入相关资产的价值。

5.通过非货币性资产交换方式取得存货的成本

通过非货币性资产交换取得的存货，可以按照取得存货的公允价值或账面价值入账。货币性资产是指企业持有的货币资金和将以固定或可确定的金额收取的资产，包括库存现金、银行存款、应收账款、应收票据，以及准备持有至到期的债券投资等。非货币性资产是指货币性资产以外的资产，包括存货、固定资产、无形资产、长期股权投资、不准备持有至到期的债券投资等。非货币性资产交换一般不涉及货币性资产，或只涉及少量的货币性资产即补价。

非货币性资产交换同时满足以下两个条件的，应当以公允价值和应支付的相关税费作为换入资产的成本，公允价值与换出资产账面价值的差额计入当期损益：(1) 该项交换具有商业实质；(2) 换入资产或换出资产的公允价值能够可靠地计量。属于以下三种情况之一的，表明公允价值能够可靠地计量：第一，换入资产和换出资产存在活跃市场；第二，换入资产和换出资产不存在活跃市场但同类或类似资产存在活跃市场；第三，换入资产和换出资产不存在同类或类似资产的可比市场交易、采用估值技术确定的公允价值满足一定的条件。

换入资产和换出资产公允价值均能够可靠计量的，应当以换出资产的公允价值作为确定换入资产成本的基础，但有确凿证据表明换入资产的公允价值更加可靠的，应当以换入资产的公允价值为基础确定换入资产的成本。

不具有商业实质或涉及交换资产的公允价值均不能可靠计量的非货币性资产交换，应当按照换出资产的账面价值和应支付的相关税费，作为换入资产的成本，不论是否支付补价，均不确认损益。

6.盘盈存货的成本

盘盈的存货按照其重置成本作为入账价值，并通过“待处理财产损溢”账户进行会计核算，按管理权限报经批准后再冲减管理费用。

以上各种情况不仅适用于商品流通企业，也适用于制造业企业等企业存货取得成本的确定。

(二) 商品购进业务核算设置的账户

为了检查商品采购计划的执行情况，监督在途商品及时运达入库，核算商品采购成本和库存商品的增减变动，以及各种费用的发生情况和与供应单位的货款结算情况，需要设置一系列专门账户。

1.“商品采购”账户

“商品采购”账户属于资产类账户，用来核算企业购入商品的采购成本。企业为销售而购入的各种商品，不论是否进入本企业仓库，凡是通过本企业结算货款的，都在本账户中核算。“商品采购”账户的核算内容和结构如下：

借方　　　　商品采购	贷方
已付款的购入商品的采购成本	验收入库商品的实际采购成本
期末余额：在途商品的采购成本	

“商品采购”账户应按供应单位、商品类别等分户进行明细分类核算。根据企业会计准则规定要求，企业商品采购业务可以通过“在途物资”账户核算。企业购入商品，按应计入商品采购成本的金额，借记“在途物资”账户，按实际支付或应支付的金额，贷记“银行存款”、“应付账款”等账户。所购商品到达验收入库时，借记“库存商品”账户，贷记“在途物资”账户。

2.“库存商品”账户

“库存商品”账户属于资产类账户，用来核算企业库存商品的增减变动和结存情况。“库存商品”账户的核算内容和结构如下：

借方	库存商品　　　　　　　　贷方
验收入库商品的成本（增加）	发出库存商品的成本（减少） （包括盘亏或其他原因减少）
期末余额：库存商品的结存数额	

“库存商品”账户具体核算内容参见第九章。

3.“销售费用”账户

“销售费用”账户属于损益类账户，用来核算企业在商品销售过程中发生的费用，其具体核算内容见第九章相关内容，此处不再说明。

商品流通企业在购买商品过程中发生的运输费、装卸费等，如果金额较小也在本账户核算。商品流通企业可不单独设置“管理费用”科目（在管理费用不多的情况下），其核算内容并入“销售费用”账户。“销售费用”账户应按具体费用项目分项进行明细分类核算。月末结转后，该账户无余额。

4.“管理费用”账户

“管理费用”账户属于损益类账户，用来核算企业行政管理部门为组织和管理企业经营活动所发生的各项费用。“管理费用”账户的核算内容和结构见第九章第三节的相关内容。

商品购进业务的核算除了需要设置上述账户外，还需要设置“应付账款”、“应交税费——应交增值税（进项税额）”等账户，涉及的账户在本书第九章已做说明，这里不再重述。

（三）批发企业商品购进业务核算举例

现以ABC批发公司12月份发生的部分经济业务为例，说明商品购进业务的核算方法如下：

【例10-1】12月7日，ABC批发公司由本市某工厂购进甲商品1 500千克，每千克进价为20元，计30 000元，增值税税额为5 100元，价税合计35 100元，以银行存款支付，商品已验收入库。

根据发票、银行付款凭证等有关凭证，ABC批发公司编制商品采购的会计分录如下：

借：商品采购　　30 000
　　应交税费——应交增值税（进项税额）　　5 100
　贷：银行存款　　35 100

同时，编制商品验收入库的会计分录如下：

借：库存商品——甲商品　　30 000
　贷：商品采购　　30 000

【例10-2】12月10日，ABC批发公司由外地某公司购进乙商品2 000件，每件进价为50元，计100 000元，增值税税额为17 000元，价税合计 117 000元。对方单位垫付运杂费200元。上述全部款项已通过银行转账支付，商品尚未收到。

根据有关凭证，ABC批发公司编制商品采购的会计分录如下：

借：商品采购　　100 000
　　销售费用——运杂费　　200

借：应交税费——应交增值税（进项税额） 17 000

　贷：银行存款 117 200

【例 10-3】12月13日，上项购进的乙商品已运到ABC批发公司，并已验收入库。

根据商品入库单有关凭证，ABC批发公司编制的会计分录如下：

借：库存商品——乙商品 100 000

　贷：商品采购 100 000

【例 10-4】12月15日，ABC批发公司由本市某工厂购进丙商品1 000箱，每箱进价18元，计18 000元，增值税税额为3 060元，价税合计21 060元，价税款尚未支付，商品已验收入库。

根据有关凭证，ABC批发公司编制商品采购的会计分录如下：

借：商品采购 18 000

　　应交税费——应交增值税（进项税额） 3 060

　贷：应付账款——某工厂 21 060

同时，编制商品验收入库的会计分录如下：

借：库存商品——丙商品 18 000

　贷：商品采购 18 000

【例 10-5】12月18日，上项购进丙商品发生的应付某工厂货款21 060元，ABC批发公司以银行存款支付。

根据有关凭证，ABC批发公司编制支付货款的会计分录如下：

借：应付账款——某工厂 21 060

　贷：银行存款 21 060

根据上述举例，ABC批发公司商品购进业务总分类核算如图10-1所示。

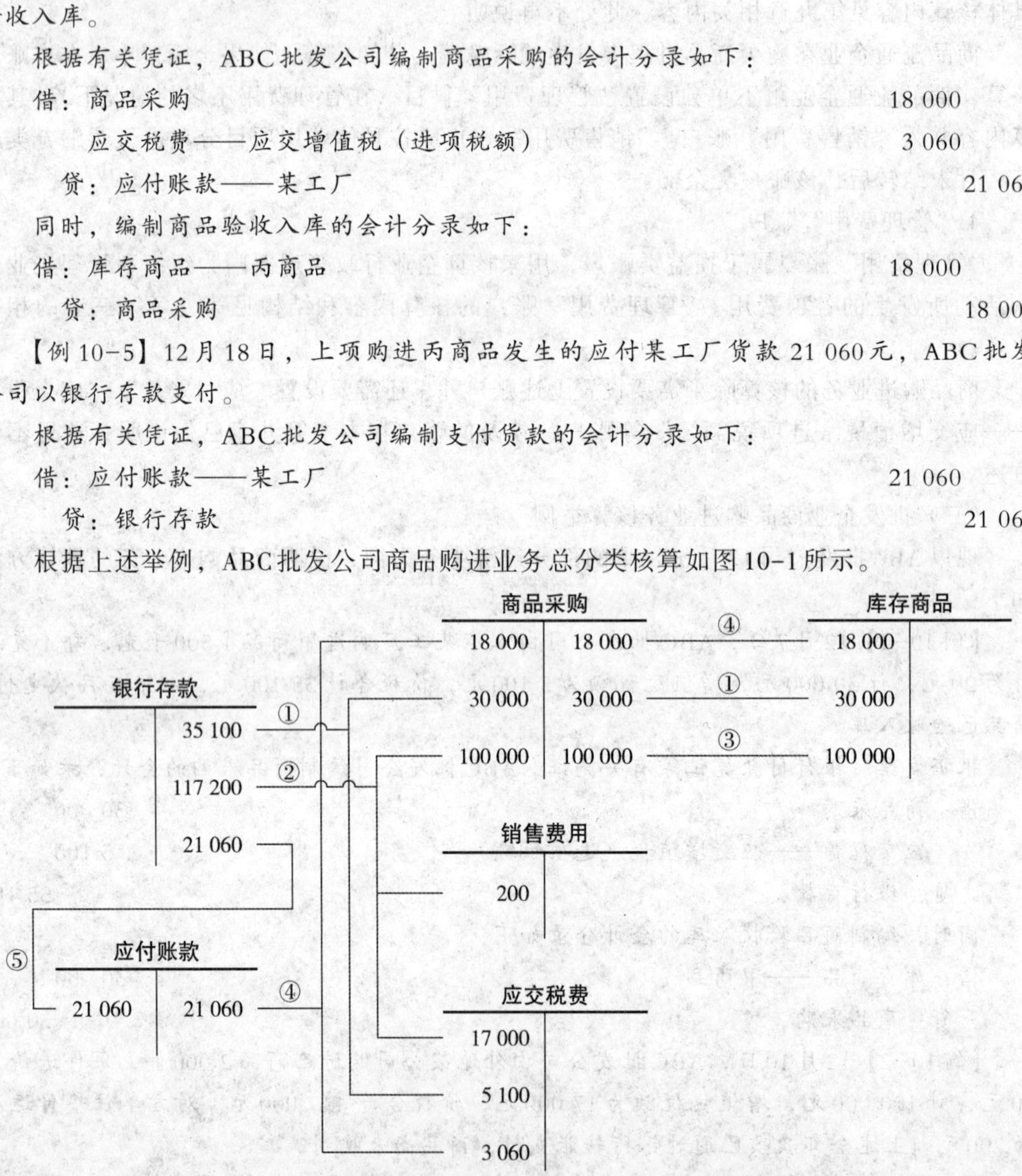

图10-1　ABC批发公司商品购进业务总分类核算图示

三、批发企业商品销售业务的核算

(一) 商品销售收入的确认

商品销售是指企业出售本企业所经营的商品，并通过货币结算收回货款的交易行为。在商品销售过程中，企业出售商品，收回货币，实现商品销售收入。通过销售过程，企业将商品资产转化为货币资产。

根据企业会计准则规定，企业应在收入确定的各项条件均已满足的前提下，确认商品销售收入实现。收入确认的条件可参见第九章第四节有关内容，此处不再重述。

在某些特殊情况下，商品销售可以按以下原则确认收入：

(1) 商品需要安装和检验的销售，在购买方接受交货，以及安装和检验完毕前一般不应确认收入，但如果安装程序比较简单，或检验是为最终确定合同价格而必须进行的程序，则可以在商品发出或装运时确认收入。

(2) 附有商品销售退回条件的商品销售，是指购买方依照有关协议有权退货的销售。如果企业能够按照以往的经验对退货的可能性做出合理估计的，应在发出商品时，将估计不会发生退货的部分确认收入，估计可能发生退货的部分不确认收入。如果企业不能合理确定退货的可能性，则在售出商品退货期满时确认收入。

(3) 代销商品可分为两种情况：一是视同买断，即由委托方和受托方签订协议，委托方按协议价收取所代销商品的货款，实际售价可由受托方自定，实际售价与协议价的差额归受托方所有。二是收取手续费，即受托方根据所代销的商品数量向委托方收取手续费。对于代销商品，委托方在交付商品时不确认收入。受托方将商品售出后，向委托方开具代销清单，委托方在收到代销清单时确认收入。

(4) 分期收款销售，是指商品已经交付，货款分期收回（通常为超过3年）的销售方式。如果延期收取的货款具有融资性质，其实质是企业向购货方提供免息的信贷时，企业应当按照应收的合同或协议价款的公允价值确定收入金额。应收的合同或协议价款的公允价值，通常应当按照其未来现金流量现值或商品现销价格计算确定。应收的合同或协议价款与其公允价值之间的差额，应当在合同或协议期间内，按照应收款项的摊余成本和实际利率计算确定的金额进行摊销，冲减财务费用。其中，实际利率是指具有类似信用等级的企业发行类似工具的现时利率，或者将应收的合同或协议价款折现为商品现销价格时的折现率等。应收的合同或协议价款与其公允价值之间的差额，按照实际利率法进行摊销与按照直线法摊销结果相差不大的，也可以采用直线法进行摊销。

(5) 以旧换新销售，指销售方在销售商品的同时，回收与所售商品相同的旧商品。在这种销售方式下，销售的商品按照商品销售的方法确认收入，回收的商品作为购进商品处理。

上述收入确认的特殊原则，同样适用于制造业企业等其他各种类型企业。

小知识10-1

实际利率法

根据企业会计准则的规定，实际利率是指将金融资产或金融负债在预期存续期间或适用的更短期间内的未来现金流量，折现为该金融资产或金融负债当前账面价值所使用的利率。实际利率法是指按照金融资产或金融负债的实际利率计算其摊余成本及各期利息收入或利息费用的方法。摊余成本是指该金融资产的初始确认金额经下列调整后的结果：(1) 扣除已偿还的本金；(2) 加上或减去采用实际利率法将该初始确认金额与到期金额之间的差额进行摊销形成的累计摊销额；(3) 扣除已发生的减值损失。实际利率法的具体运用可以在后续课程中学习。

（二）商品销售业务核算设置的账户

为了正确核算企业的商品销售收入、销售成本、销售税金及附加，计算确定商品销售业务的盈亏情况，需要设置一系列专门账户。

1."商品销售收入"账户

企业可以设置"主营业务收入"账户核算其实现的商品销售收入，也可以设置"商品销售收入"账户核算企业的商品销售收入。"商品销售收入"账户应按商品类别分户进行明细分类核算。月末结转后，本账户应无余额。"商品销售收入"账户的核算内容和结构与第九章第四节所述"主营业务收入"账户相同。

2."商品销售成本"账户

企业可以设置"主营业务成本"账户进行核算，也可以设置"商品销售成本"账户进行核算。"商品销售成本"账户属于损益类账户，用来核算企业商品的销售成本。本账户应按商品类别设置明细账进行明细分类核算。月末结转后，本账户应无余额。"商品销售成本"账户的核算内容和结构与第九章第四节所述"主营业务成本"账户相同。

3."商品销售税金及附加"账户

企业可以通过设置"营业税金及附加"账户进行有关税费的核算，也可以设置"商品销售税金及附加"账户进行核算。"商品销售税金及附加"账户属于损益类账户，用来核算企业由于销售商品而应计算上交的各种税金及教育费附加等。本账户应按应付各种税费的类别进行明细分类核算。月末结转后，本账户应无余额。"商品销售税金及附加"账户核算的具体内容和结构与第九章第四节所述"营业税金及附加"账户相同。

商品销售业务的核算，除了需设置上述账户外，还需设置"应收账款"、"预收账款"和"应交税费——应交增值税"等账户，这些账户的性质和用途结构已在本书第九章中介绍，在此不再赘述。

（三）批发企业商品销售业务核算举例

现以WP批发公司12月份发生的部分经济业务为例，说明商品销售业务的核算方法。

【例10-6】12月10日，WP批发公司售给本市东海商店甲商品1 000千克，每千克售价为30元，计30 000元，应收增值税税额为5 100元，全部款项已收到并存入银行。甲商品进货原价为20元/千克。

根据有关凭证，WP批发公司编制商品销售业务的会计分录如下：

借：银行存款　　35 100

　　贷：商品销售收入——甲商品　　30 000

　　　　应交税费——应交增值税（销项税额）　　5 100

同时，编制结转商品销售成本（按进价）的会计分录如下：

借：商品销售成本——甲商品　　20 000

　　贷：库存商品——甲商品　　20 000

【例10-7】12月13日，WP批发公司售给外地利民公司乙商品1 500件，每件售价为50元，计75 000元，应收增值税税额为12 750元，另以支票垫付运杂费3 000元，商品已发运，并向银行办妥托收手续。该批商品的进价成本为60 000元。

根据有关凭证，WP批发公司编制商品销售业务的会计分录如下：

借：应收账款——利民公司　　87 750

　贷：商品销售收入——乙商品　　75 000

　　　应交税费——应交增值税（销项税额）　　12 750

根据运费支付凭证，WP批发公司编制垫付运杂费的会计分录如下：

借：应收账款——利民公司　　3 000

　贷：银行存款　　3 000

同时，编制结转商品销售成本（按进价）的会计分录如下：

借：商品销售成本——乙商品　　60 000

　贷：库存商品——乙商品　　60 000

【例10-8】12月18日，WP批发公司以银行存款分别支付广告费1 200元和管理部门固定资产修理费用800元。

广告费应当记入“销售费用”账户，管理部门固定资产修理费用应当记入“管理费用”账户。根据有关凭证，WP批发公司编制会计分录如下：

借：销售费用——广告费　　1 200

　　管理费用——修理费　　800

　贷：银行存款　　2 000

【例10-9】12月28日，WP批发公司按税法规定计算本月应交销售税金3 500元（假设均为城市维护建设税）。

根据有关凭证，WP批发公司编制会计分录如下：

借：商品销售税金及附加　　3 500

　贷：应交税费——应交城市维护建设税　　3 500

根据【例10-6】至【例10-9】，WP批发公司商品销售业务总分类核算如图10-2所示。

四、批发企业商品销售成本的计算与结转

批发企业商品销售成本是指已销商品的进价成本。批发企业商品销售成本的计算方法可以采用先进先出法、加权平均法、移动平均法、个别计价法和毛利率法等。有关发出存货计价方法可参考本书第七章的相关内容，在此以全月一次加权平均法为例进行说明。

采用全月一次加权平均法，是以每种商品期初结余金额与本期收入金额之和除以期初结存数量与本期收入数量之和，计算出加权平均单价，再用加权平均单价乘以本期商品销售数量，求得商品销售成本。或者用加权平均单价乘以期末结存数量，计算出期末结存金额，再倒挤出本期商品销售成本。其计算公式如下：

$$\text{加权平均单价}=\frac{\text{期初结存金额}+\text{本期收入金额}}{\text{期初结存数量}+\text{本期收入数量}}$$

$$\text{本期商品销售成本}=\text{本期商品销售数量}\times\text{加权平均单价}$$

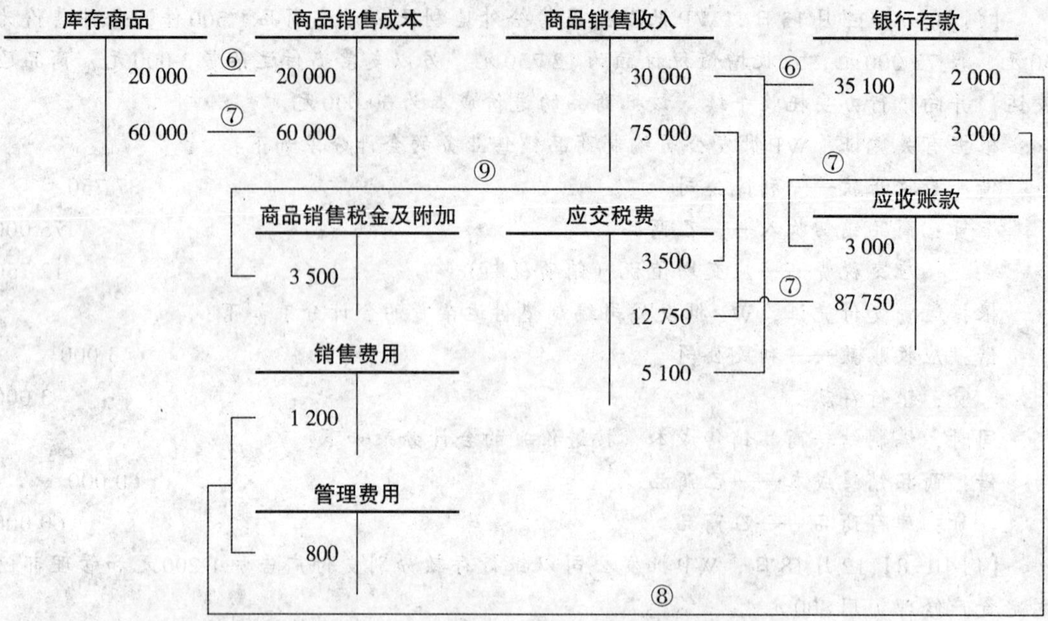

图10-2 WP批发公司商品销售业务总分类核算图示

如果采用倒挤法，则其计算公式如下：

期末结存金额=期末结存数量×加权平均单价

本期商品销售成本=期初结存金额+本期收入金额-本期非销售付出金额-期末结存金额

本期非销售付出金额是指商品损耗、短缺和拨付加工等，这些情况一般在商品付出时已按期初平均单价转入有关账户，故在倒挤成本时应予以剔除，以保证商品销售成本计算的真实性。

【例10-10】WP批发公司库存甲商品明细账的资料见表10-1。

表10-1 库存商品明细账

品名：甲商品　　规格：　　单位：元　　第×页

日期	凭证号	摘要	收入			发出				结存		
			购进数量	单价	金额	销售数量	其他数量	单价	金额	数量	单价	金额
1		月初结存								6 000	4.80	28 800
3		购进	5 000	4.75	23 750					11 000		
10		销售				4 000				7 000		
15		付出加工					1 000	4.80	4 800	6 000		
22		购进	5 500	4.70	25 850					11 500		
27		销售				6 500				5 000		
30		销售成本							49 850			
		本月合计	10 500		49 600	10 500	1 000		54 650	5 000	4.75	23 750

根据表10-1所列资料，采用全月一次加权平均法计算本期商品销售成本如下：

$$加权平均单价=\frac{28\ 800+(23\ 750+25\ 850)}{6\ 000+(5\ 000+5\ 500)}=4.75（元）$$

期末结存金额=5 000×4.75=23 750（元）

本期商品销售成本=28 800+49 600−4 800−23 750 =49 850（元）

根据以上计算结果和发出商品的相关凭证，编制本月结转商品销售成本的会计分录如下：

借：商品销售成本——甲商品　　49 850

　贷：库存商品——甲商品　　49 850

小知识10-2

毛利率法

毛利率法是按估计的销售毛利率（上期实际毛利率或本期计划毛利率）确定估计的销售成本，以计算期末存货的估计成本。这种方法适用于商业批发企业，其相关计算公式如下：

毛利率=销售毛利÷销售净额×100%

销售毛利=销售净额×毛利率

销售成本=销售净额−销售毛利

期末结存存货成本=期初结存存货成本+本期购货成本−本期销售成本

第三节　零售企业经营过程主要业务的核算

一、零售企业商品经营特点和核算方法

（一）零售企业商品经营特点

零售企业处于商品流通的最终环节，其经营活动主要是从批发企业或生产部门购进工农业产品，再供应给城乡居民个人消费或机关团体集体消费等。零售企业商品经营的特点主要是：经营品种多、规格复杂；销售次数频繁、销货手续简便，销售对象主要是个人消费者，多数商品采用“一手钱一手货”的销售方式，除少数贵重商品和单位集体购买外，一般不需要填制销售发票；库存数量较小，定期盘点比较容易做到。根据零售企业业务经营特点，零售企业一般适宜于采用售价金额核算法进行商品核算。

（二）售价金额核算法

售价金额核算法是只采用售价金额一种计量单位来控制商品进、销、存情况的一种商品核算方法。其主要内容有：

（1）建立实物负责制。将零售企业所经营的商品，按照商品类别或存放地点，分设若干个实物负责人，各个实物负责人对其所经管的商品承担经济责任。

（2）售价记账、金额控制。库存商品总账和明细账均按零售价格记账，只记金额不记数量。库存商品明细账按实物负责人分户，以售价金额控制各实物负责人所经营商品的进、销、存情况。

（3）设置“商品进销差价”账户。由于库存商品按售价记账，而购进商品货款是按进

价支付，因此需要设置“商品进销差价”账户，用来核算商品进价与售价之间的差额。

（4）加强商品价格管理和商品盘点。

二、零售企业商品购进业务的核算

零售企业商品购进业务的核算，除了使用“商品采购”和“库存商品”等账户外，还需要设置“商品进销差价”账户，该账户是“库存商品”账户的备抵调整账户，用来核算商品进价与售价之间的差额。“商品进销差价”账户的核算内容和结构如下：

借方　　　商品进销差价	贷方
购进商品售价小于进价的差额，已销商品分摊的差价和其他原因减少的进销差价	购进商品售价大于进价的差额和其他原因增加的进销差价
	期末余额：库存商品应负担的进销差价

企业购入商品采用售价核算的，在商品到达验收入库后，应按商品售价，借记“库存商品”账户，按商品进价，贷记“银行存款”、“商品采购”（或“在途物资”）等账户，按商品售价与进价的差额，贷记或借记“商品进销差价”账户。

现以MN商店12月份发生的部分经济业务为例，说明零售企业商品购进业务的核算方法。

【例10-11】12月2日，MN商店由本市大众批发公司购入甲商品1 000千克，每千克进价为30元，计30 000元，增值税税额为5 100元，价税合计35 100元，以支票付清款项。该种商品每千克售价为38元，该批商品已交食品组验收。

根据有关凭证，MN商店编制商品采购的会计分录如下：

借：商品采购——大众批发公司　　30 000
　　应交税费——应交增值税（进项税额）　　5 100
　贷：银行存款　　35 100

同时，编制商品验收入库的会计分录如下：

借：库存商品——食品组　　38 000
　贷：商品采购——大众批发公司　　30 000
　　　商品进销差价　　8 000

【例10-12】12月4日，MN商店从外地盛达工厂购入乙商品3 000件，每件进价为20元，计60 000元，增值税税额为10 200元，价税合计70 200元，对方垫付运费300元，商品已发运，款项通过银行转账结算。

根据有关凭证，MN商店编制商品采购的会计分录如下：

借：商品采购——盛达工厂　　60 000
　　销售费用——运杂费　　300
　　应交税费——应交增值税（进项税额）　　10 200
　贷：银行存款　　70 500

【例10-13】12月10日，MN商店由盛达工厂购进的乙商品运到，已交百货组验收。该种商品每件售价为25元。

根据有关凭证，MN商店编制商品验收入库的会计分录如下：

借：库存商品——百货组　75 000
　贷：商品采购——盛达工厂　60 000
　　商品进销差价　15 000

【例10-14】12月13日，MN商店由本市大东方公司购入丙商品500箱，每箱进价为20元，计10 000元，增值税税额为1 700元，价税合计11 700元，款项尚未支付。该种商品每箱售价为28元。该批商品已交百货组验收。

根据有关凭证，MN商店编制商品采购的会计分录如下：

借：商品采购——大东方公司　10 000
　应交税费——应交增值税（进项税额）　1 700
　贷：应付账款——大东方公司　11 700

同时，编制商品验收入库的会计分录如下：

借：库存商品——百货组　14 000
　贷：商品采购——大东方公司　10 000
　　商品进销差价　4 000

【例10-15】12月18日，MN商店以支票付清前欠大东方公司丙商品款11 700元。

根据有关凭证，MN商店编制支付货款的会计分录如下：

借：应付账款——大东方公司　11 700
　贷：银行存款　11 700

三、零售企业商品销售业务的核算

零售企业商品销售收入的确认与批发企业相同，需要设置的账户与批发企业也基本相同。对于零售商品销售业务的核算，一方面要按售价反映商品销售收入的实现和货款送存银行以及应交增值税的情况；另一方面要按售价注销实物负责人的库存金额，并按售价结转商品销售成本，月末计算出已销商品应分摊的进销差价时，再将按售价结转的销售成本调整为进价成本。企业对外销售商品，结转销售成本时，借记“商品销售成本”（或“主营业务成本”）账户，贷记“库存商品”账户。

现以MN商店12月份发生的经济业务为例，说明零售商品销售业务的核算方法。

【例10-16】12月8日，MN商店收到各柜组交来本日销货款5 850元，已存入银行。经折算本日销售额为5 000元（其中食品组为2 000元，百货组为3 000元），增值税税额为850元。

根据有关凭证，MN商店编制商品销售的会计分录如下：

借：银行存款　5 850
　贷：商品销售收入　5 000
　　应交税费——应交增值税（销项税额）　850

同时，注销实物负责人的库存金额，编制结转商品销售成本的会计分录如下：

借：商品销售成本　5 000
　贷：库存商品——食品组　2 000
　　　　——百货组　3 000

四、零售企业已销商品进销差价的计算与结转

实行售价金额核算的零售企业，商品销售后，在按售价注销实物负责人库存金额的同

时，也按售价结转了商品销售成本。而商品销售成本应按进价计算，因此月末需采用一定的方法先计算出已销商品应分摊的进销差价，再确定销售商品的进价成本。结转本月应分摊的商品进销差价时，借记“商品进销差价”账户，贷记“商品销售成本”账户。如果商品进价大于售价，结转本月应分摊的商品进销差价时，则做相反的会计分录。

零售企业已销商品应分摊进销差价的计算方法，一般有综合平均差价率法、分柜组（类）平均差价率法和盘存商品实际差价法三种。在此仅介绍比较常用的分柜组（类）平均差价率法。

分柜组（类）平均差价率法是按各柜组或各类商品的存销比例分摊商品进销差价的一种方法。其具体计算方法是，先将调整前的“商品进销差价”账户余额，除以按售价计算的商品总额，计算出平均差价率，再以本月商品销售额乘以平均差价率，即为已销商品应分摊的进销差价。其计算公式如下：

$$\text{分柜组（类）平均差价率}=\frac{\text{某柜组（类）月末“商品进销差价”账户余额}}{\text{某柜组（类）月末“库存商品”账户余额}+\text{某柜组（类）月末“受托代销商品”账户余额}+\text{某柜组（类）本月商品销售额}}$$

某柜组（类）已销商品分摊进销差价=某柜组（类）本月商品销售额×该柜组（类）平均差价率

采用分柜组（类）平均差价率法，需要根据明细账的数据计算，因此企业的“库存商品”、“受托代销商品”、“商品销售收入”、“商品销售成本”和“商品进销差价”账户，均应按营业柜组或商品类别分户进行明细分类核算。

【例 10-17】MN零售商店下设三个营业柜组，各柜组上月末有关明细账户的数据资料见表10-2。

表10-2 各柜组月末有关明细账户资料 单位：元

柜组名称	商品进销差价账户余额	本月商品销售额	库存商品账户月末余额	受托代销商品账户月末余额
第一组	12 350	25 000	70 000	5 000
第二组	11 715	65 000	40 000	1 500
第三组	12 635	50 000	80 000	3 000
合计	36 700	140 000	190 000	9 500

根据表10-2所列资料，可以编制已销商品进销差价计算表，见表10-3。

表10-3 已销商品进销差价计算表

年 月 日 单位：元

柜组名称	商品进销差价账户余额	本月商品销售额	库存商品账户月末余额	受托代销商品账户月末余额	分柜组差价率	商品进销差价	
						已销商品	结存商品
(1)	(2)	(3)	(4)	(5)	(6) = (2) ÷ [(3) + (4) + (5)]	(7) = (3) × (6)	(8) = (2) − (7)
第一组	12 350	25 000	70 000	5 000	12.35%	3 087.50	9 262.50
第二组	11 715	65 000	40 000	1 500	11%	7 150	4 565
第三组	12 635	50 000	80 000	3 000	9.5%	4 750	7 885
合计	36 700	140 000	190 000	9 500		14 987.50	21 712.50

根据已销商品进销差价计算表的计算结果，编制结转商品进销差价的会计分录如下：

借：商品进销差价——第一组　　3 087.50

——第二组　　7 150

——第三组　　4 750

贷：商品销售成本——第一组　　3 087.50

——第二组　　7 150

——第三组　　4 750

第四节 商品流通费用、营业税金和经营成果的核算

一、商品流通费用的核算

商品流通费用是指企业在组织商品流通过程中发生的各种耗费，一般包括在商品购、销、存环节发生的商品进货费用、销售费用、仓储费用，以及在资金筹措、组织和管理企业经营活动等方面的支出和资产耗费，这些费用都属于期间费用。

上述商品流通费用的核算方法与制造业企业期间费用的核算相同，不再详细说明。

二、营业税金的核算

营业税金是指企业按国家税法规定向国家交纳的各种税款。按照现行税法规定，商品流通企业向国家交纳的税金与制造业企业基本相同，主要有增值税、营业税、所得税等。这里仅简单介绍增值税的有关内容。

按照规定，企业应纳增值税税额的计算公式如下：

应纳税额=当期销项税额-当期进项税额

销项税额是指纳税人销售货物或应税劳务，按照销售额和规定的税率计算并向买方收取的增值税税额。其计算公式如下：

销项税额=销售额×税率

上式中的销售额，是指纳税人向买方收取的全部价款和价外费用。进项税额是指纳税人购进货物或者是接受应税劳务，所支付或者负担的增值税税额。

关于增值税的会计核算，已在第九章的相关内容中做了介绍，这里不再举例说明。

三、经营成果的核算

经营成果是企业在一定时期内全部经营活动的最终成果，即利润或亏损，它是考核企业经营管理工作的一项综合性指标。

商品流通企业的利润主要是由商品销售利润和其他业务利润组成。

按照企业会计准则的规定，商品流通企业净利润的组成内容与计算方法与制造业企业相同，可以参考本书第九章所述内容。

年度终了，企业应将所有损益类账户的发生额转入“本年利润”账户。通过“本年利润”账户，将本年实现的各项收入和发生的各项成本费用相抵后，结出本年净利润（或净亏损）。年度终了时，应当将“本年利润”账户的余额转入“利润分配——未分配利润”账户。如为本年实现的净利润，应当编制借记“本年利润”账户、贷记“利润分配——未分配利润”账户的会计分录；如为净亏损，则做相反会计分录。

商品流通企业利润形成与分配的核算方法同制造业企业利润形成与分配的核算方法一

致，此处不再赘述。

典型案例

某小型零售商店所售各种商品均为外购商品。商店经理为了能准确核算各种商品的销售利润，要求会计将所购各种商品所发生的各项支出（包括采购商品支付的价款、增值税、运杂费、运输途中合理损耗等），不分金额大小，均计入所购各种商品成本中。请你对该商店的做法进行分析评价。

分析提示：按照企业会计准则规定，外购商品的成本按采购成本计价入账。商品流通企业的商品采购成本包括采购价格、相关税费、运输费和其他可归属于存货采购成本的进货费用。但是，如果相关进货费用金额较小的，可以在发生时直接计入当期损益。该商店属于小规模纳税人，采购商品支付的价款和增值税，可以计入所购商品成本，其他各项进货费用金额不会太大，既可以计入商品采购成本，也可以直接计入当期销售费用中。该企业不分进货费用金额大小，全部计入商品采购成本，加大了核算工作量，不符合会计重要性原则的要求。

本章小结

商品的购进和销售业务是商品流通企业会计核算的主要内容。商业批发企业一般采用数量进价金额核算法进行商品核算，即采用实物数量和进价金额两种计量单位来控制商品进、销、存情况的一种商品核算方法。商业零售企业一般适宜采用售价金额核算法进行商品核算，即只采用售价金额一种计量单位来控制商品进、销、存情况的核算方法。商品流通企业的存货，应该按照取得时的实际成本入账，实际成本依据存货的取得来源不同而定。已销商品按先进先出法等发出存货计价方法结转销售成本，商业零售企业还需计算并结转已销商品进销差价。商品流通企业应当按照规定确认商品销售收入，进行会计核算，并进行商品流通费用、营业税金和经营成果的核算。

习题

一、选择题

1.作为一般纳税企业的商品流通企业，其外购商品采购成本不包括（　　）。

A.支付的采购价款　　B.支付的增值税

C.支付的进货费用　　D.支付的仓储费用

2.需要经过安装检验的商品销售，商品销售收入确认的条件是（　　）。

A.商品发出时　　B.安装检验完成前

C.安装检验完成后　　D.收到货款时

3.对于委托代销商品，委托方确认收入的时点是（　　）。

A.商品发出时　　B.商品销售时

C.收到代销清单时　　D.收到货款时

4.零售商业企业进行商品购进核算时必须设置的会计科目是（　　）。

A.商品采购　　B.库存商品

C.应交税费——应交增值税　　D.商品进销差价

5.商品流通企业主营业务利润包括（ ）。

A.代购代销收入　　B.营业外收入

C.投资收益　　D.补贴收入

6.商品流通企业可以计入当期损益的采购费用是（ ）。

A.一般纳税企业支付的可抵扣增值税

B.运输费

C.运输途中合理损耗

D.入库前的整理挑选费用

7.商业批发企业商品销售成本的计算方法可以是（ ）。

A.先进先出法　　B.加权平均法

C.毛利率法　　D.售价金额核算法

8.商业零售企业已销商品进销差价的结转方法可以是（ ）。

A.综合平均差价率法　　B.分类平均差价率法

C.毛利率法　　D.售价金额核算法

9.影响商品销售利润的项目是（ ）。

A.商品销售收入　　B.商品销售成本

C.商品销售折让　　D.商品销售税金

10.对于委托代销商品，下列说法中正确的是（ ）。

A.可采取视同买断或收取手续费方式

B.委托方收到代销清单时确认收入

C.受托方只有收取的手续费收入

D.销售价格由受托方自行确定

二、简答题

1.数量进价金额核算法的基本内容是什么？

2.如何确定商品采购成本？

3.批发商品购进业务核算需要设置哪些会计科目？各科目设置的意义是什么？

4.批发商品销售业务核算需要设置哪些会计科目？各科目设置的意义是什么？

5.批发商品销售成本计算的方法有哪些？如何运用加权平均法计算确定商品销售成本？

6.售价金额核算法的基本内容有哪些？

7.“商品进销差价”账户设置的意义是什么？

8.如何运用分类平均差价率法计算结转已销商品应分摊的商品进销差价？

三、业务题

南洋商业批发公司为一般纳税企业，本月份发生下列商品购销业务：

(1) 从XYZ工厂购进甲商品500千克，每千克进价为20元，计10 000元，增值税税额为1 700元，全部价税款以银行存款支付，商品已验收入库。

(2) 从MN公司购进乙商品2 000件，每件进价为30元，计60 000元，增值税税额为10 200元，对方垫付运杂费800元。南洋公司开出一张承兑的商业汇票支付全部款项，商品未到。

(3) 从MN公司购进的乙商品已运到，并已验收入库。

(4) 售给本市某商店甲商品300千克，每千克售价为30元，计9 000元，应收增值税税额为1 530元，全部款项已收到并存入银行。该种商品每千克进货原价为20元。

(5) 售给外地某公司乙商品1 000件，每件售价为50元，计50 000元，增值税税额为8 500元，另以支票垫付运杂费600元，商品已发运，并符合收入确认的条件，但相关价税款项并未收到。该批商品的进价成本为30 000元。

(6) 按规定计算本月应交城市维护建设税2 500元。

要求：根据上述业务编制有关会计分录（假设相关采购费用金额较小，可以直接计入当期损益）。

第十一章　财务会计报告

学习目标

知识目标　掌握财务报表的概念、分类，掌握资产负债表、利润表的内容结构，明确所有者权益变动表、现金流量表的内容结构，了解财务报表的作用和编制方法，了解财务报表分析方法。

技能目标　熟悉资产负债表、利润表、所有者权益变动表和现金流量表的基本结构，熟悉资产负债表和利润表的编制方法。

第一节　财务会计报告概述

企业单位账簿中所记录的会计信息，虽然比会计凭证中的信息更加条理化、系统化，但就某一期间经济活动的整体情况而言，其所提供的仍然是分散的、部分的会计信息，不能集中反映该会计期间企业经营活动的全貌。为此需要编制财务会计报告，为有关方面提供总括性的会计资料。

一、财务会计报告的作用

财务会计报告（又称财务报告），是指企业对外提供的反映企业某一特定日期的财务状况和某一会计期间的经营成果、现金流量等会计信息的文件。

在市场经济条件下，企业需要进行筹资、投资和生产经营活动，由于企业所有权与经营权的分离，企业必须向会计信息使用者提供相关财务会计信息。企业财务报告的使用者包括投资者、债权人、政府及其有关部门和社会公众等。财务报告的作用主要包括以下方面：

（一）有助于投资者和债权人等合理进行经济决策

在企业财务报告的外部使用者中，投资者和债权人是财务报告最重要的使用者。企业的资产主要有两个来源：一是所有者投入的资产；二是债权人提供的信贷资产。企业资产的这两种不同来源分别形成了企业的所有者权益和债权人权益。财务报告应当提供有关企业经济资源和对这些资源要求权的状况，以及与这种状况变动有关的信息。对于投资者和债权人来说，利用企业财务报告提供的信息，可以了解有关企业经济资源和经济义务等方面的信息，了解企业的经营业绩、盈利能力和偿债能力，并据以判断企业在激烈的市场竞争环境中的生存、适应、成长和发展的能力，从而进行投资和信贷决策。

（二）可以反映管理当局受托责任的履行情况

股份有限公司的“两权分离”使股东和企业管理当局之间产生了委托与受托关系。股东将资产投入公司，委托经理人进行经营管理。企业经理人对企业的情况远比股东更清楚，股东为了确保自身的经济利益，保证其投入资本的保值与增值，需要经常了解管理当局对受托经济资源的经营管理情况。通过财务报告所提供的相关信息，可以比较全面、系统、连续和综合地反映企业投入资产的来源、性质、分布情况及其运用效果，从而可以反映企业的财务状况、经营业绩，以及反映管理当局对受托经济资源经营管理责任的履行情况。

（三）可以为国家制定宏观政策提供依据

政府是国民经济的组织者和管理者，也是财务报告的重要需求者。国家在制定宏观调控政策时，需要依据企业财务报告所提供的会计信息。在我国社会主义市场经济体制下，这一点尤其重要。政府有关部门通过对企业财务报告所提供信息的汇总分析，可以考察国民经济各部门的运行情况，掌握国家有关法律和规章制度的执行情况，并通过制定经济政策，发挥政府进行宏观调控管理的职能作用，实现社会资源的有效配置。

（四）有助于企业管理当局改善经营管理

企业管理当局的主要职能，既要协调企业与相关利益集团以及各利益集团之间的关系，又要加强企业内部经营管理，不断提高企业经济效益。财务报告特别是报表附注及其他应当在财务报告中披露的相关信息和资料，可以从不同侧面反映企业经营管理活动中存在的问题。企业管理当局和企业内部管理人员，利用财务报告所提供的信息，可以对企业财务状况、相关收入和成本费用等进行分析，从而发现企业经营管理中存在的问题，并查找产生问题的根源，及时采取相应措施加以改进。管理当局只有通过不断改善企业经营管理，才可以更有效地履行其受托经营管理责任。

二、财务会计报告的分类

财务会计报告包括财务报表和其他财务会计报告。其中，财务报表是财务会计报告的核心，是对企业财务状况、经营成果和现金流量的结构性表述。财务报表至少应当包括资产负债表、利润表、现金流量表、所有者权益（或股东权益，下同）变动表及其附注。附注是对在资产负债表、利润表、现金流量表和所有者权益变动表等报表中列示项目的文字描述或明细资料，以及对未能在这些报表中列示项目的说明等。其他财务会计报告是指其他应当在财务会计报告中披露的相关信息和资料。其他财务会计报告既可以包括货币性和定量信息，也可以包括非货币性和定性信息。根据现行惯例，其他财务会计报告的内容主要包括管理当局的分析预测报告、物价变动影响报告和社会责任报告等。

在会计实务中，财务报表可按以下不同标准进行分类：

（一）按照财务报表反映的内容分类

财务报表按其反映的内容不同，可以分为动态报表和静态报表。

动态报表是指反映企业在一定时期内资金流入、流出情况的报表，如利润表、现金流量表等。动态报表的编制依据主要是有关账簿的发生额资料。静态报表是指反映企业在某一时点（如月末、季末、半年末、年末）资产、负债和所有者权益情况的报表，如资产负债表。静态报表的编制依据一般是有关账簿的余额资料。

（二）按照财务报表的编报时间分类

财务报表按其编报的时间不同，可以分为中期财务报表和年度财务报表。

中期财务报表是指以中期为基础编制的财务报表。中期是指短于一个完整的会计年度的报告期间。中期应是在某一会计年度之内，但短于一个会计年度的报告期间，它既可以是一个月、一个季度或者半年度，也可以是其他短于一个会计年度的报告期间，如1月1日至8月31日即可作为一个会计中期。中期财务报表至少应当包括资产负债表、利润表、现金流量表和附注。年度财务报表是对企业财务状况、经营成果和现金流量的结构性表述。年度财务报表至少应当包括资产负债表、利润表、现金流量表、所有者权益变动表及其附注。

（三）按照财务报表的编制基础分类

财务报表按其编制基础不同，可以分为个别报表、汇总报表和合并报表。

个别报表是反映个别企业财务状况、经营成果和现金流量等情况的报表。个别报表一般是根据账簿记录进行加工后编制的。汇总报表是由企业主管部门或上级单位，根据所属单位报送的个别报表，连同本单位的报表进行简单汇总后编制的报表。合并报表是由母公司编制的，反映母公司和其全部子公司形成的企业集团整体财务状况、经营成果和现金流量等的财务报表。

（四）按照财务报表服务的对象分类

财务报表按其服务的对象不同，可以分为内部报表和外部报表。

内部报表主要是指服务于企业内部经营管理用的报表，一般包括成本报表和管理会计报表等。内部报表没有统一格式要求，可由企业根据需要自行确定提供报表的内容和格式；外部报表主要是指服务于企业外部使用者的报表。在我国，企业对外报送的报表至少应当包括资产负债表、利润表、现金流量表、所有者权益变动表及其附注。外部报表一般要求按照规定的格式和内容进行编报。

小知识11-1

报表附注

附注是财务报表不可或缺的组成部分，是对在资产负债表、利润表、现金流量表和所有者权益变动表等报表列示项目的文字描述或明细资料，以及对未能在这些报表中列示项目的说明等。企业应当按照《企业会计准则第30号——财务报表列报》（2014年修订）的规定披露附注信息。一般企业应在附注中按照顺序至少披露下列主要内容：（1）企业的基本情况，如企业注册地、组织形式和总部地址，企业的业务性质和主要经营活动等；（2）财务报表的编制基础，如会计年度、记账本位币、会计计量基础等；（3）遵循企业会计准则的声明；（4）重要会计政策和会计估计；（5）会计政策和会计估计变更以及差错更正的说明；（6）报表重要项目的说明；（7）或有和承诺事项、资产负债表日后非调整事项、关联方关系及其交易等需要说明的事项；（8）有助于财务报表使用者评价企业管理资本的目标、政策及程序的信息。此外，企业还应当在附注中披露关于其他综合收益各项目的信息，披露终止经营的收入、费用、利润总额、所得税费用和净利润等信息。

小知识11-2

会计政策及其变更

会计政策是指企业在会计确认、计量和报告中所采用的原则、基础和会计处理方法。企业应当对相同或者相似的交易或者事项采用相同的会计政策进行处理。企业采用的会计政策，在每一会计期间和前后各期应当保持一致，不得随意变更。企业变更会计政策应当按照国家相关会计规定执行或采用追溯调整法处理。追溯调整法是指对某项交易或事项变更会计政策，视同该项交易或事项初次发生时即采用变更后的会计政策，并以此对财务报表相关项目进行调整的方法。在会计政策变更当期期初确定会计政策变更对以前各期累积影响数不切实可行的，应当采用未来适用法处理。未来适用法是指将变更后的会计政策应用于变更日及以后发生的交易或事项，或者在会计估计变更当期和未来期间确认会计估计变更影响数的方法。小企业对会计政策变更应当采用未来适用法进行会计处理。

小知识11-3

会计估计变更

会计估计是指企业对结果不确定的交易或者事项以最近可利用的信息为基础所做的判断。如企业根据最近得到的信息判断其应收甲单位的货款可能收回90%，则可以估计其坏账损失率为10%。会计估计变更是指由于资产和负债的当前状况及预期经济利益和义务发生了变化，从而对资产或负债的账面价值或者资产的定期消耗金额进行调整。企业对会计估计变更应当采用未来适用法处理。企业难以对某项变更区分为会计政策变更或会计估计变更的，应当将其作为会计估计变更处理。

小知识11-4

资产负债表日后事项

资产负债表日后事项是指资产负债表日至财务会计报告批准报出日之间发生的有利或不利事项，包括资产负债表日后调整事项和非调整事项。资产负债表日后调整事项是指对资产负债表日已经存在的情况提供了新的或进一步证据的事项。例如，A公司上年年末应收B公司账款100万元，当时并未考虑可能发生坏账损失，本年1月30日得到法院通知，B公司已经宣告破产，无力偿还部分所欠款项，A公司估计可收回全部款项的70%。对A公司而言，应当将由此产生的坏账损失30万元，作为资产负债表日后调整事项。企业发生资产负债表日后调整事项的，应当调整资产负债表日的财务报表。资产负债表日后非调整事项是指表明资产负债表日后发生的情况的事项。例如，甲公司2015年12月购入一批材料200万元，2016年1月15日发生了水灾，导致该批材料全部损坏。这一事件属于资产负债表日后非调整事项，不应当调整资产负债表日的财务报表，但需要在2015年度财务报表附注中进行披露。

三、财务会计报告的编制要求

企业应当按照《企业会计准则第30号——财务报表列报》（2014年修订，以下简称财务报表列报准则）的规定，编制和对外提供真实、完整的财务会计报告。

（一）以持续经营为基础列报

持续经营是会计核算的基本前提之一，也是会计确认、计量和编制财务报表的基础。企业应当以持续经营为基础，根据实际发生的交易和事项，按照企业会计准则的规定进行确认和计量，在此基础上编制财务报表。

企业管理层应当利用所有可获得信息来评价企业自报告期期末起至少12个月的持续经营能力。评价时需要考虑宏观政策风险、市场经营风险、企业目前或长期的盈利能力、偿债能力、财务弹性以及企业管理层改变经营政策的意向等因素。

评价结果表明对持续经营能力产生重大怀疑的，企业应当在附注中披露导致对持续经营能力产生重大怀疑的因素以及企业拟采取的措施。

企业如有近期获利经营的历史且有财务资源支持，则通常表明以持续经营为基础编制财务报表是合理的。企业正式决定或被迫在当期或将在下一个会计期间进行清算或停止营业的，则表明以持续经营为基础编制的财务报表不再合理。在这种情况下，企业应当采用其他基础编制财务报表，如破产企业的资产应当采用可变现净值计量等，并在附注中声明财务报表未以持续经营为基础编制的事实、披露未以持续经营为基础编制的原因和财务报表的编制基础。

（二）遵循一致性原则进行项目列报

企业应当按规定划分会计期间，分期结算账目和编制财务会计报告。财务报表项目的列报应当在各个会计期间保持一致，不得随意变更，但下列情况除外：

（1）会计准则要求改变财务报表项目的列报。例如，根据财务报表列报准则要求，企业的经营业务收入不需要区分“主营业务收入”和“其他业务收入”，相应的成本也不再划分为“主营业务成本”和“其他业务成本”，而统一以“营业收入”、“营业成本”项目单独列示在利润表中。在这种情况下，企业则要根据会计准则的要求改变财务报表项目的列报方式。

（2）企业经营业务的性质发生重大变化或对企业经营影响较大的交易或事项发生后，变更财务报表项目的列报能够提供更可靠、更相关的会计信息。例如，根据《企业会计准则第3号——投资性房地产》的规范要求，企业有确凿证据表明房地产用途发生改变并满足规定条件的，应当将投资性房地产转换为其他资产或者将其他资产转换为投资性房地产。假如企业将作为存货的房地产改为出租，用于赚取租金或资本增值，企业原来作为存货进行核算的房地产，则必须作为投资性房地产进行相应的会计核算，并应当在资产负债表中以“投资性房地产”项目单独列示，而不应再以“存货”项目进行列报，这样才能提供更可靠、更相关的会计信息。

（三）遵循重要性原则进行项目列报

重要性是指在合理预期下，财务报表某项目的省略或错报会影响使用者据此做出经济决策的，该项目具有重要性。

重要性应当根据企业所处环境，从项目的性质和金额大小两方面予以判断，且对各项目重要性的判断标准一经确定，不得随意变更。判断项目性质的重要性，应当考虑该项目在性质上是否属于企业日常活动，是否显著影响企业的财务状况、经营成果和现金流量等因素；判断项目金额大小的重要性，应当考虑该项目金额占资产总额、负债总额、所有者权益总额、营业收入总额、营业成本总额、净利润、综合收益总额等直接相关项目金额的比重或所属报表单列项目金额的比重。

根据财务报表列报准则规定，性质或功能不同的项目，应当在财务报表中单独列报，但不具有重要性的项目除外。性质或功能类似的项目，其所属类别具有重要性的，应当按其类别在财务报表中单独列报。例如，对于“存货”项目和“固定资产”项目，无论其性质还是功能都是根本不相同的，就应当在资产负债表中分别项目单独列示。由于存货项目是由很多具体项目组成的，包括原材料、包装物、库存商品等，这些具体项目的性质或功能是类似的，虽然其中的某一个项目可能并不重要，但是作为一个整体类别来看，存货项目是重要的，应当单独列报，通常应将各种原材料、包装物、库存商品等合并为存货项目一并在资产负债表中列报。某些项目的重要性程度不足以在资产负债表、利润表、现金流量表或所有者权益变动表中单独列示，但对附注却具有重要性，则应当在附注中单独披露。

（四）财务报表项目不得相互抵销

财务报表中的资产项目和负债项目的金额、收入项目和费用项目的金额、直接计入当期利润的利得项目和损失项目的金额不得相互抵销，但其他会计准则另有规定的除外。例如，企业与同一客户在购销商品结算过程中形成的债权债务关系，应当单独列示，不应当相互抵销，如应收账款与预收款项、预付款项与应付账款等。利润表中营业收入与营业成本、营业外收入与营业外支出等，也不能相互抵销。

一组类似交易形成的利得和损失应当以净额列示，但具有重要性的除外。

以下情况不属于抵销，可以以净额列示：

（1）资产或负债项目按扣除备抵项目后的净额列示，不属于抵销。比如，应收账款项目按扣除坏账准备后的净额列示，可以反映资产当时的真实价值，不属于抵销。

（2）非日常活动产生的利得和损失，以同一交易形成的收益扣减相关费用后的净额列示更能反映交易实质的，不属于抵销。因为非日常活动并非企业的主要业务，具有偶然性，从重要性来讲，非日常活动产生的损益以收入抵减费用后的净额列报，对公允反映企业财务状况和经营成果影响不大，抵销后反而更有利于报表使用者的理解。例如，非流动资产处置形成的利得和损失，应按处置收入扣除该资产的账面金额和相关销售费用后的余额列示。

（五）按可比会计期间进行项目列报

当期财务报表的列报，至少应当提供所有列报项目上一个可比会计期间的比较数据，以及与理解当期财务报表相关的说明，但其他会计准则另有规定的除外。

财务报表项目的列报应当在各个会计期间保持一致，不得随意变更。财务报表的列报项目发生变更的，应当至少对可比期间的数据按照当期的列报要求进行调整，并在附注中披露调整的原因和性质，以及调整的各项目金额。对可比数据进行调整不切实可行的，应当在附注中披露不能调整的原因。不切实可行是指企业在做出所有合理努力后仍然无法采用某项会计准则规定。

（六）其他相关要求

企业应当在财务报表的显著位置至少披露下列各项：（1）编报企业的名称；（2）资产负债表日或财务报表涵盖的会计期间；（3）人民币金额单位；（4）财务报表是合并财务报表的，应当予以标明。

按照财务报表列报准则规定，企业至少应当按年编制财务报表。年度财务报表涵盖的期间短于一年的，应当披露年度财务报表的涵盖期间，以及短于一年的原因。

第二节 资产负债表

一、资产负债表的作用

资产负债表是指反映企业在某一特定日期的财务状况的会计报表。资产负债表反映企业资产、负债、所有者权益的总体规模和结构。资产负债表的主要作用是：

（一）反映企业经济资源及其分布情况，以及企业的资本结构

资产负债表把企业的经济资源按流动性加以分类，分为流动资产和非流动资产。流动资产分为货币资金、交易性金融资产、各种应收及预付款项、存货等；非流动资产分为可供出售金融资产、持有至到期投资、长期股权投资、投资性房地产、固定资产、在建工程、无形资产、递延所得税资产等。各个资产类别之下又具体划分明细项目。通常情况下，企业的经济资源主要来源于股东及债权人。负债与股东权益相对比重的大小，影响到债权人及股东的相对风险，也反映了企业的资本结构。财务会计报告使用者通过资产负债表，可以比较清楚地了解企业在某一特定日期的资产总量及其结构。

（二）可以评价和预测企业的短期偿债能力

偿债能力是指企业以其资产偿付债务的能力。偿债能力可以分为短期偿债能力和长期偿债能力。短期偿债能力主要体现在企业资产和负债的流动性上。流动性通常是按资产的变现或耗用时间长短，以及负债的偿还时间来确定的。在资产项目中，除现金之外，资产转换成现金的时间越短，速度越快，表明流动性越强。例如，交易性金融资产一般情况下其流动性较应收款项强，而应收款项的流动性又较存货项目要强。对于负债，负债到期日越短，其流动性越强，表明越需要早动用现金偿还。短期债权人关心的是，企业是否能够有足够的现金或足够的资产可以及时转换成现金，以清偿短期内即将到期的债务。长期债权人及企业所有者也要评价和预测企业的短期偿债能力，短期偿债能力越弱，企业破产的可能性越大，得到投资回报越没有保障，越有可能收不回投资。通过比较流动资产与流动负债，可以分析评价企业的流动比率，从而有助于评价和预测企业的短期偿债能力。

（三）可以评价和预测企业的长期偿债能力

长期偿债能力主要是指企业以其全部资产清偿全部债务的能力。一般情况下，企业资产越多，负债越少，其长期偿债能力越强；反之，如果企业资不抵债，则说明企业缺乏长期偿债能力。企业的长期偿债能力既取决于它的获利能力，也取决于它的资本结构。资产负债表中按照资产、负债和所有者权益三大会计要素，分别列示了重要的项目，可以使使用者据以评价和预测企业的长期偿债能力，也为管理部门和债权人的信贷决策提供了重要的参考依据。

（四）可以评价和预测企业的财务弹性

财务弹性是指企业应付各种挑战、适应各种变化的能力。企业的财务弹性强弱受到以下因素的影响：（1）资产的流动性或变现能力；（2）由于经营产生资金流入的能力；（3）向债权人和投资者筹措资金的能力；（4）在不影响正常经营的前提下变卖现有资产取得现金的能力。资产负债表所列示的企业经济资源分布情况及其对资源的请求权，可以帮助使用者评价和预测企业的财务弹性。

（五）可以评价和预测企业的经营业绩

企业的经营业绩主要通过其获利能力来反映，获利能力直接影响企业能否有稳定且逐步增长的盈利水平。只有当企业有了稳定且逐步增长的盈利水平，才能保证其据约向债权人还本付息，维持或者逐步提高股东的投资报酬。衡量企业获利能力的指标主要有资产报酬率、股东权益报酬率等。

二、资产负债表项目的分类

在资产负债表中，企业通常应按资产、负债、所有者权益项目分类进行反映。资产和负债应当分别流动资产和非流动资产、流动负债和非流动负债列示。在资产部分项目中，先列报流动资产项目，后列报非流动资产项目；在负债部分项目中，先列报流动负债项目，后列报非流动负债项目。

（一）流动资产

资产满足下列条件之一的，应当归类为流动资产：（1）预计在一个正常营业周期中变现、出售或耗用；（2）主要为交易目的而持有；（3）预计在资产负债表日起一年内（含一年）变现；（4）自资产负债表日起一年内，交换其他资产或清偿负债的能力不受限制的现金或现金等价物。流动资产项目主要包括货币资金、以公允价值计量且其变动计入当期损益的金融资产、应收票据、应收账款、预付款项、应收股利、应收利息、其他应收款、存货、持有待售资产和其他流动资产。

（二）非流动资产

非流动资产是与流动资产相对的概念。一般情况下，流动资产以外的资产应当归类为非流动资产。在资产负债表中，非流动资产应按其性质分类列示，通常包括可供出售金融资产、持有至到期投资、长期应收款、长期股权投资、投资性房地产、固定资产、在建工程、工程物资、固定资产清理、生产性生物资产、油气资产、无形资产、开发支出、商誉、长期待摊费用、递延所得税资产和其他非流动资产。

（三）流动负债

流动负债与流动资产相对应。满足下列条件之一的，应当归类为流动负债：①预计在一个正常营业周期中清偿；②主要为交易目的而持有；③自资产负债表日起一年内到期应予以清偿；④企业无权自主地将清偿推迟至资产负债表日后一年以上。在资产负债表中，流动负债项目包括短期借款、以公允价值计量且其变动计入当期损益的金融负债、应付票据、应付账款、预收款项、应付职工薪酬、应交税费、应付利息、应付股利、其他应付款、持有待售负债和其他流动负债。

（四）非流动负债

非流动负债是与流动负债相对的概念，流动负债以外的负债应当归类为非流动负债。在资产负债表中，非流动负债应按其性质分类列示，主要包括长期借款、应付债券、长期应付款、专项应付款、预计负债、递延所得税负债和其他非流动负债。

（五）所有者权益

所有者权益是指企业资产扣除负债后由所有者享有的剩余权益。公司的所有者权益也称为股东权益。从金额上看，所有者权益为企业资产总额减去负债总额后的净额。在资产负债表中，所有者权益项目包括实收资本（或股本）、资本公积、库存股、盈余公积和未分配利润等。

三、资产负债表项目填列方法

资产负债表一般有表首、正表两部分。其中，表首概括地说明报表名称、编制单位、编制日期、报表编号、货币名称、计量单位等，正表列示了反映企业财务状况的各个项目。正表一般有两种格式，即报告式资产负债表和账户式资产负债表。报告式资产负债表分为上下两部分，上半部分列示资产，下半部分列示负债和所有者权益，具体有两种排列形式，一是依照“资产=权益”的等式列示，二是依照“资产-负债=所有者权益”的等式列示，其格式见表11-1。账户式资产负债表分为左右两方，左边列示资产，右边列示负债和所有者权益，其格式见表11-2。不管采取什么格式，资产各项目的合计等于负债和所有者权益各项目的合计这一等式不变。

表11-1 报告式资产负债表

编制单位： 年 月 日 单位：元

“资产=权益”式		“资产-负债=所有者权益”式	
资产		资产	
⋮		⋮	
资产合计	123 400	资产合计	123 400
权益			
负债		负债	
⋮		⋮	
负债合计	23 100	负债合计	23 100
所有者权益			
⋮		所有者权益	
所有者权益合计	100 300	⋮	
权益合计	123 400	所有者权益合计	100 300

表11-2 账户式资产负债表

编制单位： 年 月 日 单位：元

资产		权益	
资产明细项目		负债明细项目	
		⋮	
⋮		负债合计	23 100
		所有者权益明细项目	
		⋮	
		所有者权益合计	100 300
资产合计	123 400	权益合计	123 400

根据财务报表列报准则的规定，我国企业资产负债表采用账户式结构，左边列示资产，右边列示负债和所有者权益，从整体上体现了“资产=负债+所有者权益”的会计等式。资产和负债项下各项目均按其流动性顺序依次排列，所有者权益项下各项目一般按实收资本（或股本）、资本公积、库存股、盈余公积、未分配利润的顺序排列，采用对比式填列，即各项目对比填列“年初余额”和“期末余额”两栏。我国企业资产负债表的详细内容和格式（本书以一般企业为例进行说明，不包括商业银行、保险公司和证券公司的资产负债表）见表11-4。

资产负债表“年初余额”栏内各项数字，应根据上年末资产负债表“期末余额”栏内所列数字填列。如果上年度资产负债表规定的各个项目的名称和内容同本年度不一致，应对上年年末资产负债表各项目的名称和数字按照本年度的规定进行调整，填入本期资产负债表“年初余额”栏内。

资产负债表“期末余额”栏内各项数字，应当根据资产、负债和所有者权益期末情况填列，具体填列方法如下：

（1）“货币资金”项目，反映企业期末持有的库存现金、银行存款和其他货币资金总额，应当根据“库存现金”、“银行存款”和“其他货币资金”各账户期末余额合计填列。

（2）“以公允价值计量且其变动计入当期损益的金融资产”项目，反映企业持有的以公允价值计量且其变动计入当期损益的金融资产的期末价值，包括为交易目的所持有的债券投资、股票投资、基金投资、权证投资等金融资产。本项目应当根据“交易性金融资产”账户期末借方余额填列。

（3）“应收票据”项目，反映企业期末持有的因销售商品、提供劳务等而收到的未到期也未向银行贴现的应收票据的期末价值，包括商业承兑汇票和银行承兑汇票。本项目应当根据“应收票据”账户期末借方余额填列。

（4）“应收账款”项目，反映企业期末持有的因销售商品、提供劳务等经营活动而应收取的款项的实际价值，应当以扣减提取的坏账准备后的净额填列。本项目应当根据“应收账款”和“预收账款”账户所属各明细账户期末借方余额合计，减去“坏账准备”账户中有关应收账款计提的坏账准备期末余额后的金额填列。“应收账款”账户所属明细账户有贷方余额的，应在本表“预收款项”项目填列。

（5）“预付款项”项目，反映企业期末持有的按照购货合同规定预付给供应单位的款项。本项目应当根据“预付账款”账户所属各明细账户期末借方余额合计填列。如“预付账款”账户所属有关明细账户期末有贷方余额的，应在本表“应付账款”项目内反映。

（6）“应收利息”项目，反映企业持有的持有至到期投资、可供出售金融资产等应收取的利息。本项目应当根据“应收利息”账户期末余额填列。企业购入到期一次还本付息的持有至到期投资应收的利息，在“持有至到期投资”项目中反映，不在本项目反映。

（7）“应收股利”项目，反映企业持有的应收取的现金股利和应收取的其他单位分配的利润的期末余额。本项目应当根据“应收股利”账户期末余额填列。

（8）“其他应收款”项目，反映企业期末持有的其他应收款的实际价值，应当以扣减提取的坏账准备后的净额填列。本项目应当根据“其他应收款”账户的期末借方余额，减去“坏账准备”账户中有关其他应收款计提的坏账准备期末余额后的金额填列。

（9）“存货”项目，反映企业期末持有的在库、在途和在加工中的各项存货的实际价值，包括各种材料、库存商品、在产品、半成品、周转材料（或者包装物及低值易耗品）、发出商品、委托加工物资等。该项目应当按照存货项目下各账户的期末余额，扣减提取的存货跌价准备后的净额填列。材料采用计划成本核算，以及库存商品采用计划成本或售价核算的企业，“存货”项目还应按加上或减去“材料成本差异”、“商品进销差价”账户期末余额后的金额填列。

（10）“持有待售资产”项目，反映企业划分为持有待售的非流动资产等。本项目应当根据“持有待售资产”账户的期末余额填列，或根据非流动资产类账户的余额分析填列。

（11）“其他流动资产”项目，反映企业持有的除上述流动资产以外的其他流动资产的期末价值。本项目应当根据有关账户的期末余额填列。

（12）“可供出售金融资产”项目，反映企业持有的可供出售金融资产的期末价值，包括划分为可供出售的股票投资、债券投资、基金投资等金融资产。本项目应根据“可供出售金融资产”账户的期末余额，减去“可供出售金融资产减值准备”账户余额后的金额填列。

（13）“持有至到期投资”项目，反映企业期末持有至到期投资的实际价值。企业委托银行或其他金融机构向其他单位贷出的款项，也包括在本项目内。本项目应根据“持有至到期投资”账户的期末余额，扣减“持有至到期投资减值准备”账户期末余额后的金额填列。

（14）“长期应收款”项目，反映企业融资租赁产生的应收款项和具有融资性质的销售商品和提供劳务等产生的应收款项。如果长期应收款计提了坏账准备，本项目则应当以扣减提取的坏账准备后的净额填列。长期应收款中将于1年内到期的部分，在“1年内到期的非流动资产”项目反映。

（15）“长期股权投资”项目，反映企业期末持有的采用成本法和权益法核算的长期股权投资的实际价值。本项目应根据“长期股权投资”账户的期末余额，扣减“长期股权投资减值准备”账户期末余额后的金额填列。

（16）“投资性房地产”项目，反映企业期末持有的投资性房地产的实际价值。采用成本模式计量的投资性房地产，本项目应根据“投资性房地产”账户的期末余额，扣减“投资性房地产累计折旧（摊销）”和“投资性房地产减值准备”账户期末余额后的金额填列。采用公允价值模式计量的投资性房地产，本项目应根据“投资性房地产”账户的期末余额填列。

（17）“固定资产”项目，反映企业期末持有的固定资产的实际价值。本项目应根据“固定资产”账户的期末余额，扣减“固定资产减值准备”和“累计折旧”账户期末余额后的金额填列。

（18）“在建工程”项目，反映企业期末各项未完工程发生的实际支出，包括交付安装的设备价值、未完建筑安装工程已经耗用的材料、工资和费用支出、预付出包工程的价款等的可收回金额。本项目应根据“在建工程”账户的期末余额，减去“在建工程减值准备”账户期末余额后的金额填列。

（19）“工程物资”项目，反映企业为在建工程准备的各种物资的价值，包括工程用材料、尚未安装的设备以及为生产准备的工器具等的期末价值。本项目应根据“工程物资”账户的期末余额填列。工程物资计提了减值准备的，还应当扣减计提的减值准备金额。

（20）“固定资产清理”项目，反映企业因出售、报废、毁损等原因转入清理但尚未清理完毕的固定资产净值，以及在固定资产清理过程中所发生的清理费用和变价收入等各项金额的差额。本项目应根据“固定资产清理”账户的期末借方余额填列，如果“固定资产清理”账户期末为贷方余额的，则以“-”号填列。

（21）“生产性生物资产”项目，反映企业（农业）持有的生产性生物资产的期末实际价值。本项目应根据“生产性生物资产”账户的期末余额，扣减“生产性生物资产累计折旧”账户的期末余额后填列。生产性生物资产计提了减值准备的，还应当扣减计提的减值准备金额。

（22）“油气资产”项目，反映企业（石油天然气开采）持有的矿区权益和油气、井及相关设施的实际价值。本项目应根据“油气资产”账户的期末余额，扣减“累计折耗”账户的期末余额填列。油气资产计提了减值准备的，还应当扣减计提的减值准备金额。

（23）“无形资产”项目，反映企业期末持有的无形资产成本，包括专利权、非专利技术、商标权、著作权、土地使用权等。本项目应根据“无形资产”账户的期末余额，扣减“累计摊销”和“无形资产减值准备”账户的期末余额后填列。

(24)“开发支出”项目，反映企业开发无形资产过程中发生的能够资本化形成无形资产成本的各项支出。本项目应根据“研发支出”账户所属“资本化支出”明细账户的期末余额填列。

(25)“商誉”项目，反映企业合并中形成的商誉的期末价值。本项目可以根据“商誉”账户的期末余额填列。如果企业计提了商誉减值准备，则应当扣减“商誉减值准备”账户的余额后填列。

(26)“长期待摊费用”项目，反映企业已经发生但应由本期和以后各期负担的分摊期限在1年以上的各项费用，如以经营租赁方式租入固定资产发生的改良支出。“长期待摊费用”账户中将于1年内（含1年）摊销的部分，应在“1年内到期的非流动资产”项目中反映。本项目应根据“长期待摊费用”账户的期末余额减去将于1年内（含1年）摊销的数额后填列。

(27)“递延所得税资产”项目，反映企业根据所得税会计准则确认的可抵扣暂时性差异产生的所得税资产的期末价值。本项目应根据“递延所得税资产”账户的期末余额填列。

(28)“其他非流动资产”项目，反映企业除以上非流动资产以外的其他非流动资产。如企业期末持有的公益性生物资产，应在本项目反映。本项目应根据有关账户的期末余额填列。

(29)“短期借款”项目，反映企业向银行或其他金融机构等借入的期限在1年以下（含1年）的各种借款。本项目应根据“短期借款”账户的期末余额填列。

(30)“以公允价值计量且其变动计入当期损益的金融负债”项目，反映企业承担的以公允价值计量且其变动计入当期损益的为交易目的而持有金融负债的期末价值。本项目应根据“交易性金融负债”账户的期末余额填列。

(31)“应付票据”项目，反映企业购买材料、商品和接受劳务供应等而开出、承兑的商业汇票，包括银行承兑汇票和商业承兑汇票。本项目应根据“应付票据”账户的期末余额填列。

(32)“应付账款”项目，反映企业因购买材料、商品和接受劳务供应等经营活动应支付的款项。本项目应根据“应付账款”和“预付账款”账户所属各明细账户的期末贷方余额合计填列。如“应付账款”所属各明细账户有借方余额的，应在本表“预付款项”项目反映。

(33)“预收款项”项目，反映企业按照合同规定向购货单位预收的款项。本项目应根据“预收账款”和“预收账款”账户所属各明细账户的期末贷方余额合计填列。如“预收账款”账户所属各明细账户有借方余额的，应在本表“应收账款”项目内填列。

(34)“应付职工薪酬”项目，反映企业根据有关规定应付给职工的各种薪酬。外商投资企业按规定从净利润中提取的职工奖励及福利基金，也在本项目反映。本项目应根据“应付职工薪酬”账户的期末贷方余额填列。“应付职工薪酬”期末为借方余额的，以“-”号填列。

(35)“应交税费”项目，反映企业按照税法规定计算应交纳的各种税费，包括增值税、消费税、营业税、所得税、资源税、土地增值税、城市维护建设税、房产税、城镇土地使用税、车船税、教育费附加、矿产资源补偿费等。企业代扣代交的个人所得税，也通过本项目反映。企业不需要预计应交数所交纳的税费，如印花税、耕地占用税等，不在本项目反映。本项目应根据“应交税费”账户的期末贷方余额填列。“应交税费”期末为借方余额的，以“-”号填列。

(36)“应付利息”项目，反映企业按照合同约定应支付的利息，包括吸收存款、分期付息到期还本的长期借款、发行企业债券等应支付的利息。本项目应根据“应付利息”账户的期末余额填列。

(37)“应付股利”项目，反映企业分配的现金股利或利润。企业分配的股票股利，不通过本项目反映。本项目应根据“应付股利”账户的期末余额填列。

(38)“其他应付款”项目，反映企业除应付票据、应付账款、预收账款、应付职工薪酬、应付股利、应付利息、应交税费、长期应付款等以外的其他各项应付、暂收的款项。本项目应根据“其他应付款”账户的期末余额填列。

(39)“持有待售负债”项目，反映企业被划分为持有待售的处置组中的负债。本项目应当根据“持有待售负债”账户的期末余额填列，或根据非流动负债类账户的余额分析填列。

(40)“其他流动负债”项目，反映企业承担的除上述流动负债以外的其他流动负债。本项目应根据有关账户的期末余额填列。

(41)“长期借款”项目，反映企业向银行或其他金融机构借入的期限在1年以上（不含1年）的各项借款。本项目应根据“长期借款”账户的期末余额扣减将于1年内到期的部分后的金额填列。

(42)“应付债券”项目，反映企业为筹集长期资金而发行的债券本金和利息。发行1年期及1年期以内的短期债券，在“以公允价值计量且其变动计入当期损益的金融负债”项目反映，不在本项目反映。本项目应根据“应付债券”账户的期末余额扣减将于1年内到期的部分后的金额填列。

(43)“长期应付款”项目，反映企业除长期借款和应付债券以外的其他各种长期应付款项，包括应付租入固定资产的融资租赁费、以分期付款方式购入固定资产等发生的应付款项等。本项目根据“长期应付款”账户的期末余额减去“未确认融资费用”账户的期末余额填列。长期应付款中将于1年内到期的部分，在“1年内到期的非流动负债”项目反映。

(44)“专项应付款”项目，反映企业取得国家作为企业所有者投入的具有专项或特定用途的款项。本项目应根据“专项应付款”账户的期末余额填列。

(45)“预计负债”项目，反映企业根据或有事项等相关会计准则确认的各项预计负债，包括对外提供担保、未决诉讼、产品质量保证等预计负债。本项目应根据“预计负债”账户的期末余额填列。

(46)“递延所得税负债”项目，反映企业根据所得税会计准则确认的应纳税暂时性差异产生的所得税负债。本项目应根据“递延所得税负债”账户的期末余额填列。

(47)“其他非流动负债”项目，反映企业除上述非流动负债项目以外的其他非流动负债。如企业“递延收益”账户的期末余额，应在本项目反映。本项目应根据有关账户的期末余额填列。

(48)“实收资本（或股本）”项目，反映企业接受投资者投入企业的实收资本。本项目应根据“实收资本（或股本）”账户的期末余额填列。

(49)“资本公积”项目，反映企业收到投资者出资超出其在注册资本或股本中所占的份额以及直接计入所有者权益的利得和损失等的期末余额。本项目应根据“资本公积”账户的期末余额填列。

(50)“库存股”项目，反映企业持有尚未转让或注销的本公司股份金额。本项目应根据“库存股”账户的期末余额填列。

(51)“盈余公积”项目，反映企业从净利润中提取的盈余公积的期末余额。本项目应根据“盈余公积”账户的期末余额填列。

(52)“未分配利润”项目，反映企业尚未分配的利润。本项目应根据“本年利润”账户和“利润分配——未分配利润”明细账户的期末余额计算填列。期末累计未分配利润为负数的，以“-”号填列。

【例11-1】黄河股份有限公司2015年相关会计账户年末余额见表11-3。

表11-3 **会计账户余额表** 单位：元

账户名称	借方余额	账户名称	贷方余额
库存现金	600	短期借款	50 000
银行存款	148 532	应付票据	40 000
交易性金融资产	1 800	应付账款	40 000
应收票据	244 000	应付职工薪酬	22 600
应收账款	123 000	应交税费(除增值税外)	6 494
坏账准备	-1 400	应交税费(应交增值税)	60 900
预付账款	20 000	应付利息	38 400
其他应收款	3 000	应付股利	10 000
原材料	53 800	其他应付款	20 000
材料采购	50 000	长期借款	200 000
周转材料	2 000	预计负债	2 000
库存商品	405 200	股本	1 700 000
材料成本差异	1 752	资本公积	1 000
可供出售金融资产	39 000	盈余公积	44 540
长期股权投资	100 000	未分配利润	197 950
长期应收款	90 000		
固定资产	921 200		
累计折旧	-57 000		
在建工程	46 400		
工程物资	50 000		
无形资产	220 000		
累计摊销	-66 000		
长期待摊费用	38 000		
合　计	2 433 884		2 433 884

根据会计账户余额表和该公司上年年末资产负债表资料（略），编制2015年12月31日的资产负债表，见表11-4。

表11-4 **资产负债表** 会企01表

编制单位：黄河股份有限公司 2015年12月31日 单位：元

资产	行次	期末余额	年初余额	负债和所有者权益(或股东权益)	行次	期末余额	年初余额
流动资产:				流动负债:			
货币资金		149 132	300 800.50	短期借款		50 000	200 000
以公允价值计量且其变动计入当期损益的金融资产		1 800	9 000	以公允价值计量且其变动计入当期损益的金融负债			
应收票据		244 000	70 000	应付票据		40 000	70 000
应收账款		121 600	2 800	应付账款		40 000	40 000
预付款项		20 000	20 000	预收款项			
应收利息				应付职工薪酬		22 600	3 000
应收股利				应交税费		67 394	4 000
其他应收款		3 000	3 000	应付利息		38 400	
存货		512 752	700 952	应付股利		10 000	
持有待售资产				其他应付款		20 000	20 000
一年内到期的非流动资产				持有待售负债			
其他流动资产				一年内到期的非流动负债			
流动资产合计		1 052 284	1 106 552.50	其他流动负债			
非流动资产:				流动负债合计		288 394	337 000
可供出售金融资产		39 000		非流动负债:			
持有至到期投资				长期借款		200 000	300 000
长期应收款		90 000	90 000	应付债券			
长期股权投资		100 000	100 000	长期应付款			
投资性房地产				专项应付款			
固定资产		864 200	520 000	预计负债		2 000	
在建工程		46 400	400 000	递延所得税负债			
工程物资		50 000		其他非流动负债			
固定资产清理				非流动负债合计		202 000	300 000
生产性生物资产				负债合计		490 394	637 000
油气资产				所有者权益(或股东权益):			

续表

资　产	行次	期末余额	年初余额	负债和所有者权益(或股东权益)	行次	期末余额	年初余额
无形资产		154 000	170 000	实收资本(或股本)		1 700 000	1 700 000
开发支出				资本公积		1 000	
商誉				减:库存股			
长期待摊费用		38 000	58 000	盈余公积		44 540	15 552.50
递延所得税资产				未分配利润		197 950	92 000
其他非流动资产				所有者权益(或股东权益)合计		1 943 490	1 807 552.50
非流动资产合计		1 381 600	1 338 000				
资产总计		2 433 884	2 444 552.50	负债和所有者权益(或股东权益)总计		2 433 884	2 444 552.50

第三节 利润表

一、利润表的作用

利润表是指反映企业在一定会计期间经营成果的会计报表。企业的经营成果一般表现利润（或者亏损），它是企业所得扣除所耗后的剩余，是企业经济效益的综合体现。利润表的作用主要有以下方面：

（一）为投资者和债权人进行投资、信贷决策提供依据

依据利润表所提供的资料，可以计算企业利润的绝对值指标，也可以计算投资报酬率和资金利润率等相对指标，并可据以对企业前后各期以及同一时期不同行业或企业的同类指标进行比较分析，从而可使投资者和债权人了解企业的获利能力、利润增长变化的趋势，据此做出是否进行投资、是否追加投资，以及是否进行信贷的经济决策等。

（二）为企业内部经营管理提供决策依据

利润表综合地反映企业的营业收入、营业成本、营业税费和期间费用等，分别列示营业利润、利润总额和净利润等指标，披露了利润组成的各大要素。企业内部管理人员利用利润表所提供的资料，可以比较分析利润的增减变化情况，并分析利润增减变化的原因，以便在产品销售价格、品种、成本、费用等方面查找可以改进的措施，为以后不断增加企业利润做出合理的决策。

（三）为企业内部业绩考核提供依据

企业在一定时期内的利润水平集中反映了各部门工作的成效，它既是管理层制定各部门工作计划的参考，又是考核各部门计划执行结果的重要依据。依据利润表所提供的相关

资料，可以评判各部门的工作业绩。例如，如果企业本期产品销售量并没有比上期增加多少，但本期的销售费用却比上期明显增加时，就说明销售部门对销售费用控制不利。因此，根据利润表提供的资料，可以对有关部门的工作业绩进行考评，以便于合理进行奖罚，调动各部门工作积极性，促使企业不断提高经济效益。

二、利润表项目的分类

在利润表中要分别列示营业利润、利润总额、净利润和每股收益项目。

（一）构成营业利润的项目

构成企业营业利润的项目包括以下内容：（1）营业收入，分为主营业务收入和其他业务收入。其中，主营业务收入是指企业根据收入准则确认的销售商品、提供劳务等业务的收入；其他业务收入是指企业根据收入准则确认的除主营业务以外的其他经营活动实现的收入，如出租固定资产、销售材料等实现的收入。（2）营业成本、营业税费，包括主营业务和其他业务所发生的成本和税费。其中，主营业务成本是指企业根据收入准则确认销售商品、提供劳务等主营业务收入时应结转的成本；其他业务成本是指企业除主营业务活动以外的其他经营活动所发生的支出。营业税金及附加是指企业经营业务活动发生的营业税、消费税等。（3）期间费用，包括销售费用、管理费用和财务费用。（4）资产减值损失，指企业按规定计提各项资产减值准备所形成的损失，如坏账损失、存货跌价损失等。（5）公允价值变动收益，反映企业交易性金融资产、金融负债，以及采用公允价值模式计量的投资性房地产等形成的应计入当期损益的利得或损失。（6）投资收益，反映企业确认的投资收益或投资损失。

（二）构成利润总额的项目

企业的营业利润加上营业外收入减去营业外支出的金额，即为企业的利润总额。营业外收入反映企业发生的各项营业外收入，包括非流动资产处置利得等。营业外支出反映企业发生的各项营业外支出，如非流动资产处置损失等。

（三）构成净利润的项目

利润总额减去所得税费用，即为企业的净利润。所得税费用是指企业根据所得税准则确认的应从当期利润总额中扣除的所得税费用。

（四）每股收益和综合收益

每股收益是指企业普通股股东持有每一股份所能享有企业利润或承担企业亏损的业绩评价指标。在利润表中，应当单独列示基本每股收益和稀释每股收益。利润表中还要求分别列示其他综合收益和综合收益总额（本书对此不做详细说明）。

三、利润表项目的填列方法

利润表一般有表首、正表两部分。其中，表首说明报表名称、编制单位、编制日期、报表编号、货币名称、计量单位等；正表是利润表的主体，反映形成经营成果的各个项目和计算过程。

利润表正表的格式一般有两种，即单步式利润表和多步式利润表。单步式利润表是将当期所有的收入列在一起，将当期所有的费用列在一起，然后以收入合计减去费用合计，从而得出当期净损益，其格式见表11-5。多步式利润表是通过对当期的收入、费用项目按性质加以归类，分别计算营业利润、利润总额，最后计算出净利润，其格式见表11-7。

表11-5 **利润表**

编制单位： 201×年度 单位：

项 目	行 次	本期金额	上期金额
一、收入			
营业收入			
公允价值变动收益			
投资收益			
营业外收入			
收入合计			
二、费用			
营业成本			
营业税费			
销售费用			
管理费用			
财务费用			
资产减值损失			
营业外支出			
所得税费用			
费用合计			
三、净利润			

根据财务报表列报准则规定，我国企业利润表采用多步式，并将费用按功能分类，分为从事经营业务发生的成本、管理费用、销售费用和财务费用等。净利润的计算过程如下：

第一步，从营业收入开始，减去营业成本、营业税金及附加、销售费用、管理费用、财务费用、资产减值损失，加上公允价值变动收益（减去损失）和投资收益（减去损失），得出营业利润；

第二步，在营业利润基础上，加上营业外收入，减去营业外支出，得出利润总额；

第三步，在利润总额的基础上，减去所得税费用，得出净利润（净亏损）。

利润表每个项目通常分为“本期金额”和“上期金额”两栏。利润表中各项目的金额，一般应当根据各相关账户本期发生额资料分析填列。“本期金额”栏内各项目的填列方法如下：

(1)“营业收入”项目，反映企业经营主要业务和其他业务所确认的收入总额。本项目应根据“主营业务收入”账户和“其他业务收入”账户的发生额分析填列。

（2）“营业成本”项目，反映企业经营主要业务和其他业务发生的实际成本总额。本项目应根据“主营业务成本”账户和“其他业务成本”账户的发生额分析填列。

（3）“营业税金及附加”项目，反映企业经营业务应负担的营业税、消费税、城市维护建设税、资源税、土地增值税和教育费附加等。本项目应根据“营业税金及附加”账户的发生额分析填列。

（4）“销售费用”项目，反映企业在销售商品、材料和提供劳务等的过程中发生的包装费、广告费等费用，以及为销售本企业商品而专设的销售机构的职工薪酬、业务费等经营费用。本项目应根据“销售费用”账户的发生额分析填列。

（5）“管理费用”项目，反映企业为组织和管理生产经营发生的管理费用。本项目应根据“管理费用”账户的发生额分析填列。

（6）“财务费用”项目，反映企业筹集生产经营所需资金等而发生的筹资费用。本项目应根据“财务费用”账户的发生额分析填列。

（7）“资产减值损失”项目，反映企业各项资产发生的减值损失。本项目应根据“资产减值损失”账户的发生额分析填列。

（8）“公允价值变动收益”项目，反映企业按照会计准则规定应当计入当期损益的资产或负债公允价值变动净收益，如交易性金融资产当期公允价值的变动额。本项目应根据“公允价值变动收益”账户的发生额分析填列，如为净损失，则以“-”号填列。

（9）“投资收益”项目，反映企业以各种方式对外投资所取得的收益。本项目应根据“投资收益”账户的发生额分析填列，如为投资损失，则以“-”号填列。

（10）“营业外收入”项目，反映企业发生的与其经营活动无直接关系的各项收入。本项目应根据“营业外收入”账户的发生额分析填列。

（11）“营业外支出”项目，反映企业发生的与其经营活动无直接关系的各项支出。本项目应根据“营业外支出”账户的发生额分析填列。本项目下应当单独列示非流动资产处置损失。处置非流动资产如为净收益，则以“-”号填列。“非流动资产处置损失”项目，应根据“营业外支出”账户所属“非流动资产处置损失”明细账户的发生额分析填列。

（12）“利润总额”项目，反映企业实现的利润总额，如为亏损总额，则以“-”号填列。

（13）“所得税费用”项目，反映企业根据所得税准则确认的应从当期利润总额中扣除的所得税费用。本项目应根据“所得税费用”账户的发生额分析填列。

（14）“基本每股收益”项目，应当根据企业会计准则规定计算的金额填列。企业应当按照归属于普通股股东的当期净利润，除以发行在外普通股的加权平均数计算基本每股收益。假设黄河股份有限公司发行在外普通股的加权平均数为195 000股，归属于普通股股东的当期净利润为144 937.50元，根据资料计算其基本每股收益为0.74元。

（15）“稀释每股收益”项目，应当根据规定计算的金额填列。假设黄河股份有限公司调整后发行在外普通股的加权平均数为250 000股，归属于普通股股东的当期净利润为144 937.50元，根据资料计算其稀释每股收益为0.58元。

【例11-2】黄河股份有限公司2015年有关损益类账户发生额资料见表11-6。

表11-6 **损益类账户发生额资料表** 单位：元

项　目	金　额
主营业务收入	620 000
主营业务成本	398 000
营业税金及附加	1 300
销售费用	11 000
管理费用	42 400
财务费用	19 400
资产减值损失	1 200
投资收益	14 000
公允价值变动损益(损失)	600
营业外收入	40 000
营业外支出	6 850
所得税费用	48 312.50

根据表11-6的资料，编制黄河股份有限公司2015年度利润表，见表11-7。

表11-7 **利润表** 会企02表

编制单位：黄河股份有限公司 2015年度 单位：元

项　目	本期金额	上期金额(略)
一、营业收入	620 000	
减：营业成本	398 000	
营业税金及附加	1 300	
销售费用	11 000	
管理费用	42 400	
财务费用	19 400	
资产减值损失	1 200	
加：公允价值变动收益(损失以“-”号填列)	-600	
投资收益(损失以“-”号填列)	14 000	
其中：对联营企业和合营企业的投资收益		
二、营业利润(亏损以“-”号填列)	160 100	
加：营业外收入	40 000	
减：营业外支出	6 850	
其中：非流动资产处置损失	6 850	
三、利润总额(亏损总额以“-”号填列)	193 250	
减：所得税费用	48 312.50	
四、净利润(净亏损以“-”号填列)	144 937.50	
五、其他综合收益		
六、综合收益总额		
七、每股收益		
(一)基本每股收益	0.74	
(二)稀释每股收益	0.58	

第四节 所有者权益变动表

一、所有者权益变动表的作用

所有者权益（或股东权益）变动表是反映构成企业所有者权益的各组成部分当期的增减变动情况的报表。所有者权益是企业资产扣除负债后由所有者享有的剩余权益，从金额上看，所有者权益为企业资产总额减去负债总额后的净额，即企业的净资产。所有者权益变动表具有以下作用：

（一）反映会计政策变更和前期差错更正影响所有者权益的变动情况

在所有者权益变动表中，首先列示了所有者权益上年年末余额和本年年初余额。通常情况下，二者应当一致。但是，如果本期发生了会计政策变更或进行了前期重大会计差错的更正，按照企业会计准则规定，除了确定会计政策变更累积影响数不切实可行之外，企业应当对会计政策变更采用追溯调整法处理，将会计政策变更累积影响数调整列报前期最早期初留存收益。对于前期重大差错，除确定前期差错累积影响数不切实可行之外，企业应当采用追溯重述法更正前期差错。这样一来，财务报表使用者可以通过所有者权益变动表，了解会计政策变更和前期会计差错更正影响企业所有者权益的情况。

（二）可以提供当年所有者权益变动情况的信息

在所有者权益变动表中，要求分项提供所有者权益变动情况的信息。影响所有者权益变动的项目包括：（1）综合收益（包括本年净利润和直接计入所有者权益的利得和损失）；（2）所有者投入资本；（3）本年利润分配；（4）所有者权益内部结转。根据这些信息，财务报表使用者可以分析引起企业所有者权益变动的具体原因，所有者权益增加主要是由于净利润增加还是由于利得形成的，所有者权益减少是因为存在损失还是由于向投资者进行了利润分配，并可通过比较所有者权益变动表，分析不同年度所有者权益变动是否正常。

（三）可以了解企业利润分配的情况

所有者权益变动表中除了列示本期综合收益外，还分项单独列示了本年利润分配的情况，包括对所有者（股东）的利润分配及提取盈余公积的情况。这样，企业不需要再单独编制利润分配表，就可使财务报表使用者了解企业本年实现净利润的分配情况。

（四）体现了综合收益的理念

综合收益是指企业在某一期间除与所有者以其所有者身份进行的交易之外的其他交易或事项所引起的所有者权益变动。综合收益是由净利润和其他综合收益所组成的，净利润是广义收入与广义费用相抵后的结果（净利润=收入-费用+直接计入当期损益的利得和损失），而其他综合收益则是指直接计入所有者权益的利得和损失，包括可供出售金融资产公允价值变动净额等。例如，企业将自用房地产或存货转换为采用公允价值模式计量的投资性房地产时，投资性房地产按照转换当日的公允价值计价，如果转换当日的公允价值大于原账面价值的，其差额计入所有者权益。

二、所有者权益变动表项目的分类

所有者权益变动表应当分别列示构成所有者权益各项目的下列金额：

（1）上年年末余额。

（2）本年年初余额。

本年年初余额应当与上年年末余额一致。如果本期发生了会计政策变更或进行了前期重大会计差错的更正，则应当在“上年年末余额”项目之后单独列示会计政策变更和前期差错更正的影响金额。

（3）本年增减变动金额。

本项目下应当单独列示以下项目金额：①综合收益总额；②所有者投入和减少资本，包括所有者投入资本、股份支付计入所有者权益的金额等；③利润分配，包括提取盈余公积，对所有者（或股东）的分配及其他利润分配情况；④所有者权益内部结转情况，包括资本公积转增资本（或股本）、盈余公积转增资本（或股本）、盈余公积弥补亏损和所有者权益内部结转的其他情况。

（4）本年年末余额。

三、所有者权益变动表项目的填列方法

所有者权益变动表各项目分为“本年金额”和“上年金额”两大栏，其中“上年金额”栏各项目，应当根据上年度本表的“本年金额”栏填列。如果上年度所有者权益变动表规定的各个项目的名称和内容同本年度不相一致，应对上年度所有者权益变动表各项目的名称和数字按本年度的规定进行调整，填入本表“上年金额”栏内。一般企业所有者权益变动表的具体格式见表11-8。所有者权益变动表项目的填列方法如下：

（1）“上年年末余额”项目，反映所有者权益各项目的上年年末余额。本项目的金额应当与所有者权益各账户的上年年末余额相等。

（2）“会计政策变更”项目，反映企业根据企业会计准则要求，因进行会计政策变更而产生的影响所有者权益的金额，包括对盈余公积和未分配利润项目金额的影响。

（3）“前期差错更正”项目，反映企业根据企业会计准则要求，因前期差错更正而产生的影响所有者权益的金额。

（4）“本年年初余额”项目，反映在进行了会计政策变更和前期差错更正后的上年年末所有者权益的余额。如果没有发生会计政策变更和前期差错更正，则“本年年初余额”栏应当与“上年年末余额”栏相等。

（5）“综合收益总额”项目，反映企业在某一期间除与所有者以其所有者身份进行的交易之外的其他交易或事项所引起的所有者权益变动，其金额为净利润与其他综合收益扣除所得税影响后净额相加的合计金额 。

（6）“所有者投入资本”项目，包括所有者本期投入资本、本年购回库存股金额。本项目应当根据相关发生额分析填列。

（7）“股份支付计入所有者权益的金额”项目，反映企业因股份支付而计入所有者权益的金额，应当根据相关发生额分析填列。

（8）“提取盈余公积”项目，反映企业按规定提取盈余公积的金额。本项目应当根据本期提取盈余公积的金额分析填列。

（9）“对所有者（或股东）的分配”项目，应当根据本期对所有者（或股东）的利润分配情况分析填列。

（10）“所有者权益内部结转”项目，包括资本公积转增资本（或股本）、盈余公积转增资本（或股本）和盈余公积弥补亏损等情况。本项目根据资本公积转增资本（或股本）、盈余公积转增资本（或股本）和盈余公积弥补亏损等的情况填列。

（11）“本年年末余额”项目，是在所有者权益本年年初余额的基础上，加上（或减去）本年增减变动金额计算得出的。本项目的金额应当与所有者权益各账户的本年年末余额相等。

【例11-3】根据前述黄河股份有限公司当年发生各项经济业务的相关资料，编制2015年度所有者权益变动表，见表11-8。

表11-8　　**所有者权益变动表**　　会企04表

编制单位：黄河股份有限公司　　2015年度　　单位：元

项　目	本年金额						上年金额(略)					
	实收资本(或股本)	资本公积	减:库存股	盈余公积	未分配利润	所有者权益合计	实收资本(或股本)	资本公积	减:库存股	盈余公积	未分配利润	所有者权益合计
一、上年年末余额	1 700 000			15 552.50	92 000	1 807 552.50						
加：会计政策变更												
前期差错更正												
二、本年年初余额	1 700 000			15 552.50	92 000	1 807 552.50						
三、本年增减变动金额(减少以“-”号填列)												
(一)综合收益总额		1 000			144 937.50	145 937.50						
(二)所有者投入和减少资本												
1.所有者投入资本												
2.股份支付计入所有者权益的金额												
3.其他												
(三)利润分配												
1.提取盈余公积				28 987.50	-28 987.50	0						
2.对所有者(或股东)的分配					-10 000	-10 000						
3.其他												
(四)所有者权益内部结转												
1.资本公积转增资本(或股本)												
2.盈余公积转增资本(或股本)												
3.盈余公积弥补亏损												
4.其他												
四、本年年末余额	1 700 000	1 000		44 540	197 950	1 943 490	1 700 000			15 552.50	92 000	1 807 552.50

第五节 现金流量表

一、现金流量表的作用

现金流量表是指反映企业在一定会计期间现金及现金等价物流入和流出的报表。现金流量表的作用主要表现在以下方面：

（一）可以提供企业现金流量信息，便于评价企业总体财务状况

在市场经济条件下，企业之间的竞争日趋激烈，企业要想在市场竞争中立于不败之地，不但要想方设法把自身的产品销售出去，更要及时收回销货款，以便于以后能够顺利开展各项经营活动。除了经营活动以外，企业所进行的投资和筹资活动同样会对现金流量产生影响，从而影响企业的财务状况。如果企业进行投资活动，却没有得到相应的回报，就会对企业的财务状况产生不利影响，比如影响企业资产的流动性和企业偿债能力等。根据现金流量情况，可以大致判断企业资金周转是否顺畅，并对企业财务状况进行总体评价。

（二）可以分析企业的现金支付能力和偿债能力

现金流量表所反映的经营活动现金流量净额，实质上反映了企业自我创造现金的能力，尽管企业也可以通过借款或发行债券等方式取得现金，但偿还债务的能力如何，最终还是取决于企业经营活动创造现金的能力。因此，经营活动现金流入净额占全部现金来源的比例越高，企业的财务基础越稳固，支付能力和偿债能力才越强。依据现金流量表中所反映的现金流量信息，可以评估企业是否具有一定的现金支付能力和偿债能力，并判断企业对外部资金的需求情况。

（三）可以预测企业未来发展前景

如果现金流量表中各部分现金流量的结构合理，现金流入和流出无重大异常波动，则可以说企业的财务状况基本良好。如果企业出现了常见的经营失败现象，就可以在现金流量表中得到反映。例如，从投资活动流出的现金、筹资活动流入和流出的现金中，可以分析企业是否存在过度扩张的情况。通过比较当期净利润与当期净现金流量，可以看出非现金流动资产吸收利润的情况，从而可以评价企业产生净现金流量的能力是否偏低。报表使用者可以利用这些信息，对企业的未来发展前景进行分析和预测。

（四）可以评估报告期内与现金有关或无关的投资和筹资活动

现金流量表除了反映经营活动、投资活动和筹资活动的现金流量外，在全部资金概念下，还披露与现金无关的投资及筹资活动。这样一来，报表使用者可以利用企业现金收支净额与利润的关系，以及投资、筹资和利润的关系等信息，合理进行投资与信贷决策。

二、现金流量表的编制基础

现金流量表的编制基础是现金。现金流量表中所指的现金，其概念是广义的，即指现金及现金等价物（以下不再特别说明）。现金流量是指企业现金及现金等价物的流入和流出。根据《企业会计准则第31号——现金流量表》（以下简称现金流量表准则）规定，现金是指企业库存现金以及可以随时用于支付的存款，具体包括库存现金、银行存款和其他

货币资金。其中，库存现金是指企业持有的可随时用于支付的现金限额，即与会计核算中“库存现金”账户所包括的内容一致。银行存款是指企业存在金融机构随时可用于支付的存款，即与会计核算中“银行存款”账户所包括的内容一致，但是不包括企业存在金融机构不能随时用于支付的存款。其他货币资金是指企业存在金融机构有特定用途的资金，如外埠存款、银行汇票存款、信用证存款等。现金等价物是指企业持有的期限短、流动性强、易于转换为已知金额现金、价值变动风险很小的投资。期限短一般是指从购买日起三个月内到期。现金等价物通常包括三个月内到期的短期债券投资。权益性投资变现的金额通常不确定，因而不属于现金等价物。在会计实务中，企业应当根据具体情况，确定现金等价物的范围，一经确定不得随意变更。

三、现金流量的影响因素和分类

（一）影响现金流量的因素

影响现金流量的因素主要是企业的日常业务，但是并非所有的日常业务都对现金流量产生影响，如企业从银行提取现金、用现金购买短期到期的债券等，这种现金及现金等价物之间的转换不产生现金流量。企业的经营业务按其与现金流量之间的关系可以分为以下几类：

1.现金各项目之间的增减变动

这类业务引起增减变动的会计要素均为现金项目，即这类业务发生时进行账务处理的借方和贷方都是现金。一项业务引起现金一增一减变动，显然不会影响现金流量。

2.非现金项目之间的增减变动

这类业务引起增减变动的会计要素均为非现金项目，即这类业务发生时进行账务处理的借方和贷方都不是现金。一项业务引起非现金项目一增一减变动，也不会影响现金流量。

3.现金各项目与非现金各项目之间的增减变动

这类业务引起增减变动的会计要素是现金和非现金项目，即这类业务发生时进行账务处理的借方、贷方中，一方是现金，另一方不是现金。所以，这类业务必然会影响现金流量增减变动。

现金流量表主要反映上述第三类业务，即现金各项目与非现金各项目之间的增减变动对现金流量净额的影响。但是，非现金各项目之间的增减变动，如果属于重要的投资和筹资活动，也要在现金流量表附注中予以披露。

（二）现金流量的分类

在现金流量表中，需要对企业各项经营业务所产生的现金流量进行分类，根据企业会计准则要求，通常按照企业经营业务的性质将企业在一定会计期间内产生的现金流量划分为以下三类：

1.经营活动产生的现金流量

经营活动是指企业投资活动和筹资活动以外的所有交易和事项，包括销售商品或提供劳务、购买商品或接受劳务、产品制造、经营性租赁、广告宣传、支付职工薪酬、支付各项税费等。经营活动产生的现金流量项目具体分类如下：（1）经营活动现金流入，包括销售商品、提供劳务收到的现金，收到的税费返还，收到其他与经营活动有关的现金。（2）经营活动现金流出，包括购买商品、接受劳务支付的现金，支付给职工以及为职工支付的现金，支付的各项税费，支付其他与经营活动有关的现金。经营活动各项现金流入合计与经营活动各项现金流出合计之差，即为经营活动产生的现金流量净额。

2.投资活动产生的现金流量

投资活动是指企业长期资产的购建和不包括在现金等价物范围内的投资及其处置活动。这里的长期资产是指可供出售金融资产、持有至到期投资、投资性房地产、长期股权投资、固定资产、无形资产、在建工程、工程物资、长期待摊费用等非流动资产。投资活动现金流量项目具体分类如下：（1）投资活动现金流入，包括收回投资收到的现金，取得投资收益收到的现金，处置固定资产、无形资产和其他长期资产收回的现金净额，处置子公司及其他营业单位收到的现金净额，收到其他与投资活动有关的现金。（2）投资活动现金流出，包括购建固定资产、无形资产和其他长期资产支付的现金，取得子公司及其他营业单位支付的现金净额，支付其他与投资活动有关的现金。投资活动各项现金流入合计与投资活动各项现金流出合计之差，即为投资活动产生的现金流量净额。

3.筹资活动产生的现金流量

筹资活动是指导致企业资本及债务规模和构成发生变化的活动，包括吸收投资发行股票、分配股利或利润等。筹资活动现金流量项目具体分类如下：（1）筹资活动现金流入，包括吸收投资收到的现金，取得借款收到的现金，收到其他与筹资活动有关的现金。（2）筹资活动现金流出，包括偿还债务支付的现金，分配股利、利润或偿付利息支付的现金，支付其他与筹资活动有关的现金。筹资活动各项现金流入合计与筹资活动各项现金流出合计之差，即为筹资活动产生的现金流量净额。

四、现金流量表项目的填列方法

根据现金流量表准则的规定，经营活动的现金流量要求采用直接法进行列报。同时，企业应当采用间接法，在现金流量表附注中披露将净利润调节为经营活动现金流量的信息。一般企业现金流量表的格式见表11-9。

（一）现金流量表主表项目的填列方法

企业的有关账户记录、资产负债表、利润表等会计资料，是现金流量表的编表依据。由于财务报表及有关账户记录反映的会计信息，都是按照权责发生制基础进行记录和报告的，因此编制现金流量表的过程就是将权责发生制下的会计资料转换为按收付实现制表示的现金流量信息。

1.经营活动产生的现金流量

编制现金流量表的关键是将应计基础的会计资料向现金基础转换，在这个转换过程中，尤其以经营活动现金流量的确定最为复杂，其转换方式也因起点不同而异。编制现金流量表要求将经营活动现金流量按照收付实现制确认的损益反映，由于企业会计损益的确认是按照权责发生制而非收付实现制，因此本期的利润（或亏损）并不等于经营活动现金流量。为此，就需要将权责发生制下确认的利润（或亏损）转换为收付实现制的现金，这种转换在现金流量表中有两种报告方式，即直接法和间接法。

表11-9 **现金流量表** 会企03表

编制单位：黄河股份有限公司 2015年度 单位：元

项目	行次	本年金额	上年金额(略)
一、经营活动产生的现金流量:			
销售商品、提供劳务收到的现金		431 400	
收到的税费返还			
收到其他与经营活动有关的现金			
经营活动现金流入小计		431 400	
购买商品、接受劳务支付的现金		129 500	
支付给职工以及为职工支付的现金		80 000	
支付的各项税费		77 118.50	
支付其他与经营活动有关的现金		9 000	
经营活动现金流出小计		295 618.50	
经营活动产生的现金流量净额		135 781.50	
二、投资活动产生的现金流量:			
收回投资收到的现金		7 600	
取得投资收益收到的现金		13 000	
处置固定资产、无形资产和其他长期资产收回的现金净额		150 150	
处置子公司及其他营业单位收到的现金净额			
收到其他与投资活动有关的现金			
投资活动现金流入小计		170 750	
购建固定资产、无形资产和其他长期资产支付的现金		164 200	
投资支付的现金		38 000	
取得子公司及其他营业单位支付的现金净额			
支付其他与投资活动有关的现金			
投资活动现金流出小计		202 200	
投资活动产生的现金流量净额		(31 450)	
三、筹资活动产生的现金流量:			
吸收投资收到的现金			
取得借款收到的现金		400 000	
收到其他与筹资活动有关的现金			
筹资活动现金流入小计		400 000	
偿还债务支付的现金		650 000	
分配股利、利润或偿付利息支付的现金		6 000	
支付其他与筹资活动有关的现金			
筹资活动现金流出小计		656 000	
筹资活动产生的现金流量净额		(256 000)	
四、汇率变动对现金及现金等价物的影响			
五、现金及现金等价物净增加额		(151 668.50)	
加:期初现金及现金等价物余额		300 800.50	
六、期末现金及现金等价物余额		149 132	

直接法是通过现金收入和现金支出的主要类别反映来自企业经营活动的现金流量。采用直接法确定经营活动现金流量时，一般以利润表中的营业收入为起点，调整与经营活动有关的项目的增减变动，然后计算出经营活动的现金流量。在直接法下，经营活动现金流量各项目的内容和填列方法如下：

（1）“销售商品、提供劳务收到的现金”项目，反映企业本期销售商品、提供劳务收到的现金，以及前期销售商品、提供劳务本期收到的现金（包括销售收入和应向购买者收取的增值税销项税额）和本期预收的款项，减去本期销售本期退回的商品和前期销售本期退回的商品支付的现金。企业销售材料和代购代销业务收到的现金，也在本项目反映。本项目可以根据“库存现金”、“银行存款”、“应收票据”、“应收账款”、“预收账款”、“主营业务收入”、“其他业务收入”等账户的记录分析填列，也可以按下列公式进行调整计算：

销售商品、提供劳务收到的现金=营业收入+应交增值税（销项税额）-应收票据（期末余额-期初余额）-应收账款（期末余额-期初余额）+预收账款（期末余额-期初余额）-以非现金资产抵偿债务而减少的应收账款和应收票据

（2）“收到的税费返还”项目，反映企业收到返还的增值税、营业税、所得税、消费税、关税和教育费附加返还款等各种税费。本项目可根据“库存现金”、“银行存款”、“营业税金及附加”、“所得税”等账户的记录分析填列。

（3）“收到其他与经营活动有关的现金”项目，反映企业收到的罚款收入、经营租赁收到的租金等其他与经营活动有关的现金流入，金额较大的应当单独列示。本项目可根据“库存现金”、“银行存款”、“其他业务收入”、“营业外收入”等账户的记录分析填列。

（4）“购买商品、接受劳务支付的现金”项目，反映企业本期购买商品、接受劳务实际支付的现金（包括增值税进项税额），以及本期支付前期购买商品、接受劳务的未付款项和本期预付款项，减去本期发生的购货退回收到的现金。本项目可根据“库存现金”、“银行存款”、“应付票据”、“应付账款”、“主营业务成本”等账户的记录分析填列，也可按下列公式调整计算：

购买商品、接受劳务支付的现金=营业成本+应交增值税（进项税额）+存货（期末余额-期初余额）-应付票据（期末余额-期初余额）-应付账款（期末余额-期初余额）+预付账款（期末余额-期初余额）-以非现金、非存货资产抵偿债务而减少的应付账款和应付票据

（5）“支付给职工以及为职工支付的现金”项目，反映企业本期实际支付给职工的工资、奖金、各种津贴和补贴等职工薪酬，但是应由在建工程、无形资产负担的职工薪酬以及支付的离退休人员的职工薪酬除外。企业支付给离退休人员的各项支出，在“支付其他与经营活动有关的现金”项目中反映。企业支付的应由在建工程、无形资产负担的费用，在“购建固定资产、无形资产和其他长期资产支付的现金”项目中反映。本项目可以根据“应付职工薪酬”、“库存现金”、“银行存款”等账户的记录分析填列。

（6）“支付的各项税费”项目，反映企业本期发生并支付的、本期支付以前各期发生的及预交的教育费附加、矿产资源补偿费、印花税、房产税、土地增值税、车船税、营业税等税费。计入固定资产价值、实际支付的耕地占用税，本期退回的增值税、所得税等除

外。计入固定资产价值、实际支付的耕地占用税，在“购建固定资产、无形资产和其他长期资产支付的现金”项目中反映。本期退回的增值税、所得税等，在“收到的税费返还”项目中反映。本项目可以根据“应交税费”、“库存现金”、“银行存款”等账户的记录分析填列。

（7）“支付其他与经营活动有关的现金”项目，反映企业除上述各项目外，支付的其他与经营活动有关的现金，如支付的罚款支出、差旅费、业务招待费、保险费、经营租赁支付的现金等。其他与经营活动有关的现金流出，金额较大的应当单独列示。本项目可以根据“销售费用”、“管理费用”、“营业外支出”等有关账户的记录分析填列。

2.投资活动产生的现金流量

现金流量表中投资的概念与会计核算中投资的概念不一样，不仅包括企业进行的长期股权投资、持有至到期投资等，也包括其他非流动资产的购建或处置，如购置、建造或处置固定资产、无形资产、在建工程等非流动资产。投资活动产生的现金流量各项目的具体内容及填列方法如下：

（1）“收回投资收到的现金”项目，反映企业出售、转让或到期收回除现金等价物以外的交易性金融资产、长期股权投资而收到的现金，以及收回持有至到期投资本金而收到的现金，但持有至到期投资收回的利息除外。本项目应根据“银行存款”账户的借方记录，以及“交易性金融资产”、“长期股权投资”、“持有至到期投资”等账户的贷方发生额分析填列。

（2）“取得投资收益收到的现金”项目，反映企业因股权性投资而分得的现金股利，从子公司、联营企业或合营企业分回利润而收到的现金，以及因债权性投资而取得的现金利息收入，但股票股利除外。本项目应根据“银行存款”账户的借方记录以及“投资收益”、“应收利息”、“应收股利”等账户的贷方发生额分析填列。

（3）“处置固定资产、无形资产和其他长期资产收回的现金净额”项目，反映企业出售、报废固定资产、无形资产和其他长期资产所取得的现金（包括因资产毁损而收到的保险赔偿收入），减去为处置这些资产而支付的有关费用后的净额，但现金净额为负数的除外。由于自然灾害所造成的固定资产等长期资产损失而收到的保险赔款收入，也在本项目反映。本项目应根据“银行存款”账户的借方记录以及“固定资产清理”、“其他业务收入”、“其他应收款”、“应交税费”等账户的发生额分析填列。

（4）“处置子公司及其他营业单位收到的现金净额”项目，反映企业处置子公司及其他营业单位所取得的现金减去相关处置费用后的净额。本项目应根据“银行存款”账户的借方记录，以及有关处置子公司及其他营业单位的账户记录分析填列。

（5）“收到其他与投资活动有关的现金”项目，反映企业收到的除上述各项投资活动外的其他与投资活动有关的现金。收到其他与投资活动有关的现金，如果金额较大，则应当单独列示。本项目应根据“营业外收入”等账户的发生额分析填列。

（6）“购建固定资产、无形资产和其他长期资产支付的现金”项目，反映企业购买、建造固定资产，取得无形资产和其他长期资产所支付的现金及增值税税款，支付的应由在建工程和无形资产负担的职工薪酬现金支出，但为购建固定资产、无形资产和其他长期资产而发生的借款利息资本化部分、融资租入固定资产所支付的租赁费除外。本项目应根据“库存现金”、“银行存款”账户的贷方记录，以及“固定资产”、“在建工程”、“工程物资”、“投资性房地产”、“无形资产”、“应交税费”、“应付职工薪酬”等账户的借方发生额分析填列。

(7)“投资支付的现金”项目，反映企业取得的除现金等价物以外的权益性投资和债权性投资所支付的现金，以及支付的佣金、手续费等附加费用。本项目应根据“库存现金”、“银行存款”账户的贷方记录，以及“交易性金融资产”、“长期股权投资”、“持有至到期投资”等账户的借方发生额分析填列。

(8)“取得子公司及其他营业单位支付的现金净额”项目，反映企业购买子公司及其他营业单位的购买出价中以现金支付的部分，减去子公司或其他营业单位持有的现金及现金等价物后的净额。本项目应根据“银行存款”账户的贷方记录，以及有关取得子公司及其他营业单位的账户记录分析填列。

(9)“支付其他与投资活动有关的现金”项目，反映企业除上述各项投资支出外支付的其他与投资活动有关的现金。支付的其他与投资活动有关的现金，金额较大的应当单独列示。本项目应当根据“营业外支出”等账户的发生额分析填列。

3.筹资活动产生的现金流量

筹资活动现金流量的报告，应当根据有关账户的记录分析填列。各项目的具体内容及填列方法如下：

(1)“吸收投资收到的现金”项目，反映企业以发行股票、债券等方式筹集资金实际收到的款项，减去直接支付给金融企业的佣金、手续费、宣传费、咨询费、印刷费等发行费用后的净额。本项目应根据“库存现金”、“银行存款”账户的借方记录，以及“股本”、“资本公积”、“应付债券”等账户的贷方发生额分析填列。

(2)“取得借款收到的现金”项目，反映企业举借各种短期、长期借款而收到的现金。本项目应根据“库存现金”、“银行存款”账户的借方记录，以及“短期借款”、“长期借款”等账户的贷方发生额分析填列。

(3)“收到其他与筹资活动有关的现金”项目，反映企业收到的其他与筹资活动有关的现金。本项目应根据有关账户的记录分析填列。

(4)“偿还债务支付的现金”项目，反映企业以现金偿还债务的本金。本项目应根据“银行存款”账户的贷方记录，以及“短期借款”、“长期借款”、“应付债券”等账户的借方发生额分析填列。

(5)“分配股利、利润或偿付利息支付的现金”项目，反映企业实际支付的现金股利、支付给其他投资单位的利润或用现金支付的借款利息、债券利息。本项目应根据“银行存款”账户的贷方记录，以及“应付股利”、“应付利息”、“长期借款”、“应付债券”等账户的借方发生额分析填列。

(6)“支付其他与筹资活动有关的现金”项目，反映企业除上述项目外，支付的其他与筹资活动有关的现金，包括以发行股票、债券等方式筹集资金而由企业直接支付的审计和咨询等费用，为购建固定资产而发生的借款利息资本化部分，融资租入固定资产所支付的租赁费，以分期付款方式购建固定资产以后各期支付的现金等。本项目应根据有关账户的记录分析填列。

4.汇率变动对现金及现金等价物的影响

“汇率变动对现金及现金等价物的影响”项目，反映下列项目之间的差额：(1) 企业外币现金流量及境外子公司的现金流量折算为记账本位币时，所采用的现金流量发生日的即期汇率或按照系统合理的方法确定的、与现金流量发生日即期汇率近似的汇率折算的金额；(2)“现金及现金等价物净增加额”中外币现金净增加额按期末汇率折算的金额。

本项目填列时，可不必逐笔计算汇率变动对现金及现金等价物的影响，而通过现金流量表附注中“现金及现金等价物净增加额”和主表中经营活动、投资活动、筹资活动现金流量的净额倒算得出，即本项目可按下列方法计算确定：

汇率变动对现金及现金等价物的影响=现金及现金等价物净增加额-经营活动现金流量净额-投资活动现金流量净额-筹资活动现金流量净额

运用这一计算公式时，经营活动、投资活动和筹资活动现金流量净额的计算结果必须准确，否则就会将各项目填列的错误倒挤在本项目中。外币业务不多的企业，可以逐笔计算汇率变动对现金的影响，即通过资产负债表日的即期汇率和外币现金流量发生日即期汇率或按照系统合理的方法确定的、与现金流量发生日即期汇率近似的汇率的差额逐笔计算得出。

(二) 现金流量表附注项目的填列方法

企业应当采用间接法在现金流量表附注中披露将净利润调节为经营活动现金流量的信息，其格式见表11-10。

间接法是指以净利润为起算点，调整不涉及现金的收入、费用、营业外收支等有关项目，剔除投资活动、筹资活动对现金流量的影响，据此计算出经营活动产生的现金流量。现金流量表附注包括三部分内容，即将净利润调节为经营活动现金流量、不涉及现金收支的重大投资和筹资活动，以及现金及现金等价物净变动情况。各项目反映的内容及其填列方法如下：

1.“将净利润调节为经营活动现金流量”各项目

(1)“资产减值准备”项目，反映企业本期计提的各项资产减值准备。本项目应当根据“资产减值损失”账户的发生额分析填列，或根据各项资产减值准备账户的期末余额与期初余额的差额填列。

(2)“固定资产折旧、油气资产折耗、生产性生物资产折旧”项目，分别反映企业本期计提的固定资产折旧、油气资产折耗、生产性生物资产折旧。本项目可以根据“管理费用”、“制造费用”、“生产成本”账户的发生额分析填列，也可以根据“累计折旧”等账户的发生额分析填列。

(3)“无形资产摊销”、“长期待摊费用摊销”项目，分别反映企业本期计提的无形资产摊销额和长期待摊费用的摊销额。这两个项目可以根据“管理费用”、“其他业务成本”等账户的发生额分析填列，也可以根据“累计摊销”或“长期待摊费用”账户的发生额分析填列。

表 11-10 **现金流量表附注** 单位：元

补充资料	行次	本年金额	上年金额(略)
1.将净利润调节为经营活动现金流量:			
净利润		144 937.50	
加：资产减值准备		1 200	
固定资产折旧、油气资产折耗、生产性生物资产折旧		40 000	
无形资产摊销		16 000	
长期待摊费用摊销		20 000	
处置固定资产、无形资产和其他长期资产的损失(收益以“–”号填列)		–40 000	
固定资产报废损失(收益以“–”号填列)		6 850	
公允价值变动损失(收益以“–”号填列)		600	
财务费用(收益以“–”号填列)		19 400	
投资损失(收益以“–”号填列)		–14 000	
递延所得税资产减少(增加以“–”号填列)			
递延所得税负债增加(减少以“–”号填列)			
存货的减少(增加以“–”号填列)		188 200	
经营性应收项目的减少(增加以“–”号填列)		–294 000	
经营性应付项目的增加(减少以“–”号填列)		46 594	
其他			
经营活动产生的现金流量净额		135 781.50	
2.不涉及现金收支的重大投资和筹资活动:			
债务转为资本			
一年内到期的可转换公司债券			
融资租入固定资产			
3.现金及现金等价物净变动情况:			
现金的期末余额		149 132	
减:现金的期初余额		300 800.50	
加：现金等价物的期末余额			
减：现金等价物的期初余额			
现金及现金等价物净增加额		–151 668.50	

（4）“处置固定资产、无形资产和其他长期资产的损失（收益以“-”号填列）”项目，反映企业本期处置固定资产、无形资产和其他长期资产发生的损益。本项目应根据“营业外收入”和“营业外支出”明细账户的发生额分析填列，如为净收益，以“-”号填列。

（5）“固定资产报废损失（收益以“-”号填列）”项目，反映企业固定资产盘点时产生的损失或收益。本项目应根据“营业外收入”和“营业外支出”明细账户中固定资产盘亏损失减盘盈收益后的差额填列，如为净收益，以“-”号填列。

（6）“公允价值变动损失（收益以“-”号填列）”项目，反映企业持有的金融资产、金融负债，以及采用公允价值计量模式的投资性房地产的公允价值变动损益。本项目应当根据“公允价值变动损益”账户的发生额分析填列。

（7）“财务费用”项目，反映企业利润表“财务费用”项目的金额，即本期实际发生的属于投资和筹资活动的财务费用。本项目应根据“财务费用”账户的发生额分析填列，如为收益，以“-”号填列。

（8）“投资损失（收益以“-”号填列）”项目，反映企业利润表“投资收益”项目的金额。本项目可根据利润表“投资收益”项目金额直接填列，如为投资收益，以“-”号填列。

（9）“递延所得税资产减少（增加以“-”号填列）”项目，反映企业资产负债表“递延所得税资产”项目的期初余额与期末余额的差额。本项目可根据资产负债表“递延所得税资产”项目的期初余额与期末余额的差额填列，期末数大于期初数的差额以“-”号填列。

（10）“递延所得税负债增加（减少以“-”号填列）”项目，反映企业资产负债表“递延所得税负债”项目的期初余额与期末余额的差额。本项目可根据资产负债表“递延所得税负债”项目的期初余额与期末余额的差额填列，期末数小于期初数的差额以“-”号填列。

（11）“存货的减少（增加以“-”号填列）”项目，反映企业资产负债表“存货”项目的期初余额与期末余额的差额。本项目可以根据资产负债表“存货”项目的期初余额与期末余额的差额填列，期末数大于期初数的差额以“-”号填列。

（12）“经营性应收项目的减少（增加以“-”号填列）”项目，反映企业本期经营性应收项目（包括应收票据、应收账款、预付款项、长期应收款和其他应收款中与经营活动有关的部分及应收的增值税销项税额等）的期初余额与期末余额的差额。本项目可以根据资产负债表“应收票据”、“应收账款”、“预付款项”、“长期应收款”和“其他应收款”等项目的期初余额与期末余额的差额，减去以非现金资产抵偿债务而减少的应收账款、应收票据的金额填列。

（13）“经营性应付项目的增加（减少以“-”号填列）”项目，反映企业本期经营性应付项目（包括应付票据、应付账款、预收款项、应付职工薪酬、应交税费、应付利息、应付股利、长期应付款、其他应付款中与经营活动有关的部分及应付的增值税进项税额等）的期初余额与期末余额的差额。本项目可以根据资产负债表“应付票据”、“应付账款”、“预收款项”、“应付职工薪酬”、“应交税费”、“其他应付款”、“预计负债”等项目的期初余额与期末余额的差额，减去以非现金资产抵偿债务而减少的应付账款、应付票据的金额填列。

2.“不涉及现金收支的重大投资和筹资活动”项目

“不涉及现金收支的重大投资和筹资活动”项目，反映企业一定期间内影响资产或负债但不形成该期现金收支的所有重大的投资和筹资活动的信息，主要有以下内容：(1)“债务转为资本”项目，反映企业本期转为资本的债务金额。(2)“一年内到期的可转换公司债券”项目，反映企业一年内到期的可转换公司债券的本息。(3)“融资租入固定资产”项目，反映企业本期融资租入固定资产的最低租赁付款额扣除应分期计入利息费用的未确认融资费用后的净额。

3.现金及现金等价物净增加额

现金流量表附注中的“现金及现金等价物净增加额”与现金流量表中的“现金及现金等价物净增加额”项目的金额应当相等。这一项目可通过现金及现金等价物期末、期初余额的差额填列。本项目可用来检验用直接法编制的现金流量净额是否准确。

五、现金流量表的编制程序

编制现金流量表可以采用工作底稿法、T形账户法和其他分析方法。现说明工作底稿法下现金流量表的编制程序。

采用工作底稿法编制现金流量表，就是以工作底稿为手段，以利润表和资产负债表数据为基础，对每一项目进行分析并编制调整分录，从而编制出现金流量表。

在直接法下，整个工作底稿纵向分成三段，第一段是资产负债表项目；第二段是利润表项目；第三段是现金流量表项目。工作底稿横向分为五栏，在资产负债表部分，第一栏是项目栏，填列资产负债表各项目名称；第二栏是期初数，用来填列资产负债表项目的期初数；第三栏是调整分录的借方；第四栏是调整分录的贷方；第五栏是期末数，用来填列资产负债表项目的期末数。在利润表和现金流量表部分，第一栏是项目栏，用来填列利润表和现金流量表项目名称；第二栏空置不填；第三、第四栏分别是调整分录的借方和贷方；第五栏是本期数，利润表部分这一栏数字应和本期利润表数字核对相符，现金流量表部分这一栏的数字可直接用来编制正式的现金流量表。

采用工作底稿法编制现金流量表的程序是：

第一步，将资产负债表的期初数和期末数过入工作底稿的期初数栏和期末数栏。

第二步，对当期业务进行分析并编制调整分录。调整分录大体有以下几类：第一类涉及利润表中的收入、成本和费用项目，以及资产负债表中的资产、负债及所有者权益项目，通过调整，将权责发生制下的收入费用转换为现金基础；第二类涉及资产负债表和现金流量表中的投资、筹资项目，反映投资和筹资活动的现金流量；第三类涉及利润表和现金流量表中的投资与筹资项目，目的是将利润表中有关投资和筹资方面的收入与费用列入现金流量 表投资、筹资活动的现金流量中去。此外，还有一些调整分录并不涉及现金收支，只是为了核对资产负债表项目的期末、期初变动。

在调整分录中，有关现金及现金等价物的事项，并不直接借记或贷记“库存现金”，而是分别记入“经营活动产生的现金流量”、“投资活动产生的现金流量”、“筹资活动产生的现金流量”有关项目，借记表明现金流入，贷记表明现金流出。

【例11-4】本期销售商品收回现金500 000元，应编制调整分录如下：

借：经营活动现金流量　　500 000

贷：营业收入 500 000

【例 11-5】本年购入设备支付40 000元，应编制调整分录如下：

借：固定资产 40 000

贷：投资活动现金流量 40 000

【例 11-6】本期收回到期债券投资200 000元，应编制调整分录如下：

借：投资活动现金流量 200 000

贷：持有至到期投资 200 000

【例 11-7】本期发行股票收到现金600 000元，应编制调整分录如下：

借：筹资活动现金流量 600 000

贷：股本 600 000

第三步，将调整分录过入工作底稿中的相应部分。

第四步，核对调整分录，借贷合计应当相等，资产负债表项目期初数加减调整分录中的借贷金额以后，应当等于期末数。

第五步，根据工作底稿中的现金流量表项目部分编制正式的现金流量表。

小知识 11-5

现金流量表工作底稿的格式

现金流量表工作底稿的格式简单列示见表11-11：

表11-11 **现金流量表工作底稿** 单位：元

项目	期初数	调整分录		期末数
		借方	贷方	
一、资产负债表项目				
资产项目	××	××	××	××
……	××	××	××	××
资产项目合计	××			××
负债项目				
……	××	××	××	××
负债和所有者权益项目合计	××			××
二、利润表项目				本期数
……		××	××	××
净利润		××		××
三、现金流量表项目				本期数
……		××	××	××
调整分录借贷方合计		××	××	

第六节 财务报表分析

一、财务报表分析的概念与作用

财务报表分析是指以财务报表和其他相关资料的数据为依据，运用一定的方法和手段，通过对相关指标的计算和对比分析，揭示和评价企业的财务状况和经营成果。通过财务报表分析，可以考核企业经营管理的业绩，找出企业工作的强弱点，以便于进行各种决策。财务报表分析的作用主要有以下方面：

（一）可以评价企业财务状况

通过对财务报表中有关资料的分析，可以了解企业资产的流动性、负债水平以及偿还债务的能力，从而可以评价企业财务状况和经营风险，为企业管理者、投资者等提供相关决策信息。

（二）可以评价企业的经营管理水平

企业进行经营管理的过程就是利用其拥有的资源取得收益的过程。拥有和控制一定的经济资源是企业开展生产经营的前提条件。企业资产的管理水平直接影响着企业的利润水平，体现了企业的整体管理效果。通过对财务报表中相关数据进行分析，可以了解企业资产的总体结构和营运能力，可以为评价企业的经营管理水平提供依据。

（三）可以评价企业的获利能力水平

获利能力的高低关系到企业的生存和发展，不断取得更多的利润是企业经营的目标，也是保证企业不断发展的重要条件。所有财务报表使用者关心的焦点也是企业的盈利水平。通过财务报表分析，可以了解企业盈利水平方面的信息，为投资者、债权人等进行投资决策和信贷决策提供依据。

（四）可以评价企业产生现金流量的能力

企业不仅要增加利润，而且更要注重增加现金流入量，如果企业不能保证产生足够的现金流量，则会影响企业正常经营的资金周转需要。当现金流量不足时，企业需要依靠对外筹集资金满足生产经营的资金周转需要，这样就会增加企业使用资金的成本，从而影响企业利润水平。通过财务报表分析，还可以分析企业现金流量的变动情况及变动趋势，并可据以评价企业的未来发展趋势。

二、财务报表分析的方法

财务报表分析可以有各种不同方法。按分析对象不同，财务报表分析可以分为资产负债表分析、利润表分析和现金流量表分析等；按分析目的不同，财务报表分析可以分为偿债能力分析、获利能力分析等；按分析计算的指标不同，财务报表分析可以分为结构分析、趋势分析、比率分析、因素分析等；按分析的主体不同，财务报表分析可以分为内部分析和外部分析等。以下我们主要说明财务比率分析。

财务比率分析是依据财务报表上相互联系的两个或多个项目，通过计算各种比率，以评价企业财务状况和经营成果的一种分析方法。财务比率分析的主要内容如下：

（一）反映企业偿债能力的财务比率

企业偿债能力包括短期偿债能力和长期偿债能力。前者侧重于企业流动资产和流动负债的对比分析，主要通过流动性比率等判断企业的短期偿债能力；后者侧重于企业资金结构的合理性和稳定性等方面，主要通过偿债能力和权益状况测定比率判断企业的偿债能力。

1.短期偿债能力

短期偿债能力是指企业偿还流动负债的能力，主要通过企业资产的流动性及流动资产金额的大小表现。企业资产的流动性越高，流动资产的金额越大，其短期偿债能力就越强；反之，其短期偿债能力则越弱。反映短期偿债能力的比率包括：

（1）流动比率

流动比率是指企业流动资产和流动负债的比率。其计算公式如下：

流动比率=流动资产÷流动负债

流动比率是反映企业短期偿债能力最常用的指标。例如，一个4：1的流动比率，意味着即使流动资产减少了3/4，企业还有足够的流动资产偿还流动负债。但是，由于行业、经营方针或所处时期不同，流动比率的标准常常不一致。短期债权人可能比较欣赏较高的流动比率，但如果流动比率较高是由于存货积压所致，则会影响企业的偿债能力。从理财的角度讲，过高的流动比率可能是由于拥有过多的货币资金而未加以有效运用，所以会影响企业的获利能力。根据国外多数企业的经验，一般要求流动比率保持在2：1的水平上，因此流动比率也被称为2：1比率。零售行业因为存货较少，每天有固定的现金收入，其流动比率可能要小于2。而生产周期较长的企业，由于其存货周转期较长，因而其流动比率普遍较高。

根据表11–4的资料，可以计算黄河股份有限公司的流动比率如下：

2014年流动比率=1 106 552.5÷337 000=3.28

2015年流动比率=1 052 284÷288 394=3.65

黄河股份有限公司2015年的流动比率比2014年高0.37，说明该公司的短期偿债能力增强了，但是也反映了该公司存在应收款项增加、资金回笼速度慢的问题。在分析过程中，需要进一步对流动资产和流动负债的具体内容进行分析，以找出流动比率偏高的原因。如果流动资产过多，则要分析企业是否持有大量现金而未合理理财、应收账款是否因赊销政策不合理或催款不力而过多、存货是否因质量问题或营销方面存在问题而大量积压等。

（2）速动比率

速动比率又称“酸性试验比率”，是衡量企业流动资产中可以立即用于偿还流动负债的能力指标。其计算公式如下：

速动比率=速动资产÷流动负债

速动资产=流动资产–存货–预付费用

速动资产是指库存现金、银行存款、交易性金融资产、应收账款、应收票据等，在正常情况下可在极短期限内变现的资产。存货是流动性较差的流动资产，它通常需要通过销售，经过应收账款再变为现金资产，而且可能发生残次毁损等情况，因此不能作为速动资产。预付费用只能节约货币资金支出，却不能变现，因此也不作为速动资产。

速动比率比流动比率更能表明企业的短期偿债能力。根据经验，速动比率以1：1较为理想，因为在这种情况下，企业即使不动用存货，其速动资产本身就足以偿还流动负债。在实际工作中，速动比率的高低也应根据企业的性质和其他有关因素进行综合判断。

比如，零售商业企业，其业务收入主要是现金收入，即使速动比率小于1，也不会影响企业的短期偿债能力。根据表11-4的资料，可以计算黄河股份有限公司的速动比率如下：

2014年速动比率=（1 106 552.5-700 952）÷337 000=1.20

2015年速动比率=（1 052 284-512 752）÷288 394=1.87

黄河股份有限公司2015年的速动比率比2014年高了0.67，从偿债能力看有所提高，原因是该公司的存货有了降低。

（3）现金比率

现金比率是指企业现金与流动负债的比率。其计算公式如下：

现金比率=现金÷流动负债

根据表11-4的资料，可以计算黄河股份有限公司的现金比率如下：

2014年现金比率=300 800.5÷337 000=0.89

2015年现金比率=149 132÷288 394 =0.52

黄河股份有限公司2015年的现金比率比2014年下降了0.37，说明公司的短期偿债能力有所下降。

2.长期偿债能力

企业在分析长期偿债能力时，必须同时考虑短期偿债能力。如果企业短期偿债能力出现了问题，必然会影响长期偿债能力。反映长期偿债能力的指标包括负债比率和股东权益比率等。

（1）负债比率

负债比率是企业负债总额与资产总额的比率，也称为资产负债率，它反映企业资产中有多少是通过负债取得的。负债比率计算公式如下：

负债比率=负债总额÷资产总额

负债比率越高，反映企业偿还债务的能力越差，反之，偿还债务的能力越强。债权人和股东往往从不同的角度来评价负债比率。对于债权人来说，他们关心其贷款资金的安全性，如果负债比率过高，说明在企业的全部资产中，股东提供的资本所占比重太小，这样，企业的经营风险就要主要由债权人负担，其贷款的安全性缺乏保障。而对于股东而言，他们所关心的是投资收益的高低，企业的借入资金与股东投入的资金发挥的作用相同，如果企业举债所支付的利息率低于资产报酬率，股东就可以通过举债经营取得更多的投资收益，所以股东关心的是企业全部资产报酬率是否超过了借款利率。在财务分析中，举债经营比率被称做财务杠杆，负债比率作为财务杠杆，反映了企业的长期财务状况和企业管理当局的进取精神。如果负债比率很小，说明企业过于保守，对前途信心不足。当然，企业应当适度举债，否则将会因为过度负债，导致企业资不抵债而破产。负债比率的高低会因为企业的不同以及所处时期不同而异。一般来讲，当经济处于衰退时期，负债比率低的企业遭受的风险会较小，但其所获得的利润也较小。相反，如果经济处于繁荣阶段，负债比率高的企业所承受的风险较高，其获得利润的机会也多。

根据表11-4的资料，可以计算黄河股份有限公司的负债比率如下：

2014年负债比率=637 000÷2 444 552.5=0.26

2015年负债比率= 490 394÷2 433 884=0.20

黄河股份有限公司2015年的负债比率比2014年降低了0.06，说明企业的偿债能力进一步增强，但同时也说明企业的经营方针相对比较保守。

（2）股东权益比率

股东权益比率又称净资产比率，是股东权益与资产总额的比率。其计算公式如下：

股东权益比率=股东权益÷资产总额

股东权益比率反映企业资产中有多少是股东投入的，用以衡量股东投入资本在全部资本中所占的比重，它与负债比率之和等于1。股东权益比率越大，负债比率就越小，企业的风险也就越小。根据表11-4的资料，可以计算黄河股份有限公司的股东权益比率如下：

2014年股东权益比率=1 807 552.5÷2 444 552.5=0.74

2015年股东权益比率=1 943 490÷2 433 884=0.80

黄河股份有限公司2014年和2015年的股东权益比率分别为0.74和0.80，表明在公司每百元资产中，股权资金分别为74元和80元，而且2015年的股东权益比率比2014年提高了0.06，说明在企业资产总额中，股权资金比重有所增加。

反映长期偿债能力的指标还包括负债与股东权益比率（也称为产权比率）和利息保障倍数。负债与股东权益比率是负债总额与股东权益总额的比率。该指标越低，说明债权人利益保障程度越高。其计算公式如下：

负债与股东权益比率=负债总额÷股东权益总额

利息保障倍数是支付利息及所得税前利润与利息总额之间的比率，反映企业偿付利息的能力。该指标越大，说明企业偿付利息的能力越强。其计算公式如下：

利息保障倍数=（净利润+利息费用+所得税）÷利息费用

（二）反映企业盈利能力的财务比率

盈利能力是指企业赚取利润的能力，它是企业生存和发展的必要条件。反映企业盈利能力的财务比率很多，主要包括：

1.毛利率

毛利率是销售毛利与销售净收入的比率。其计算公式如下：

毛利率=×销售毛利÷销售净收入×100%

式中，销售毛利是销售收入与销售成本的差额，销售净收入是销售收入减去销售退回、销售折扣与折让后的差额。毛利率反映了企业销售成本与销售净收入的比例关系，毛利率越大，说明在企业销售净收入中销售成本所占比重越小，企业通过销售获得利润的能力越强。

根据表11-7的资料，可以计算黄河股份有限公司2015年的毛利率如下：

毛利率=（620 000-398 000）÷620 000×100%=35.81%

2.资产报酬率

资产报酬率也称资产收益率或投资报酬率，是企业一定会计期间内的净利润与资产总额的比率。其计算公式如下：

资产报酬率=净利润÷资产总额×100%

资产报酬率主要用来衡量企业利用资产获得利润的能力，反映了企业总资产的利用效果。如果企业的资产报酬率偏低，则说明企业资产的利用效率低下，经营管理存在着一定问题。根据黄河股份有限公司2015年的有关资料（见表11-4和表11-7），可以计算其资产报酬率如下：

资产报酬率=144 937.5÷2 433 884×100%=5.95%

3.股东权益报酬率

股东权益报酬率是指一定时期内企业的净利润与股东权益总额的比率。其计算公式如下：

股东权益报酬率=净利润÷股东权益总额×100%

上式中，股东权益可用期初、期末平均数计算。这一比率说明了每百元股东权益所产生的利润额，反映了股权投资的盈利能力，股东权益报酬率越高越理想。根据黄河股份有限公司2015年的有关资料（见表11-4和表11-7），可以计算其股东权益报酬率如下：

股东权益报酬率=144 937.5÷[（1 807 552.5+1 943 490）÷2]×100%=7.73%

4.每股收益

每股收益反映每股普通股可分摊的净利润额。每股收益指标越高，说明股东获得利润的比率越高。每股收益可以分为基本每股收益和稀释每股收益。其计算公式如下：

基本每股收益=归属于普通股股东的当期净利润÷发行在外普通股加权平均数

如果黄河股份有限公司本期实现的净利润均为归属于普通股的净利润，发行在外普通股的加权平均数为195 000股，则其基本每股收益计算如下：

基本每股收益=144 937.5÷195 000 =0.74（元）

当企业存在稀释性潜在普通股时，应当分别调整归属于普通股股东的当期净利润和发行在外普通股的加权平均数，据以计算稀释每股收益。

5.市盈率

市盈率表明公司股票市值与每股收益之间的关系。其计算公式如下：

市盈率=普通股每股市价÷普通股每股净利润

市盈率反映了投资者对公司未来经营情况的预期，预期越好，市盈率就越高。一般情况下，公司合理的股价定位为每股收益的12~15倍。如果市盈率较低，则反映了投资者对公司每股收益水平下降的预期，公司股票的价值将会被低估；如果市盈率较高，则反映了投资者对公司每股收益水平上升的预期，公司股票的价值将会被高估。当公司经营出现亏损情况时，该指标无法计算。

（三）反映企业资产利用效率的财务比率

反映企业资产利用效率的财务比率主要是存货周转率和应收账款周转率。

1.存货周转率

存货周转率是衡量和评价企业购入存货、投入生产、销售收款各环节管理状况的综合指标，它是一定期间内销货成本与存货平均余额的比率。存货周转率也称为存货周转次数，用时间表示的存货周转率就是存货周转天数。其计算公式如下：

$$存货周转率=\frac{销货成本}{存货平均余额}$$

$$存货周转天数=\frac{360}{存货周转率}$$

$$=\frac{360\times 存货平均余额}{销货成本}$$

公式中所用指标数值分别来自资产负债表和利润表。根据表11-4和表11-7的资料，可以计算黄河股份有限公司的存货周转率如下：

$$存货周转率=\frac{398\ 000}{(700\ 952+512\ 752)\div 2}=0.66（次）$$

存货周转天数=360÷0.66=545（天）

存货周转速度越快，存货的占用水平越低，流动性越强，存货转变为现金或应收账款的速度越快。存货周转天数的多少反映企业存货管理水平，它不仅影响企业的短期偿债能力，也是整个企业管理的一项重要内容。本例中存货周转天数较长，如果不是属于生产周期较长的企业，则说明企业存货管理存在较大问题，需要深入调查研究，查明问题根源，如果是生产周期较长的造船企业等，存货周转天数超过1年，则是正常现象。

2.应收账款周转率

应收账款周转率是反映应收账款周转速度的指标，即年度内应收账款转为现金的平均次数。用时间表示的应收账款周转率是应收账款周转天数，也叫平均应收账款回收期。其计算公式如下：

$$应收账款周转率=\frac{销售收入}{应收账款平均余额}$$

$$应收账款周转天数=\frac{360}{应收账款周转率}=\frac{360\times 应收账款平均余额}{销售收入}$$

公式中所用指标数值分别来自资产负债表和利润表。根据表11-4和11-7的资料，可以计算黄河股份有限公司的应收账款周转率如下：

$$应收账款周转率=\frac{620\ 000}{(2\ 800+121\ 600)\div 2}=9.97（次）$$

应收账款周转天数=360÷9.97≈36（天）

应收账款周转率越高，平均收账期越短，说明应收账款的收回越快。否则，企业的营运资金会过多地呆滞在应收账款上，影响资金的正常周转。

另外，企业还可以通过流动资产周转率和全部资产周转率反映企业资产的利用效率，其计算分析方法与应收账款周转率相同。

典型案例

注册会计师张也在对某公司进行年度利润报表审计时，通过对比该公司各期利润报表项目发现，该公司虽然各月销售额比较均衡，但12月份销售成本比前几个月高出50多万元。经过进一步查找，张也发现12月份有一张作废的发票，内容是公司支付当年生产用固定资产的租金55万元，该公司将其全部记入“制造费用”账户。对这一情况，该公司说出了原因，因为公司业务招待费超过标准限额将近60万元，为了减少应交的所得税，该公司财务主管决定用两张作废的发票顶替超标的招待费。请问这样处理产生的影响是什么？注册会计师对该公司的问题应如何处理？

分析提示：该公司将超标的招待费记入了“制造费用”账户，加大了产品生产成本，并可在产品销售时计入销售成本，从而可以减少企业的利润总额而不必上交因招待费超过标准限额应交的所得税。注册会计师应要求该公司冲回已记入“制造费用”账户的55万元租金，并补交应交的所得税，补交的金额应该按照实际超标的招待费金额乘以适用的所得税税率。另外，注册会计师还应在审计报告中说明这一情况。

本章小结

财务会计报告是指企业对外提供的反映企业某一特定日期的财务状况和某一会计期间的经营成果、现金流量等会计信息的文件。财务报表是财务会计报告的核心，财务报表至少应当包括资产负债表、利润表、现金流量表、所有者权益（或股东权益）变动表及其附注。资产负债表是反映企业在某一特定日期的财务状况的会计报表；利润表是反映企业在一定会计期间的经营成果的会计报表；所有者权益（或股东权益）变动表是反映构成企业所有者权益的各组成部分当期的增减变动情况的报表；现金流量表是反映企业在一定会计期间现金及现金等价物流入和流出的报表。企业可以采用比率分析等方法进行财务报表分析，揭示和评价企业的财务状况和经营成果。

习题

一、选择题

1.财务报表按反映的内容分类，可以分为（　　）。

A.内部报表和外部报表　　B.中期财务报表和年度财务报表

C.静态报表和动态报表　　D.个别报表和汇总报表

2.现金流量表编制方法中的“直接法”和“间接法”是用来反映（　　）。

A.经营活动的现金流量　　B.投资活动的现金流量

C.筹资活动的现金流量　　D.全部活动的现金流量

3.某企业期末“原材料”账户余额为100万元，“生产成本”账户余额为50万元，“库存商品”账户余额为80万元，“存货跌价准备”账户余额为30万元，“工程物资”账户余额为200万元。该企业期末资产负债表中“存货”项目的金额应是（　　）。

A.200万元　　B.230万元

C.400万元　　D.460万元

4.根据企业会计准则规定，我国企业现金流量表中将现金分为（　　）。

A.经营活动和非经营活动现金　　B.经营活动、投资活动及筹资活动现金

C.直接现金流量和间接现金流量　　D.现金流量总额和现金流量净额

5.我国企业资产负债表的结构可以采用（　　）。

A.账户式　　B.报告式

C.单步式　　D.多步式

6.下列各项中，应在资产负债表“预付款项”项目中反映的是（　　）。

A.“预付账款”账户的借方余额　　B.“预付账款”账户的贷方余额

C.“应付账款”账户的借方余额　　D.“应付账款”账户的贷方余额

7.关于资产负债表，正确的表述是（　　）。

A.反映企业一定时期的财务状况　　B.是企业对外报送的一张主表

C.可以用来分析企业的偿债能力　　D.是一张静态报表

8.应列入资产负债表负债项目下的下列项目是（　　）。

A.递延所得税资产　　B.递延所得税负债

C.应付账款贷方余额　　D.预付账款借方余额

9.关于所有者权益变动表，下列表述中正确的是（ ）。

A.它是财务报表中的主表 B.它是一张静态报表

C.它是利润表的附表 D.通过它可以了解企业的利润分配情况

10.为计算营业利润，需要从营业收入中减去的项目是（ ）。

A.营业成本 B.营业税金及附加

C.资产减值损失 D.管理费用

二、简答题

1.什么是财务报表?财务报表有哪些主要分类形式?

2.什么是资产负债表?其主要作用是什么?

3.我国企业资产负债表采用什么格式?各项目如何填列?

4.什么是利润表?其主要作用是什么?

5.我国企业利润表采用什么格式?各项目如何填列?

4.什么是所有者权益变动表?其主要项目是什么?

5.什么是现金流量表?其基本结构是什么?

6.现金流量表中现金的含义是什么?

7.现金流量主要分为哪几类?其主要内容是什么?

8.反映企业偿债能力的财务比率主要有哪些?如何计算?

9.反映企业盈利能力的财务比率主要有哪些?如何计算?

10.反映企业资产利用效率的财务比率主要有哪些?如何计算?

三、业务题

1.赤诚公司2015年年末的账户余额表见表11-12。

表11-12 **账户余额表** 单位：元

账户名称	借方余额	贷方余额	账户名称	借方余额	贷方余额
库存现金	1 500		短期借款		48 000
银行存款	74 000		应付账款		36 000
应收账款	30 000		其他应付款		10 000
坏账准备		400	长期借款		50 000
预付账款	10 000		实收资本		350 000
其他应收款	3 000		资本公积		2 100
原材料	40 000		盈余公积		2 300
库存商品	3 500		未分配利润		3 200
长期股权投资	80 000				
固定资产	300 000				
累计折旧		40 000			
合 计	542 000	40 400	合 计		501 600

2016年1月份赤诚公司发生下列经济业务（假设赤诚公司为小规模纳税企业，采购材料按实际成本计价核算）：

（1）购进原材料30 000元，取得的增值税专用发票上注明增值税税额为5 100元，用预付账款10 000元抵付，其余部分开出一张承兑的商业汇票，购进材料已验收入库。

（2）应收账款中有5 000元不能收回，符合坏账确认条件，冲减已提的坏账准备，并注销应收账款。

（3）计提生产车间固定资产折旧费2 000元，管理部门固定资产折旧费600元。

（4）销售商品一批，取得不含税的收入90 000元，增值税的征收率为3%。应收的货款及增值税税款已存入银行。该批商品销售成本为68 000元。

（5）预提生产车间固定资产保险费用1 200元。

（6）预提计入当期损益的长期借款利息1 000元，借款利息在本年年末还款时支付。

（7）本月应交城市维护建设税和教育费附加分别是400元和150元，应交所得税900元，并已全部交清。

要求：(1) 根据上述业务编制会计分录；

(2) 编制赤诚公司2016年1月31日资产负债表，见表11-13。

表11-13 **资产负债表**

编制单位：赤诚公司 **2016年1月31日** 单位：元

资　产	行次	期末余额	年初余额	负债和所有者权益（或股东权益）	行次	期末余额	年初余额
流动资产：				流动负债：			
货币资金				短期借款			
以公允价值计量且其变动计入当期损益的金融资产				以公允价值计量且其变动计入当期损益的金融负债			
应收票据				应付票据			
应收账款				应付账款			
预付款项				预收款项			
应收利息				应付职工薪酬			
应收股利				应交税费			
其他应收款				应付利息			
存货				应付股利			
一年内到期的非流动资产				其他应付款			
其他流动资产				一年内到期的非流动负债			
流动资产合计				其他流动负债			
非流动资产：				流动负债合计			
可供出售金融资产				非流动负债：			
持有至到期投资				长期借款			
长期应收款				应付债券			

续表

资产	行次	期末余额	年初余额	负债和所有者权益（或股东权益）	行次	期末余额	年初余额
长期股权投资				长期应付款			
投资性房地产				专项应付款			
固定资产				预计负债			
在建工程				递延所得税负债			
工程物资				其他非流动负债			
固定资产清理				非流动负债合计			
生产性生物资产				负债合计			
油气资产				所有者权益（或股东权益）:			
无形资产				实收资本			
开发支出				资本公积			
商誉				减:库存股			
长期待摊费用				盈余公积			
递延所得税资产				未分配利润			
其他非流动资产				所有者权益（或股东权益）合计			
非流动资产合计							
资产总计				负债和所有者权益（或股东权益）总计			

2．赤诚公司201×年12月31日部分账户期末余额见表11-14。

表11-14 **账户余额表** 单位：元

账户名称	借方余额	贷方余额	账户名称	借方余额	贷方余额
库存现金	960		自制半成品	16 200	
银行存款	60 480		生产成本	12 000	
其他货币资金	2 640		库存商品	4 800	
应收账款	14 400	3 000	在建工程	5 600	
坏账准备		400	在建工程减值准备	500	
预付账款	4 800	2400	固定资产	625 000	
物资采购	2 400		累计折旧		5 000
原材料	10 800		固定资产减值准备		10 000
包装物	960		应付账款	1 200	2 520
低值易耗品	1 440		预收账款	2 000	5 000
材料成本差异		850	应付利息		
委托加工物资	3 600		利润分配		153 000

要求：根据上述资料编制赤诚公司201×年年末资产负债表的相关项目（见表11-15）。

表11-15 **资产负债表相关项目** 单位：元

序号	项目	期末数
1	货币资金	
2	应收账款	
3	预付款项	
4	存货	
5	在建工程	
6	应付账款	
7	固定资产	
8	预收款项	
9	应付利息	
10	未分配利润	

3.东方公司为一般纳税企业，201×年6月份发生的经济业务如下：

（1）销售甲产品100件，每件售价为1 200元，增值税税额为20 400元，价税款已通过银行收讫。

（2）销售给明星工厂乙产品50件，单价为1 500元，增值税税额为12 750元，收到对方交来一张经银行承兑的商业汇票。

（3）结转甲、乙产品销售成本，其中：甲产品单位成本为710元；乙产品单位成本为1 200元。

（4）以银行存款支付本月产品销售费用6 200元，支付利息支出300元。

（5）按规定计算应交纳的城市维护建设税4 500元，并以银行存款支付。

（6）报销公司业务人员招待费1 500元，并以库存现金支付。

（7）以现金500元购买办公用品。

（8）收到向阳工厂前欠货款40 000元，已存入银行。

（9）收到某单位因违反合同而支付的违约金2 000元，已存入银行。

（10）摊销年初已支付的应由本月负担的临时租用办公用房屋租金1 000元。

（11）结转本月主营业务收入和营业外收入。

（12）结转本月主营业务成本、销售费用、营业税金及附加、管理费用等。

（13）计算本月应交所得税，所得税税率为25%（假设无纳税调整事项）。

要求：根据发生的经济业务编制会计分录，并编制东方公司6月份的利润表，见表11-16（会计分录要求列明二级科目或明细科目）。

表11-16 利润表

编制单位：东方公司 201×年6月 单位：元

项目	行次	本月金额	本年累计金额（略）
一、营业收入			
减：营业成本			
营业税金及附加			
销售费用			
管理费用			
财务费用（收益以“-”号填列）			
资产减值损失			
加：公允价值变动收益（损失以“-”号填列）			
投资收益（损失以“-”号填列）			
二、营业利润（亏损以“-”号填列）			
加：营业外收入			
减：营业外支出			
其中：非流动资产处置损失（收益以“-”号填列）			
三、利润总额（亏损总额以“-”号填列）			
减：所得税费用			
四、净利润（净亏损以“-”号填列）			
五、其他综合收益			
六、综合收益总额			
七、每股收益			
（一）基本每股收益			
（二）稀释每股收益			

4．长诚股份有限公司201×年年初股东权益总额为1 560 000元，其中：实收资本为1 500 000元，资本公积为2 000元，盈余公积为8 000元。本年度“利润分配”总账及其明细账有关资料见表11-17。

表11-17 **“利润分配”总账及明细账资料** 单位：元

会计账户	年初未分配利润（贷方）	本年发生额		年末余额（贷方）
		借方	贷方	
利润分配	50 000	180 000	290 000	160 000
所属明细账户：				
提取法定盈余公积		20 000	20 000	
提取任意盈余公积		10 000	10 000	
应付股利		60 000	60 000	
未分配利润	50 000	90 000	200 000	160 000

要求：根据表11-17所给资料，编制长诚股份有限公司201×年度股东权益变动表“本年金额”栏各项目，见表11-18。

表11-18 **股东权益变动表**

编制单位：长诚股份有限公司 201×年度 单位：元

项目	本年金额					
	实收资本（或股本）	资本公积	库存股（减项）	未分配利润	盈余公积	所有者权益合计
一、上年年末余额						
加：会计政策变更						
前期差错更正						
二、本年年初余额						
三、本年增减变动金额（减少以“-”号填列）						
（一）综合收益总额						
（二）所有者投入和减少资本						
1.所有者投入资本						
2.股份支付计入所有者权益的金额						
3.其他						
（三）利润分配						
1.提取盈余公积						
2.对所有者（或股东）的分配						
3.其他						
（四）所有者权益内部结转						
1.资本公积转赠资本（或股本）						
2.盈余公积转赠资本（或股本）						
3.盈余公积弥补亏损						
4.其他						
四、本年年末余额						

第十二章 会计核算组织程序

学习目标

知识目标　掌握记账凭证核算组织程序、科目汇总表核算组织程序、汇总记账凭证核算组织程序，以及日记总账核算组织程序的特点和账务处理步骤，明确各种会计核算组织程序的优缺点和适用范围，了解会计核算组织程序的意义、原则。

技能目标　熟悉各种会计核算组织程序的账务处理步骤、科目汇总表的编制、汇总记账凭证的编制。

第一节 会计核算组织程序的意义、原则、种类

一、会计核算组织程序的意义

会计核算组织程序也称账务处理程序，是指会计主体采用的凭证、账簿、报表的种类、格式，以及记账程序相互结合的方式。

合理的会计核算组织程序既是正确组织会计核算工作的一个重要问题，也是会计制度设计的一个重要内容。合理的、适用的会计核算组织程序对于保证会计核算质量、规范会计核算组织工作、提高会计核算工作效率、充分发挥会计在经营管理中的作用，具有重要意义。

二、选择会计核算组织程序的原则

各企业单位应当选择适用的会计核算组织程序，企业单位在选择会计核算组织程序时应遵循如下原则：

（1）从本单位具体情况出发。选择会计核算组织程序要与本单位的业务性质、规模大小、经营管理的要求以及会计记账分工情况相适应。

（2）保证会计信息质量。要选择采用能正确、及时地提供本单位和各有关方面对会计核算资料的要求的核算组织程序。

（3）降低核算成本。应该在保证会计核算工作质量的前提下，力求简化核算手续，节约时间，降低费用，提高会计核算工作效率。

三、会计核算组织程序的种类

目前企业采用的会计核算组织程序主要有以下几种：

（1）记账凭证核算组织程序；

（2）科目汇总表核算组织程序；

（3）汇总记账凭证核算组织程序；

（4）日记总账核算组织程序。

本章以后各节将具体说明上述会计核算组织程序。

小知识12-1

各种会计核算组织基本程序

会计核算可以有不同的组织程序，各种不同会计核算组织的基本程序都是相同的，如图12-1所示。

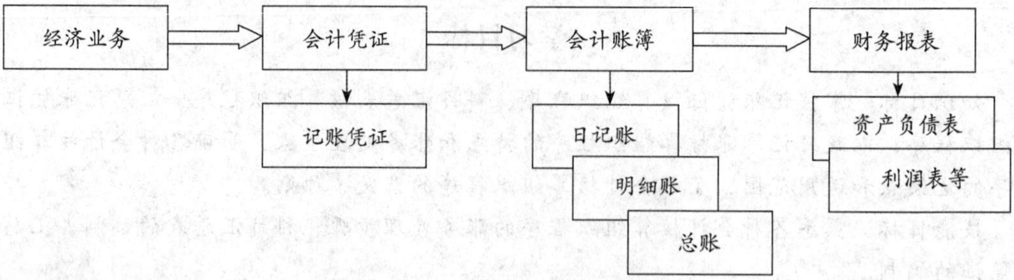

图12-1　会计核算组织的基本程序

第二节　记账凭证核算组织程序

一、记账凭证核算组织程序的特点

记账凭证核算组织程序是一种最基本的核算组织程序，它的特点是根据每张记账凭证逐笔登记总分类账，其他各种核算组织程序都是在记账凭证核算组织程序的基础上形成的。

二、记账凭证核算组织程序下使用的凭证、账簿的种类和格式

在记账凭证核算组织程序下，记账凭证可采用通用格式，也可采用收款凭证、付款凭证和转账凭证三种凭证。在这种会计核算组织程序下，设置的账簿一般有：库存现金日记账、银行存款日记账、总分类账和各种明细分类账。库存现金日记账和银行存款日记账一般都采用三栏式；总分类账也采用三栏式并按每一个账户开设账页；明细分类账则根据各个明细分类账所反映的内容分别采用三栏式、数量金额式、多栏式。有关记账凭证和账簿的具体内容和格式参见本书第四章和第五章。

三、记账凭证核算组织程序下账务处理的步骤

（1）根据原始凭证或原始凭证汇总表编制记账凭证；

（2）根据收款凭证和付款凭证逐笔登记库存现金日记账和银行存款日记账；

（3）根据记账凭证、原始凭证或原始凭证汇总表逐笔登记明细分类账；

（4）根据记账凭证逐笔登记总分类账；

（5）月末，库存现金日记账、银行存款日记账、各种明细分类账的期末余额与相应的总分类账的期末余额相核对；

（6）月末，根据总分类账、各种明细分类账编制财务报表。

记账凭证核算组织程序下账务处理的步骤可用图12-2表示。

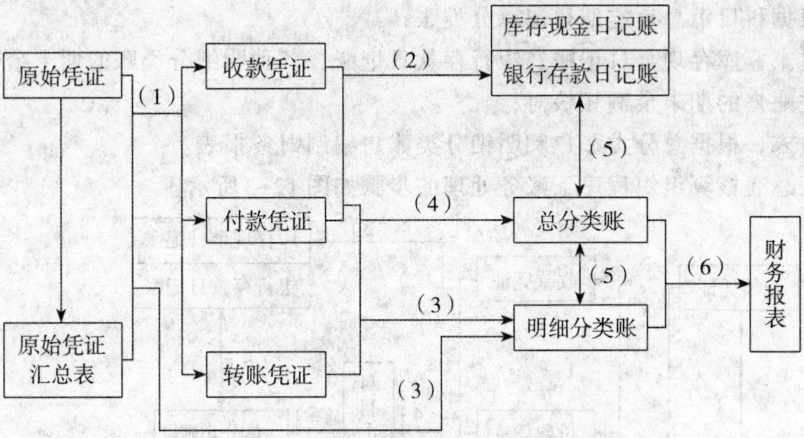

图12-2 记账凭证核算组织程序流程图

四、记账凭证核算组织程序的优缺点和适用范围

根据上述记账凭证组织程序的账务处理步骤可以看出，记账凭证组织程序由于直接根据每张记账凭证登记总分类账，所以在总分类账中能够详细地反映经济业务的发生情况，账户之间对应关系清晰明了，有利于利用账户的对应关系分析和查对账目。但当经济业务较多时，登记总分类账的工作量就很大。因此，记账凭证组织程序常适用于规模小、业务量少、凭证不多的单位。在经济业务较多的单位，若采用记账凭证组织程序，应尽量将内容相同的原始凭证编制成原始凭证汇总表，以简化编制记账凭证和登记总分类账的工作量。

第三节 科目汇总表核算组织程序

一、科目汇总表核算组织程序的特点

科目汇总表核算组织程序又称记账凭证汇总表核算组织程序，是在记账凭证核算组织程序下发展起来的一种核算组织程序。其特点是根据每张记账凭证定期汇总编制科目汇总表（也称记账凭证汇总表），然后根据科目汇总表登记总分类账。

二、科目汇总表核算组织程序下的凭证、账簿的种类和格式

采用科目汇总表核算组织程序所需设置的账簿的种类和格式与记账凭证组织程序下基本相同。在记账凭证的设置上，一般也应设置收款凭证、付款凭证和转账凭证，但为了便于相同账户的归类汇总，准确计算账户借方或者贷方的本期发生额，避免差错，通常要求所有记账凭证中必须保持一个借方科目与一个贷方科目相对应，并要求转账凭证复写一式两份，分别按借方和贷方填制一个借方科目和一个贷方科目的转账凭证，也可以将收款凭证、付款凭证采用一般的格式，而将转账凭证采用单式记账凭证格式。

三、科目汇总表核算组织程序下的账务处理步骤

（1）根据原始凭证、原始凭证汇总表填制各种记账凭证；

（2）根据收款凭证和付款凭证逐笔登记库存现金日记账和银行存款日记账；

（3）根据各种记账凭证或原始凭证、原始凭证汇总表登记各种明细分类账；

（4）根据各种记账凭证汇总编制科目汇总表；

（5）根据科目汇总表定期登记总分类账；

（6）月末，库存现金日记账、银行存款日记账、各种明细分类账的期末余额分别与相应的总分类账户的期末余额相核对；

（7）月末，根据总分类账户和明细分类账户编制财务报表。

科目汇总表核算组织程序下账务处理的步骤如图12-3所示。

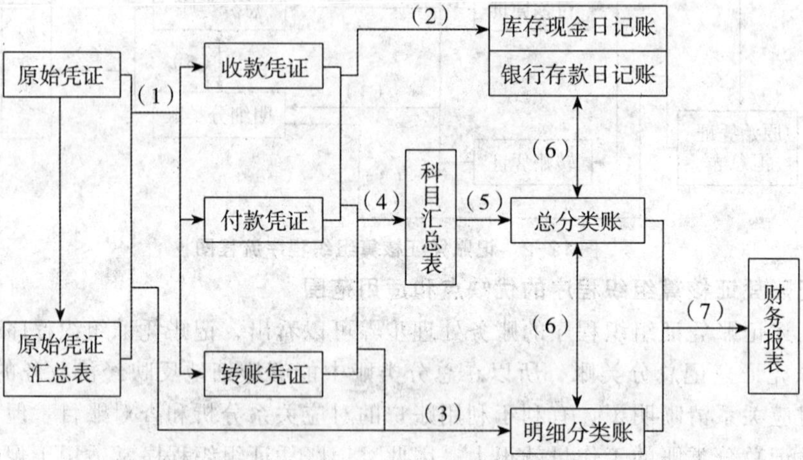

图12-3 科目汇总表核算组织程序流程图

四、科目汇总表的编制

科目汇总表的编制方法是：根据一定时期内的全部记账凭证，按照相同会计科目归类，定期（5天或10天）汇总每一账户的本期借方发生额和本期贷方发生额，并将其填列在科目汇总表的相应栏内，用以反映全部账户的本期借方发生额和本期贷方发生额。根据科目汇总表登记总账时，只要将科目汇总表中各科目的本期借方发生额和本期贷方发生额分次或月末一次记入相应总分类账户的借方或贷方即可。

举例说明科目汇总表的编制方法如下：

【例12-1】假设RT公司本年6月份发生下列经济业务：

（1）采购员报销时交回出差预借差旅费余款200元；

（2）支付当月职工工资45 000元；

（3）购买办公用品，支付现金160元；

（4）以银行存款支付下半年财产保险费12 000元，并准备分6个月摊销；

（5）收到有关材料采购发票，采购材料成本为30 000元，应付增值税税额为5 100元，所有款项均未支付，材料尚未验收入库；

（6）收到银行通知，某单位所欠货款20 000元已经收回；

（7）发出原材料一批，其中生产领用24 000元，在建工程领用50 000元（假设不考虑工程领用材料应负担的相关税费）；

（8）销售产品价款为40 000元，增值税税额为6 800元，价税款已经收到并存入银行；

（9）结转销售产品成本28 000元；

（10）以银行存款支付应交税费1 000元。

根据上述经济业务，在记账凭证上应编制的会计分录见表12-1。

表 12-1 **RT公司6月份经济业务会计分录表** 单位：元

现收1：			现付1：		
借：库存现金	200		借：应付职工薪酬	45 000	
贷：其他应收款		200	贷：库存现金		45 000
现付2：			银付1：		
借：管理费用	160		借：其他应付款	12 000	
贷：库存现金		160	贷：银行存款		12 000
转1：			银收1：		
借：在途物资	30 000		借：银行存款	20 000	
应交税费	5 100		贷：应收账款		20 000
贷：应付账款		35 100			
转2：			银收2：		
借：生产成本	24 000		借：银行存款	46 800	
在建工程	50 000		贷：主营业务收入		40 000
贷：原材料		74 000	应交税费		6 800
转3：			银付2：		
借：主营业务成本	28 000		借：应交税费	1 000	
贷：库存商品		28 000	贷：银行存款		1 000

从表12-1中可以看到，根据上述经济业务所编制的会计分录涉及很多会计科目。在对这些会计科目进行汇总时，可以通过编制“科目汇总表工作底稿”进行。根据表12-1中的会计分录，RT公司按月编制的科目汇总表工作底稿的格式和内容见表12-2。

表 12-2 **科目汇总表工作底稿**

201×年6月 单位：元

库存现金

现收1	200	现付1	45 000
		现付2	160
合计	200	合计	45 160

银行存款

银收1	20 000	银付1	12 000
银收2	46 800	银付2	1 000
合计	66 800	合计	13 000

其他应收款

		现收1	200
合计	0	合计	200

应收账款

		银收1	20 000
合计	0	合计	20 000

续表

在途物资

转1	30 000		
合计	30 000	合计	0

生产成本

转2	24 000		
合计	24 000	合计	0

库存商品

		转3	28 000
合计	0	合计	28 000

原材料

		转2	74 000
合计	0	合计	74 000

其他应付款

银付1	12 000		
合计	12 000	合计	0

管理费用

现付2	160		
合计	160	合计	0

应付职工薪酬

现付1	45 000		
合计	45 000	合计	0

应付账款

		转1	35 100
合计	0	合计	35 100

应交税费

转1	5 100	银收2	6 800
银付2	1 000		
合计	6 100	合计	6 800

在建工程

转2	50 000		
合计	50 000	合计	0

续表

主营业务收入

		银收2	40 000
合计	0	合计	40 000

主营业务成本

转3	28 000		
合计	28 000	合计	0

编制上述科目汇总表工作底稿时，所采用的形式并非是T形账户。运用这种形式的目的只是为了要汇总各会计科目的发生额，以便编制科目汇总表。根据科目汇总表工作底稿按月编制的科目汇总表见表12-3。

表12-3

科目汇总表

201×年6月

单位：元

会计科目	本期发生额		总账页数
	借 方	贷 方	
库存现金	200	45 160	
银行存款	66 800	13 000	
应收账款		20 000	
其他应收款		200	
在途物资	30 000		
生产成本	24 000		
库存商品		28 000	
原材料		74 000	
其他应付款	12 000		
在建工程	50 000		
应付职工薪酬	45 000		
应付账款		35 100	
应交税费	6 100	6 800	
管理费用	160		
主营业务收入		40 000	
主营业务成本	28 000		
合 计	262 260	262 260	

五、科目汇总表核算组织程序的优缺点及适用范围

在科目汇总表核算组织程序下，采用根据科目汇总表一次或分次登记总账的方法，大大简化了总账的登记工作，账务处理程序清楚，简单实用，适用性强，大、中、小型单位都可以采用。但科目汇总表的编制由于采取了相同科目归类汇总的方法，使各账户之间的钩稽关系模糊难辨，不能反映账户之间的对应关系，不便于分析经济业务的来龙去脉和查对账目，所以它只能用于登记总分类账和试算平衡。

第四节 汇总记账凭证核算组织程序

一、汇总记账凭证核算组织程序的特点

汇总记账凭证核算组织程序也是在记账凭证核算组织程序基础上发展起来的一种会计核算组织程序。其特点是，先定期将全部记账凭证分别编制汇总收款凭证、汇总付款凭证、汇总转账凭证，然后根据各种汇总记账凭证汇总登记总分类账。

二、汇总记账凭证核算组织程序下凭证、账簿的种类和格式

在汇总记账凭证核算组织程序下，记账凭证除要分别设置收款凭证、付款凭证和转账凭证外，还要分别设置汇总收款凭证、汇总付款凭证和汇总转账凭证。设置的账簿主要有库存现金日记账、银行存款日记账、总分类账和各种明细分类账，其格式与记账凭证组织形式基本相同。

三、汇总记账凭证核算组织程序的账务处理步骤

（1）根据原始凭证、原始凭证汇总表填制各种记账凭证；

（2）根据收款凭证、付款凭证逐笔登记库存现金日记账和银行存款日记账；

（3）根据原始凭证、原始凭证汇总表或记账凭证登记各种明细分类账；

（4）根据各种记账凭证分别汇总编制各种汇总记账凭证；

（5）根据各种汇总记账凭证登记总分类账；

（6）月末，库存现金日记账、银行存款日记账、各种明细分类账的期末余额与相应总分类账的期末余额相核对；

（7）月末，根据总分类账和明细分类账编制财务报表。

汇总记账凭证核算组织程序下账务处理步骤可用图12-4列示。

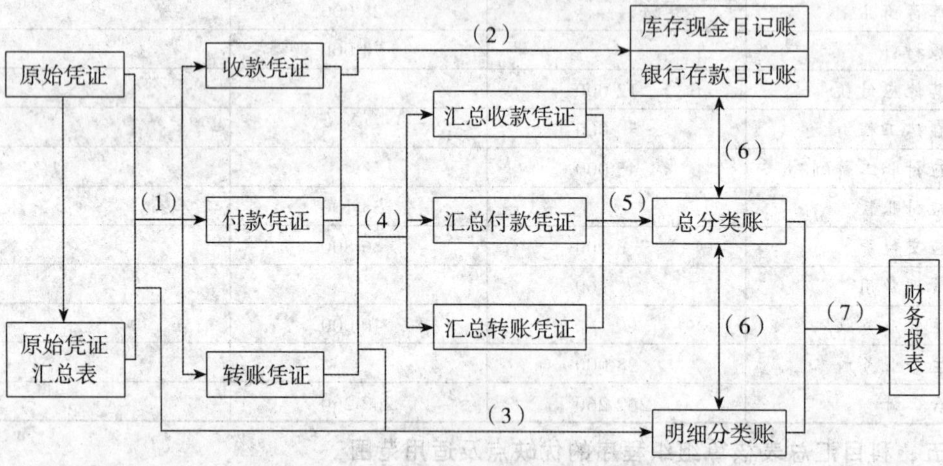

图12-4 汇总记账凭证核算组织程序流程图

四、汇总记账凭证的编制

汇总记账凭证核算组织程序的中心是各种汇总记账凭证的编制，现分别说明其编制方法。

（一）汇总收款凭证的编制方法

汇总收款凭证是将库存现金或银行存款的收款凭证，按借方科目设置，分别按贷方科

目归类，定期（5天或10天）汇总填列一次，每月编制一张。月终时，加算出汇总收款凭证的合计数，据以登记总分类账。登记总分类账时，应根据汇总收款凭证上的合计数，记入“库存现金”或“银行存款”总分类账户的借方，根据汇总收款凭证内各贷方科目的合计数分别记入有关总分类账户的贷方，现列示“库存现金”汇总收款凭证的格式，见表12-4。

表12-4 **汇总收款凭证** 第 号

借方科目：库存现金 201×年12月 单位：元

贷方科目	金额				总账页数	
	1—10日 凭证第1~30号	11—20日 凭证第31~60号	21—31日 凭证第61~90号	合计	借方	贷方
其他应收款	800			800	略	略
主管业务收入	600	300		900		
其他业务收入		500	100	600		
应收账款			350	350		
合　计	1 400	800	450	2 650		

以表12-4中的有关数据为例说明汇总收款凭证的编制方法如下：

【例12-2】假设X企业对记账凭证每10天汇总一次，201×年12月份中1—10日库存现金收入业务有4笔，其中2笔为收回其他应收款，另外2笔均为收到商品销售收入，记账凭证上编制的会计分录列示见表12-5。

表12-5 **库存现金收款凭证业务内容** 单位：元

现收1： 借：库存现金　300 　贷：其他应收款　300	现收2： 借：库存现金　500 　贷：其他应收款　500
现收3： 借：库存现金　200 　贷：主营业务收入　200	现收4： 借：库存现金　400 　贷：主营业务收入　400

上述业务的借方科目都是“库存现金”，涉及的贷方科目是“其他应收款”和“主营业务收入”。按借方科目“库存现金”设置汇总收款凭证时，应按贷方科目“其他应收款”和“主营业务收入”分别汇总，汇总结果如下：

“其他应收款”科目贷方发生额：300+500=800（元）

“主营业务收入”科目贷方发生额：200+400=600（元）

根据1—10日的汇总结果，将“其他应收款”和“主营业务收入”科目的汇总结果（800元和600元）分别填入当月汇总收款凭证相应栏目，见表12-4。表12-4中的11—20日、21—31日的相关数据，也是按此原理汇总起来的，此处不予详细说明。

（二）汇总付款凭证的编制方法

汇总付款凭证是按“库存现金”或“银行存款”的贷方科目分别设置，根据一定时期内库存现金或银行存款的全部付款凭证，分别按借方科目归类，定期（5天或10天）汇总填列一次，每月编制一张。月终时，结算出汇总付款凭证的合计数，据以登记总分类账。登记总分类账时，根据汇总付款凭证的合计数，记入“库存现金”、“银行存款”总分类账户的贷方；根据汇总付款凭证内各借方科目的合计数记入相应总分类账户的借方。现列示“银行存款”汇总付款凭证的格式，见表12-6。

表12-6 **汇总付款凭证** 第 号

贷方科目：银行存款 201×年12月 单位：元

借方科目	金额				总账页数	
	1—10日 凭证第1~30号	11—20日 凭证第31~60号	21—31日 凭证第61~90号	合计	借方	贷方
其他应付款	10 000	5 000		15 000	略	略
原材料	20 000	10 000	20 000	50 000		
固定资产	20 700			20 700		
财务费用			300	300		
管理费用	2 000	300	500	2 800		
合 计	52 700	15 300	20 800	88 800		

以表12-6中的有关数据为例说明汇总付款凭证的编制方法如下：

【例12-3】假设Y企业对记账凭证每10天汇总一次，201×年12月份中1—10日银行存款付出业务有8笔，其中，有3笔为支付其他应付款，有2笔为支付购买原材料的款项，有1笔为支付购买固定资产的款项，有2笔为支付管理费用。记账凭证上编制的会计分录列示见表12-7。

表12-7 **银行存款付款凭证业务内容** 单位：元

银付1： 借：其他应付款 2 000 贷：银行存款 2 000	银付2： 借：原材料 5 000 贷：银行存款 5 000
银付3： 借：其他应付款 1 000 贷：银行存款 1 000	银付4： 借：固定资产 20 700 贷：银行存款 20 700
银付5： 借：管理费用 800 贷：银行存款 800	银付6： 借：原材料 15 000 贷：银行存款 15 000
银付7： 借：管理费用 1 200 贷：银行存款 1 200	银付8： 借：其他应付款 7 000 贷：银行存款 7 000

表12-7中各笔业务的贷方科目都是“银行存款”，涉及的借方科目分别是“其他应付款”、“原材料”、“固定资产”和“管理费用”。按贷方科目“银行存款”设置汇总付款凭证时，应按借方科目“其他应付款”、“原材料”、“固定资产”和“管理费用”分别汇总，汇总结果如下：

“其他应付款”科目借方发生额：2 000+1 000+7 000=10 000（元）

“原材料”科目借方发生额：5 000+15 000=20 000（元）

“固定资产”科目借方发生额：20 700元

“管理费用”科目借方发生额：800+1 200=2 000（元）

根据1—10日的汇总结果，将“其他应付款”、“原材料”、“固定资产”和“管理费用”科目的汇总结果分别填入当月汇总付款凭证的相应栏目，见表12-6。表12-6中的11—20日、21—31日的相关数据，也是按此原理汇总起来的，此处不予详细说明。

（三）汇总转账凭证的编制方法

汇总转账凭证通常是按转账凭证中的每一贷方科目分别设置，根据一定时期的全部转账凭证，按与该贷方科目相对应的全部借方科目归类，定期（5天或10天）汇总填列一次，每月编制一张。为方便汇总转账凭证的编制，平时填制转账凭证时，应使各账户之间保持一借一贷或多借一贷的对应关系，而不宜采用一借多贷或多借多贷的对应关系。月终时，根据汇总转账凭证的合计数，记入汇总转账凭证所列贷方科目相应的总分类账户的贷方，并分别记入汇总转账凭证中各借方科目的相应总分类账户的借方。现列示“原材料”汇总转账凭证的格式见表12-8。

表12-8　　**汇总转账凭证**　　第　号

贷方科目：原材料　　201×年12月　　单位：元

借方科目	金额				总账页数	
	1—10日 凭证第1~30号	11—20日 凭证第31~60号	21—31日 凭证第61~90号	合计	借方	贷方
生产成本	5 000	10 000	5 000	20 000	略	略
制造费用			2 000	2 000		
管理费用		1 000	3 000	4 000		
合　计	5 000	11 000	10 000	26 000		

以表12-8中的有关数据为例说明汇总转账凭证的编制方法如下：

【例12-4】假设Z企业对记账凭证每10天汇总一次，201×年12月份中11—20日领用材料业务有5笔，其中3笔为生产领用材料，另外2笔为行政管理部门领用材料，转账凭证上编制的会计分录见表12-9。

表12-9　　**转账凭证业务内容**　　单位：元

转1： 借：生产成本　3 000 　贷：原材料　3 000	转2： 借：管理费用　400 　贷：原材料　400
转3： 借：生产成本　2 000 　贷：原材料　2 000	转4： 借：管理费用　600 　贷：原材料　600
转5： 借：生产成本　5 000 　贷：原材料　5 000	

表12-9中各项业务的贷方科目都是“原材料”，涉及的借方科目是“生产成本”和“管理费用”。按贷方科目“原材料”设置汇总转账凭证时，应按借方科目“生产成本”和“管理费用”等分别进行汇总，汇总结果如下：

“生产成本”科目借方发生额：3 000+2 000+5 000=10 000（元）

“管理费用”科目借方发生额：400+600=1 000（元）

根据11—20日的汇总结果，将“生产成本”和“管理费用”科目的汇总结果（10 000元和1 000元）分别填入当月汇总转账凭证相应栏目，见表12-8。表12-8中的1—10日、21—31日的相关数据，也应按此原理汇总，此处不予详细说明。

小知识12-2

编制汇总记账凭证需要注意的问题

由于汇总收款凭证是按收款凭证的借方科目设置的，因此会计分录采用一借一贷或一借多贷的形式比较方便，不宜采用多借一贷或多借多贷的会计分录形式，以免收款凭证在汇总过程中由于多次被使用而产生汇总差错。

由于汇总付款凭证和汇总转账凭证分别是按付款凭证和转账凭证的贷方科目设置的，因此日常进行会计核算时，会计分录适宜采用一借一贷或多借一贷的形式。如果是一借多贷和多借多贷的会计分录，容易造成汇总收款凭证和汇总转账凭证的计算结果错误。

五、汇总记账凭证核算组织程序的优缺点及适用范围

汇总记账凭证采用按会计科目对应关系进行分类汇总的办法，不但简化了凭证的整理归类工作，而且保证了会计科目之间的清晰的对应关系，这就克服了科目汇总表核算形式的不足，同时，根据汇总记账凭证月终一次登记总账，大大简化了登记总账的工作量。但是，由此而产生的定期集中编制记账凭证的工作量还是较大的。它一般适用于规模较大、经济业务较多的单位。

第五节 日记总账核算组织程序

一、日记总账核算组织程序的特点

日记总账既是日记账，又是总账，既要根据业务发生的时间顺序登记，又要将所有科目的总分类核算都集中在一张账页上。因此，日记总账是将序时账和分类账结合在一起的联合账簿，设置日记总账是日记总账核算组织程序的主要特点。

日记总账由两部分组成：一部分登记经济业务发生或完成的日期、凭证号码、摘要及发生额等，用来进行序时核算；另一部分对所运用的账户按行、按栏对称排列，每一账户设借、贷两栏，用来进行总分类核算。日记总账的格式见表12-10。

在登记日记总账时，既可以根据记账凭证逐日逐笔登记，也可以将收款凭证、付款凭证逐日汇总后登记。在设置多栏式库存现金和银行存款日记账的企业单位，还可以在月末根据这两个日记账汇总登记有关栏目。登记日记总账时，应将每笔经济业务的金额，在记入日记总账“发生额”栏的同时，还应记入同行所涉及账户的“借方”或“贷方”栏。月终时结出各栏合计数，计算各科目的月末借方或贷方余额，进行账簿记录的核对工作。主

表12-10 日记总账 单位：元

年		记账凭证号数	摘 要	发生额	科目		科目		科目		科目		科目		科目	
月	日				借方	贷方	借方	贷方	借方	贷方	借方	贷方	借方	贷方	借方	贷方
			本期发生额													
			月末余额													

要核对“发生额”栏内的本月合计数，与全部科目的借方发生额或贷方发生额的合计数是否相等，各科目的借方余额合计数与贷方余额合计数是否相符。

二、日记总账核算组织程序设置的凭证和账簿

在日记总账核算组织程序下，除了日记总账外，设置的其他凭证和账簿与上述三种核算组织程序相同。设置的会计凭证有收款凭证、付款凭证和转账凭证。设置的账簿有库存现金日记账和银行存款日记账。设置日记总账，一般采用三栏式，也可采用多栏式；设置各种明细账，根据需要可采用三栏式、数量金额式或多栏式。

三、日记总账核算组织程序的账务处理步骤

（1）根据发生的经济业务填制或取得原始凭证；

（2）根据各种原始凭证编制原始凭证汇总表；

（3）根据原始凭证或原始凭证汇总表编制记账凭证（也可以在原始凭证上标注会计分录，代替记账凭证）；

（4）根据原始凭证、原始凭证汇总表或记账凭证登记各种明细账；

（5）根据记账凭证登记日记总账；

（6）在日记总账与有关明细账核对相符的基础上，根据日记总账、明细账和其他有关资料编制财务报表。

日记总账核算组织程序如图12-5所示。

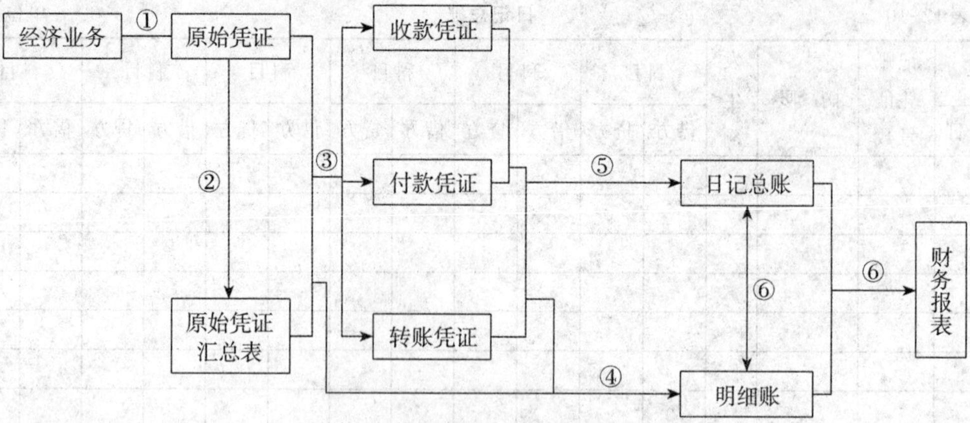

图12-5 日记总账核算组织程序图

四、日记总账核算组织程序的优缺点及适用范围

日记总账核算组织程序将日记总账和明细账结合在一起，大大简化了记账手续。同时，将全部会计科目分专栏列在一张账页上，可以清楚地表现出科目之间的对应关系和经济业务全貌，有利于进行会计分析。但如果会计科目较多，会造成账页过大，栏次过多，既不便于使用，容易发生串行等记账差错，也不便于业务分工。因此，这种核算组织程序只适用于经济业务较少、使用会计科目不多的小型企业。

典型案例

王非在一家小型企业从事会计工作多年，该企业的会计组织程序采用记账凭证核算组织程序。最近，王非调到另一家公司继续从事会计工作，并具体负责登记相关账簿和编制财务报表。在工作中，她仍然按照记账凭证核算组织程序进行明细账和总账的登记工作。由于这家公司的业务量远远超出她以前所在单位的工作量，因此王非感到工作效率不高，有些力不从心。请你根据所学的知识，给王非提供一些建议。

分析提示：在记账凭证核算组织程序下，明细账和总账的登记是根据记账凭证逐笔进行的，适用于规模小、业务量不大的单位。在业务量较大的情况下，仍采用这种核算组织程序，就会影响工作效率。会计业务量较大的单位，适宜采用汇总记账凭证和科目汇总表核算组织程序，可以大大简化登记总账的工作量。

本章小结

会计核算组织程序也称账务处理程序，是指会计主体采用的凭证、账簿、报表的种类、格式，以及记账程序相互结合的方式。合理适用的会计核算组织程序有利于保证会计核算质量，规范会计核算组织工作，提高会计核算工作效率。企业采用的会计核算组织程序包括记账凭证核算组织程序、科目汇总表核算组织程序、汇总记账凭证核算组织程序和日记总账核算组织程序四种。这四种会计核算组织程序在特点、使用的凭证、账簿的种类和格式、账务处理的步骤、优缺点和适用范围方面，各有不同之处。

习题

一、选择题

1.最基本的会计核算组织程序是（　　）。

A.记账凭证核算组织程序　　B.科目汇总表核算组织程序

C.汇总记账凭证核算组织程序　　D.日记总账核算组织程序

2.科目汇总表会计核算组织程序下登记总分类账的依据是（　　）。

A.记账凭证　　B.汇总记账凭证

C.科目汇总表　　D.原始凭证汇总表

3.汇总收款凭证的汇总方法是按（　　）。

A.收款凭证的借方科目设置　　B.收款凭证的贷方科目设置

C.付款凭证的借方科目设置　　D.付款凭证的贷方科目设置

4.汇总转账凭证的汇总方法是按（　　）。

A.收款凭证的贷方科目设置　　B.付款凭证的贷方科目设置

C.转账凭证的贷方科目设置　　D.转账凭证的借方科目设置

5.编制科目汇总表的基本方法是定期按照（　　）。

A.不同会计科目进行归类汇总　　B.相同会计科目进行归类汇总

C.借方会计科目进行归类汇总　　D.贷方会计科目进行归类汇总

6.编制汇总收款凭证时，为避免收款凭证在汇总过程中由于多次被使用而产生汇总差错，平时编制会计分录适宜（　　）。

A.一借一贷　　B.一借多贷

C.多借一贷　　D.多借多贷

7.为避免转账凭证在汇总过程中由于多次被使用而产生汇总差错，平时编制会计分录适宜（　　）。

A.一借多贷　　B.多借多贷

C.一借一贷　　D.多借一贷

8.科目汇总表核算组织程序的优点是（　　）。

A.简化登记总账的工作量　　B.账户之间对应关系清楚

C.适用性较强　　D.适用于大中小型单位

9.在汇总记账凭证核算组织程序下，可以设置的凭证和账簿是（　　）。

A.收款凭证和付款凭证　　B.汇总收款凭证和汇总付款凭证

C.转账凭证和汇总转账凭证　　D.库存现金和银行存款日记账

10.在各种会计核算组织程序下，登记明细账的依据可以是（　　）。

A.原始凭证　　B.收款凭证

C.原始凭证汇总表　　D.付款凭证

二、简答题

1.会计核算组织程序的种类包括什么?各种核算组织程序有什么共同之处?

2.记账凭证核算组织程序的基本特点是什么?有什么优缺点?

3.科目汇总表核算组织程序下的账务处理步骤是什么?如何编制科目汇总表?

4. 汇总收款凭证、汇总付款凭证和汇总转账凭证的编制方法各是什么？

三、业务题

赤诚公司本年某月发生下列各项业务：

(1) 为制造产品领用材料50 000元，生产单位一般性消耗材料2 000元；

(2) 支付全厂职工工资52 000元；

(3) 生产设备计提折旧费用20 000元，行政管理部门办公设备和办公用房屋计提折旧费用8 000元；

(4) 购买新的生产设备支付银行存款80 000元；

(5) 以银行存款支付生产车间水电费用1 900元；

(6) 以现金支付办公费用400元；

(7) 以银行存款支付广告费30 000元；

(8) 采购材料价款为60 000元，增值税税额为10 200元，全部款项已通过银行转账支付；

(9) 摊销财产保险费4 000元，其中生产车间保险费为3 000元，行政管理部门保险费为1 000元；

(10) 从银行提取现金16 000元；

(11) 收回其他应收款300元；

(12) 收到现金销售收入200元；

(13) 生产领用材料5 200元，行政管理部门领用材料700元。

要求：

(1) 根据上述经济业务，分别编制会计分录，并在每笔会计分录前标明所填制记账凭证的名称及编号（按业务顺序进行编号）；

(2) 假设赤诚公司按汇总记账凭证核算组织程序，每15天汇总编制记账凭证，编制该公司库存现金的汇总收款凭证、银行存款的汇总付款凭证和原材料的汇总转账凭证，并将汇总结果填入所给的表12-11至表12-13中（假设1~6笔业务为前半月发生的业务，7~13笔业务为后半月发生的业务）；

表12-11 **汇总收款凭证**

借方科目：库存现金 单位：元

贷方科目	金额			总账页数	
	1—15日凭证	16—30日凭证	合计	借方	贷方
合 计					

表 12-12 **汇总付款凭证**

贷方科目：银行存款 单位：元

借方科目	金额			总账页数	
	1—15 日凭证	16—30 日凭证	合计	借方	贷方
合 计					

表 12-13 **汇总转账凭证**

贷方科目：原材料 单位：元

借方科目	金额			总账页数	
	1—15 日凭证	16—30 日凭证	合计	借方	贷方
合 计					

（3）假设赤诚公司采用科目汇总表核算组织程序，编制该公司当月的科目汇总表，并将计算结果填入所给的科目汇总表（见表12-14）中。

表12-14

科目汇总表

201×年×月

单位：元

会计科目	本期发生额		总账页数
	借方	贷方	
库存现金			
银行存款			
其他应收款			
原材料			
生产成本			
制造费用			
在途物资			
其他应付款			
固定资产			
累计折旧			
应付职工薪酬			
应交税费			
管理费用			
销售费用			
主营业务收入			
合计			

第十三章　会计工作组织

学习目标

知识目标　掌握企业会计准则体系的基本内容，明确会计档案包括的具体内容和保管规定，了解会计工作组织的意义和原则、会计机构和会计人员的设置规定、会计工作岗位责任制的主要内容和企业会计工作组织形式。

技能目标　熟悉企业会计准则的主要构成内容和会计档案管理的主要规定。

第一节　组织会计工作的意义和原则

一、组织会计工作的意义

会计是一项管理活动。会计工作是指运用会计专门方法，对企业单位的经济活动进行会计处理。我们不仅要学会会计工作的各种专门方法，还要熟悉会计工作组织的相关内容。会计工作组织主要包括会计机构的设置、会计人员的配备、会计岗位责任制、会计法规制度和会计档案管理等相关内容。

会计是一项复杂而又细致的综合性经济管理活动，科学有效地组织会计工作，对完成会计任务、保证实现会计目标、充分发挥会计的作用具有重要的意义，具体说明如下：

（一）科学地组织会计工作有利于保证会计工作质量和提高会计工作效率

会计工作是对企业单位再生产过程中的经济活动和各项财务收支活动进行核算和监督，要为管理者以及社会各有关方面提供真实、完整的会计信息。面对频繁发生的经济活动和财务收支活动，会计工作是通过从凭证到账簿、从账簿到报表的业务处理过程，对各项经济业务进行连续的记录、计算、分类、汇总和分析检查。所有这些工作都需要经过一定的程序和手续，各种程序之间、各种手续之间、各个数字之间，环环相扣，联系密切。任何一个环节如果出现差错或脱节，都会影响整个核算结果的准确性和及时性，从而就会影响整个核算工作的质量和效率。为此，需要根据各企业单位会计工作的特点，科学地设置专职的会计机构和配备专职的会计人员，并制定一套行之有效的工作制度和工作程序。只有这样，才能把会计工作科学地组织起来，并有效地完成会计所承担的各项任务。

（二）科学地组织会计工作有利于加强会计管理同其他各项经济管理工作的协调一致，提高企业管理水平

会计工作是企业单位经济管理工作的重要组成部分。会计工作既独立于其他经济管理工作，又与它们之间有着十分密切的联系。会计管理同其他经济管理工作既有区别，又相互制约、相互促进，从不同角度对企业单位经济活动进行管理。因此，会计工作一方面能够促进其他经济管理工作，另一方面也需要其他经济管理工作的密切配合，相互协调。例如，会计工作与计划工作、统计工作之间，应当相互协调一致。只有按照一定的要求科学地组织会计工作，才能处理好会计工作同其他经济管理工作的分工协作关系，才能使之相

互促进，充分发挥各自的作用，共同实现经济管理的目标。

（三）科学地组织会计工作有利于加强企业单位的内部经济责任制

经济责任制是各单位实行内部经济管理的重要手段，实行内部经济责任制离不开会计工作。科学地组织会计工作，加强各单位内部的经济责任制，可以促使企业单位内部各相关部门管好、用好资产，讲求经济效益，增收节支，提高企业单位经济管理水平，以取得最佳经营成果。

（四）科学地组织会计工作有利于促使企业单位贯彻执行党和国家的各项方针政策、法规制度，维护财经纪律，保护企业财产安全完整

企业单位的各项经济活动和财务收支，必须按照国家的方针、政策、法律、制度的规定进行。会计工作是一项政策性较强的管理工作，既要如实地反映企业单位的经济活动和财务收支情况，还要以党和国家的方针、政策、法律、制度为依据，对企业单位的经济活动进行有效监督。为此，科学地组织会计工作，可以促进企业单位认真贯彻执行党和国家的方针政策和法规制度，维护财经纪律，保护企业财产安全完整。

二、组织会计工作的原则

为了完成会计工作的任务，实现会计工作的目标，科学地组织会计工作应遵循以下原则：

（一）统一性原则

统一性原则是指组织会计工作应遵守《中华人民共和国会计法》（以下简称《会计法》）和《企业会计准则》等相关法规规定的要求。会计工作所提供的信息，既可以反映企业单位遵循国家有关法规制度的情况和结果，又可以作为国家确定相关方针政策的参考依据。因此，应按照统一性原则的要求组织会计工作，贯彻执行国家的方针政策和法规制度，正确进行会计核算，实行会计监督，充分发挥会计工作在维护社会主义市场经济秩序、加强经济管理、提高经济效益方面的作用。

（二）适应性原则

适应性原则是指组织会计工作必须适应各企业单位经济管理的特点。各企业单位应在遵守国家统一的会计法规和会计准则的前提下，根据本企业单位经营的特点和规模大小等具体情况，制定出适合本企业单位的具体办法或规定，采用不同的账簿组织、记账方法和记账程序，以及不同的成本核算方法等，处理发生的各项经济业务，以满足自身发展的需要。

（三）效益性原则

效益性原则是指组织会计工作时，在保证质量的前提下，应讲求经济效益，节约时间和费用。会计工作要经常处理各项经济业务，工作量比较繁杂，如果不能有效组织会计工作，必然会造成人力、财力、物力资源的浪费与损失。对会计管理程序的规定，会计凭证、会计账簿、财务报表的设计，会计机构的设置，以及会计人员的配备与分工等，应力求精简、合理，实行会计电算化，尽量节约会计工作时间和费用，以较少的人力、财力、物力消耗，取得较大的工作效果，提高工作效率。

（四）内部控制原则

内部控制原则是指在组织会计工作时，应遵循内部控制的原则要求，企业内部所有款项的收付、财产物资的增减变动，以及其他各项业务的处理，都应有两个以上的经手人，

以防止出现差错和弊端。实行内部控制制度是会计工作组织的重要内容，主要包括现金出纳控制、财产物资进出控制，以及各项费用支出控制等。通过不同业务程序的相互牵制作用，可以防止错弊的发生，使会计业务处理程序更加规范化、合理化。

（五）内部责任制原则

组织会计工作应贯彻执行企业单位内部责任制原则，建立和完善会计工作本身的责任制度，合理进行工作分工，确立不同的会计工作岗位、业务手续和处理程序，每个岗位上的会计人员都应认真履行本岗位职责，同时各岗位之间应相互配合，共同做好本单位的会计工作。

第二节 会计机构和会计人员

一、会计机构

会计机构是各企业单位内部直接从事和组织领导会计工作的职能部门。合理地设置会计机构是保证会计工作正常进行、充分发挥会计管理作用的重要条件。企业单位会计机构的设置必须考虑经济业务对会计工作的要求，必须与整个国家的会计管理体制相适应。

《会计法》第七条规定："国务院财政部门主管全国的会计工作。县级以上地方各级人民政府财政部门管理本行政区域内的会计工作。"据此规定，财政部设立会计司，主管全国会计工作。其主要职责是：在财政部领导下，拟定全国性的会计法令；研究和制定改进会计工作的措施与会计工作规划；颁发会计工作规章制度；管理报批外国会计公司在我国设立常驻代表机构；会同有关部门制定并实施会计干部专业技术职称制度，组织会计人员业务培训等。

地方财政部门、企业主管部门一般设财务会计局、处，主管本地区或本系统所属企业的会计工作。其主要职责是：根据财政部的统一规定，制定适合本地区、本系统的会计制度；负责组织、领导和监督所属企业的会计工作；审核、分析、批复所属企业的财务报表，并编制本地区、本系统的汇总会计报表；了解和检查所属企业的会计工作情况；负责本地区、本系统会计人员的业务培训，以及会同有关部门评聘会计人员技术职称等。

基层企业、事业单位也要设置会计机构，负责组织、领导和从事本单位的会计工作。《会计法》第三十六条第一款规定："各单位应当根据会计业务的需要，设置会计机构，或者在有关机构中设置会计人员并指定会计主管人员；不具备设置条件的，应当委托经批准设立从事会计代理记账业务的中介机构代理记账。"财政部关于《会计基础工作规范》第六条第一款规定："各单位应当根据会计业务的需要设置会计机构；不具备单独设置会计机构条件的，应当在有关机构中配备专职会计人员。"第八条规定："没有设置会计机构和配备会计人员的单位，应当根据《代理记账管理暂行办法》委托会计师事务所或者持有代理记账许可证书的其他代理机构进行代理记账。"

根据《会计法》和财政部的上述规定，我们可以这样理解：（1）基层企业、事业单位一般设置会计处、科、股等，在厂长、经理或单位行政领导人的直接领导下，负责组织、领导和从事本单位的会计工作。规模太小或业务量过少的单位可不单独设置会计机构，但要配备专职会计工作人员或指定专人办理会计工作。大中型企业要设置总会计师，主管本单位的经济核算和经营管理工作，直接领导本企业单位的财务会计工作，并且直接对厂长、经理负责。(2) 对于不具备设置会计机构条件的单位，如果又没有配备专职的会计人员，则应当委托会计师事务所或持有代理记账许可证书的其他代理机构进行代理记账。代理记账业务的机构，除会计师事务所外，必须申请代理记账资格并经过县级以上财政部门审查批准，并领取由财政部统一印制的"代理记账许可证书"，才能从事代理记账业务。

二、会计人员

(一) 会计人员的配备

合理配备会计人员和不断提高会计人员的素质，是做好会计工作的决定因素。任何一个企业、单位都应配备一定数量的合格会计人员。会计人员是指在国家机关、社会团体、公司、企业、事业单位和其他组织（统称为单位）中从事会计工作的人员，包括会计机构负责人，会计主管人员，具体从事会计工作的会计师、会计员和出纳员等。

为了高效完成企业单位的各项会计工作，应明确会计人员的职责、权限和任免的规定。

1. 会计从业人员应具备的条件

配备数量适当的会计人员，是一个单位会计工作得以顺利进行的重要条件。《会计法》第三十八条第一款规定："从事会计工作的人员，必须取得会计从业资格证书。担任单位会计机构负责人（会计主管人员）的，除取得会计从业资格证书外，还应当具备会计师以上专业技术职务资格或者从事会计工作三年以上经历。"《会计基础工作规范》第十条中也规定，未取得会计从业资格证的人员，不得从事会计工作。

根据《会计法》和《会计基础工作规范》的相关规定，一个单位配备的会计人员应当具备以下两个条件：(1) 持有会计从业资格证书或会计证，未取得会计从业资格证书或会计证的人员，不得从事会计工作；(2) 有必要的专业知识和专业技能，熟悉国家有关法律、法规、规章和国家统一会计制度，遵守职业道德。

为了提高会计人员的政治和业务素质，还需要加强对在职人员的培训。因此，《会计基础工作规范》第十四条第二款规定："会计人员应当按照国家有关规定参加会计业务的培训。各单位应当合理安排会计人员的培训，保证会计人员每年有一定时间用于学习和参加培训。"

一个单位应当配备多少会计人员，应当根据各单位的具体情况而定。确定配备的会计人员人数时，应该考虑各单位职工人数、资产规模等，还要考虑各单位会计电算化的程度和工作效率等因素。尽管会计人员的数量与单位职工人数、资产规模有一定的联系，但是各单位会计工作现代化程度不同，各行业会计工作要求不同，都会对会计人员人数的确定产生影响。因此，各单位应根据各自的情况，具体确定适合本单位会计工作需要的会计人员人数。

2. 会计机构负责人、会计主管人员应具备的条件

《会计基础工作规范》第七条规定，会计机构负责人、会计主管人员应当具备以下基本条件：(1) 坚持原则，廉洁奉公；(2) 具备会计专业技术资格；(3) 主管一个单位或者单位内一个重要方面的财务会计工作时间不少于二年；(4) 熟悉国家财经法律、法规、规章和方针、政策，掌握本行业业务管理的有关知识；(5) 有较强的组织能力；(6) 身体状况能够适应本职工作的要求。

《会计基础工作规范》第九条规定，大中型企业、事业单位、业务主管部门应当根据

法律和国家有关规定设置总会计师。总会计师由具有会计师以上专业技术资格的人员担任。国有大中型企业、事业单位的总会计师和业务主管部门总会计师的任免，执行《总会计师条例》规定，企业的总会计师由本单位主要行政领导人提名，政府主管部门任命或者聘任；事业单位和主管部门的总会计师依照干部管理权限任命或者聘任；城乡集体所有制企业、事业单位总会计师的任免，按照《总会计师条例》的有关规定进行；有限责任公司和股份有限公司的董事会聘任或者解聘公司经理，根据经理的提名，聘任或者解聘公司副经理、财务负责人。

（二）会计人员职业道德

会计人员职业道德是会计人员从事会计工作应当遵循的道德标准。建立会计人员职业道德规范，可以强化道德约束，防止会计人员在工作中出现各种违法乱纪行为。《会计基础工作规范》第十七条，要求会计人员在会计工作中应当遵守职业道德，树立良好的职业品质、严谨的工作作风，严守工作纪律，努力提高工作效率和工作质量。财政部在关于《会计基础工作规范》的说明中指出，会计人员应当遵守的职业道德包括以下内容：

（1）爱岗敬业。会计人员应当热爱本职工作，努力钻研业务，使自己的知识和技能能适应所从事的会计工作要求。

（2）熟悉法规。会计人员应当熟悉财经法律、法规和国家统一的会计制度等，并结合会计工作广泛宣传。

（3）依法办事。会计人员应当按照会计法律、法规、规章规定的程序和要求进行会计工作，保证所提供的会计信息合法、真实、准确、及时、完整。

（4）客观公正。会计人员办理会计事务应当实事求是、客观公正。

（5）搞好服务。会计人员应当熟悉本单位的生产经营和业务管理情况，运用掌握的会计信息和会计方法，为改善单位内部管理、提高经济效益服务。

（6）保守秘密。会计人员应当保守本单位的商业秘密，除法律规定和单位领导人同意外，不能私自向外界提供或泄露本单位的会计信息。

财政部门、主管业务部门和各单位应当定期检查会计人员遵守职业道德的情况，并作为会计人员晋升、晋级、聘任专业职务、表彰奖励的重要考核依据。会计人员违反职业道德的，由所在单位进行处罚；情节严重的，由会计证发证机关吊销其会计证。

第三节 会计工作岗位责任制

一、会计工作岗位责任制的含义

会计工作岗位责任制是指在各单位会计机构内部，根据会计人员的配备情况，按照会计工作的内容进行合理分工而形成的一种会计管理制度。在会计机构内部和会计人员中制定会计工作岗位责任制，定人员，定岗位，明确分工，各司其职，可使各项会计工作都有专人负责，并使所有会计人员都能明确自己的职责范围，有利于落实会计责任，促使会计人员钻研分管的业务，从而有利于提高工作效率和工作质量。

《会计基础工作规范》第八十七条规定，各单位应当建立会计人员岗位责任制度。其主要内容包括：会计人员的工作岗位设置；各会计工作岗位的职责和标准；各会计工作岗位的人员和具体分工；会计工作岗位轮换办法；对各会计工作岗位的考核办法。关于如何设置会计工作岗位，《会计基础工作规范》第十二条、第十三条和第十一条分别规定了以下三项基本原则和示范性要求：一是会计工作岗位可以一人一岗、一人多岗或者一岗多人，但应当符合内部牵制制度的要求，如出纳员不得兼管稽核、会计档案保管和收入、费用、债权债务账目的登记工作；二是会计人员的工作岗位应当有计划地进行轮换，以促使会计人员全面熟悉业务，不断提高业务素质；三是会计工作岗位的设置由各单位根据会计业务的需要确定，如会计机构负责人或者会计主管人员等。各岗位的会计人员既要认真履行职责，又要从全局出发，互相协作、互相配合，共同做好本单位的会计工作。

二、会计工作岗位责任制的具体内容

《会计基础工作规范》对会计工作岗位做了原则性规定，各单位应当根据自身业务需要和会计人员配备情况等，制定合理的岗位分工。

《会计基础工作规范》第十一条对会计工作岗位的规定是：各单位应当根据会计业务需要设置会计工作岗位。会计工作岗位一般可分为会计机构负责人或者会计主管人员，出纳，财产物资核算，工资核算，成本、费用核算，财务成果核算，资金核算，往来结算，总账报表，稽核，档案管理等。开展会计电算化和管理会计的单位，可以根据需要设置相应的工作岗位，也可以与其他工作岗位相结合。

会计工作各主要岗位及其工作内容具体说明如下：

（一）会计机构负责人岗位

会计机构负责人或者会计主管人员工作岗位，负责组织领导本单位的财务会计工作，完成各项工作任务，对本单位的财务会计工作负全面责任；组织学习和贯彻党的经济工作的方针、政策、法令和制度，根据单位的具体情况，制定本单位的各项财务会计制度、办法，并组织实施；组织编制本单位的财务成本计划、单位预算，并检查其执行情况；组织编制财务报表和有关报告；负责财会人员的政治思想工作，组织财会人员学习政治理论和业务知识；负责对财会人员的工作考核等。

（二）出纳工作岗位

出纳员要遵守库存现金管理和银行结算制度的规定，办理银行结算和库存现金收支业务；管理库存现金和各种票据；管理库存现金和银行收付款凭证；登记库存现金日记账和银行存款日记账；保管用于库存现金和银行存款收付业务的各种印章；保管各种尚未使用的空白支票、空白收据和其他重要的空白单据。

（三）财产物资核算工作岗位

财产物资核算工作岗位按照会计制度和会计准则的规定，制定单位材料物资的核算与管理办法，审查材料物资供应计划和供货合同，编制材料、物资采购用款计划，并监督计划和合同的执行情况；会同有关部门制订和落实储备资金定额，并监督执行；办理材料物资采购的请款和报销业务，核算材料物资的采购成本；审查核对材料物资入库、出库凭证，编制材料物资的收发结存表，负责材料物资和供应单位往来的明细核算；参与库存材料物资的清查盘点工作。

会同有关部门拟定固定资产管理与核算办法，并组织实施；负责办理有关固定资产的购置、调拨、内部转移、盘盈、盘亏、报废、处置等会计手续；负责固定资产的明细核算；正确核算固定资产折旧费用；协助有关部门管好固定资产，参与固定资产的清点盘查工作。

（四）工资核算工作岗位

工资核算工作岗位负责工资费用的计算与核算；办理职工工资的结算；负责工资费用的分配，提供计算职工福利费、工会经费、职工教育经费等有关职工薪酬的资料；负责工资的明细核算；管理与工资有关的各种凭证、账表和资料；分析工资支出情况，控制工资费用。

（五）成本、费用核算工作岗位

成本、费用核算工作岗位根据成本、费用降低指标，以上年度成本水平为基础，编制成本、费用计划，并将计划指标分解落实到有关责任单位和个人；根据国家成本、费用管理与核算的规定，结合本单位生产经营特点，拟定成本、费用管理与核算办法；严格按照国家规定的成本、费用开支范围和费用开支标准，选择适当的成本计算方法，正确归集、分配和计算成本、费用，登记各种成本、费用明细账；编制有关成本、费用的会计报表；负责成本、费用分析，进行成本、费用预测；保管与成本、费用有关的凭证、账册和报表资料等。

（六）财务成果核算工作岗位

财务成果核算工作岗位负责编制收入、利润计划，将其落实到有关部门；经常了解、掌握销售状况，预测销售前景，及时督促销售部门完成销售计划，组织销售货款的收回，及时办理货款结算，正确计算应上交的各项税费；负责产成品、销售收入、应收货款和利润的明细核算；负责编制有关收入、利润的会计报表；负责收入、利润的分析与预测；保管与收入、利润有关的凭证、账册和报表资料。

（七）资金核算工作岗位

资金是企业进行生产经营活动的基础，在市场经济条件下，随着生产经营规模的不断扩大，需要不断筹集资金，并管好、用好资金，以降低资金成本，提高资金使用效益。资金核算工作岗位要负责筹集、使用和管理各项资金。资金核算工作岗位人员应随时了解资金市场情况，以合理方式筹集资金，满足企业生产经营的需要。同时，还要合理地安排、调度和使用资金，本着节约的原则，以尽可能低的资金耗费，取得尽可能好的经济效果。

（八）往来结算工作岗位

往来结算工作岗位负责办理其他应收、应付款项的往来结算业务，对于各种应收、应付、预收、预付等往来款项，要随时清理和核算，应收的款项要抓紧催收，应付的款项要及时偿付，预收、预付款项要督促清算；负责备用金的管理和核算；负责其他应收款、应付款和备用金的明细核算；管理应收、应付款项和其他应收、应付款项的凭证、账册和报表资料。

（九）总账报表工作岗位

总账报表工作岗位负责总账的登记，并与有关的日记账和明细账进行核对；进行总账余额的试算平衡，编制资产负债表，并与其他会计报表进行核对；负责财务状况和经营成果的综合分析，编写财务情况说明书；负责收集、整理经济信息，进行财务预测，制定或参与制订财务计划，参与企业生产经营决策等。

（十）稽核工作岗位

稽核工作岗位负责设置稽核工作的组织安排，明确稽核工作的职责范围，负责审核会计凭证、会计账簿和会计报表。

（十一）会计档案管理工作岗位

会计档案管理工作岗位应根据《会计档案管理办法》的规定，协助拟定本单位会计档案的立卷、归档等管理制度；负责保管会计档案；办理会计档案调阅手续；负责对保管期满的会计档案进行销毁；办理会计档案的清理移交工作。

企业内部的会计工作岗位的设置并非固定不变，企业可以根据本单位的具体情况灵活设置有关岗位。总之，应通过合理设置不同的工作岗位，使每项会计工作都有专人负责，每个会计人员都能明确自己的职责，在做好本职工作的同时，又能与其他各工作岗位密切合作，共同完成本单位会计的任务。

第四节 企业会计工作的组织形式

为了科学地组织会计工作，需要根据企业规模的大小、经济业务的复杂程度，以及企业内部各组织机构的设置情况，来确定企业会计工作的组织形式。会计工作的组织形式，一般可分为集中核算和非集中核算两种。

一、集中核算形式

集中核算是指单位会计核算工作主要集中在会计部门，单位内部其他各部门一般不单独核算，只是对发生的经济业务做好原始记录，编制原始凭证并进行适当汇总，定期把原始凭证和原始凭证汇总表送交会计部门，由会计部门进行总分类核算和明细分类核算。

采用集中核算组织形式，由于核算工作集中，便于对会计人员进行合理分工，采用较合理的凭证整理方法；通过实行会计核算电算化，可以简化和加速会计核算工作，提高工作效率，减少核算费用，并可经常了解各单位生产经营活动情况和内部控制情况。但是，由于这种组织形式的核算工作，不是在单位内部各部门进行的，因而各部门的领导不能随时利用核算资料检查和控制本部门的工作。

二、非集中核算形式

非集中核算又称分散核算，是指单位内部各部门负责对本部门发生的各项经济业务进行全面核算，会计部门负责汇总各部门报来的资料，进行总分类核算。单位内部各部门的核算工作包括原始凭证的收集整理、明细账的登记、成本计算、本部门内部报表的编制与分析等；会计部门对内部各部门报送的资料加以汇总并负责进行总分类核算，编制全单位综合的会计报表，并对单位内部各部门的核算工作进行检查、监督和指导。例如，在实行两级核算的制造业企业，由各车间汇集、分配本车间所发生的各项生产费用，并据以计算本车间完工产品和在产品成本，登记车间生产费用明细账。厂部会计部门根据车间报来的资料进行各车间成本、费用的总分类核算。

在非集中核算组织形式下，可以使各部门随时利用核算资料来检查和控制本部门的工作。但是，在分散核算的情况下，不便于采用最合理的凭证整理方法，会计人员的合理分工受到一定的限制，核算的工作总量较集中核算形式有所增加，核算人员的编制也要增大，核算的费用支出也要增多。

关于集中核算与非集中核算形式，企业单位应采用哪一种，不是绝对的。一个单位可以对某些业务采用集中核算，而对另一些业务采用非集中核算。究竟采取哪种形式合适，应根据本单位的特点和管理要求，以有利于加强经营管理、加强经济核算为标准。但是，无论采取哪种形式，企业单位对外的现金往来、物资购销、债权债务的结算等业务都应由会计部门负责办理，单位内部其他各部门不能对外发生经济往来。

企业单位在确定会计工作组织形式时，既要考虑能正确反映企业单位经济活动情况，又要注意简化核算手续，提高工作效率，一般应注意以下几点：

（1）必须结合企业单位规模大小、生产经营的特点、业务范围和核算条件来确定会计工作组织形式。

（2）在提高核算质量的前提下，要力求简化核算手续，保证及时、正确地提供各种核算资料，节约人力、物力和时间的耗费。

（3）必须考虑会计人员的数量和水平。

（4）做到各部门间尽可能地综合利用原始凭证和账簿，保证会计、统计、业务资料口径一致。

第五节 企业法规体系

会计法规和制度是组织和从事会计工作的基本规范。制定和执行会计法规和制度，可以使会计工作认真贯彻执行党和国家的有关方针、政策，保证会计工作所提供的会计信息真实、可靠、及时、完整，满足各有关方面对会计信息的需要。

我国现行的会计法规体系包括以下层次和内容：

一、会计法律

会计法律是指由国家最高权力机关——全国人民代表大会及其常务委员会制定的会计法律规范。在会计领域中，属于国家法律层次的会计法律包括《会计法》和《中华人民共和国注册会计师法》（以下简称《注册会计师法》）。《会计法》是会计法规体系中权威性最高、最具法律效力的法律规范，是制定其他各层次会计法规的依据，是会计工作的基本大法。

《会计法》于1985年经第六届全国人民代表大会常务委员会第九次会议通过，并分别在1993年和1999年进行了修正和修订，第二次修订后的《会计法》自2000年7月1日起施行，即现行的《会计法》。

《会计法》共分为七章五十二条，主要内容包括：第一章，总则。其主要内容是：（1）制定《会计法》的宗旨是为了规范会计行为，保证会计资料真实、完整，加强经济管理和财务管理，提高经济效益，维护社会主义市场经济秩序。（2）关于《会计法》的适用范围：国家机关、社会团体、公司、企业、事业单位和其他组织均须依照《会计法》办理会计事务。（3）关于会计账簿设置，各单位必须依法设置会计账簿，并保证其真实、完整。（4）单位负责人的职责：对本单位的会计工作和会计资料的真实性、完整性负责。（5）会计机构、会计人员的职责：依照《会计法》规定进行会计核算，实行会计监督。（6）对会计人员的奖励规定，包括精神或者物质奖励。（7）会计工作的管理部门：国务院财政部门主管全国的会计工作，县级以上地方各级人民政府财政部门管理本行政区域内的会计工作。（8）会计制度的制定：国家统一的会计制度由国务院财政部门根据《会计法》制定并公布。第二章，会计核算。其规定各单位必须根据实际发生的经济业务事项进行会计核算，填制会计凭证，登记会计账簿，编制财务会计报告，并就会计核算的基本内容、会计年度、记账本位币、会计资料、会计记录的文字、会计档案的管理等做了具体规定。第三章，公司、企业会计核算的特别规定。其要求公司、企业必须根据发生的经济业务事项，按照国家统一的会计制度的规定，确认、计量和记录资产、负债、所有者权益、收入、费用、成本和利润。第四章，会计监督。其要求各单位应当建立、健全本单位的内部会计监督制度；单位负责人应当保证会计机构、会计人员依法履行职责，会计人员对违反《会计法》和会计制度规定的事项，有权拒绝办理或者按照职权予以纠正；凡规定需经注册会计师审计的单位，应当向受委托的会计师事务所如实提供会计资料；财政、审计、税务、人民银行、证券监管、保险监管等部门应当依法对有关单位的会计资料实施监督检查，并负有保密义务。第五章，会计机构和会计人员。其规定各单位应当根据会计业务的需要，设置会计机构和会计人员，会计机构内部应当建立稽核制度，并对会计人员的从业资格等做了规定。第六章，法律责任。其规定对违反《会计法》规定的单位和个人，要承担法律责任，包括行政处分和刑事责任。第七章，附则。其说明了单位负责人、国家统一的会计制度的含义，并说明个体工商户会计管理的具体办法，由财政部门根据《会计法》另行规定。

《注册会计师法》于1993年10月31日经第八届全国人民代表大会常务委员会第四次会议通过，根据2014年8月31日第十二届全国人民代表大会常务委员会《关于修改〈中华人民共和国保险法〉等五部法律的决定》修正。《注册会计师法》共七章四十六条：第一章总则；第二章考试和注册；第三章业务范围和规则；第四章会计师事务所；第五章注册会计师协会；第六章法律责任；第七章附则。

二、行政法规

会计行政法规是指由国家最高行政机关——国务院制定的会计法律规范。会计行政法规根据会计法律制定，是对会计法律的具体化或某个方面的补充。

在我国现行会计法规中，属于会计行政法规的有《企业财务会计报告条例》和《总会计师条例》等。

《企业财务会计报告条例》是国务院于2000年6月21日发布的，自2001年1月1日起施行。本条例共分为六章四十六条，主要对企业财务会计报告的构成、编制、对外提供和法律责任等做出了规定。其主要内容包括：第一章，总则。规定企业不得编制和对外提供虚假的或者隐瞒重要事实的财务会计报告；企业负责人对本企业财务会计报告的真实性、完整性负责；注册会计师和会计师事务所对出具的审计报告负责。第二章，财务会计报告的构成。第三章，财务会计报告的编制。企业编制财务会计报告，应当根据真实的交易、事项及完整、准确的账簿记录等资料，并按照国家统一的会计制度规定的编制基础、编制依据、编制原则和方法进行编制。第四章，财务会计报告的对外提供。企业应当依照法律、行政法规和国家统一会计制度有关财务会计报告提供期限的规定，及时对外提供财务会计报告。财务会计报告需经注册会计师审计的，企业应当将注册会计师及其会计师事务所出具的审计报告随同财务会计报告一并对外提供。第五章，法律责任。如有违反财务会计报告条例有关规定，随意改变会计要素确认、计量标准，或者随意改变财务会计报告编制基础、编制依据、编制原则和方法等行为的，要承担行政责任或刑事责任。第六章，附则。

《总会计师条例》是国务院于1990年12月31日发布的，根据2011年1月8日《国务院关于废止和修改部分行政法规的决定》修订。它共分为五章二十三条，主要对总会计师的职责、权限、任免与奖惩等做出了规定。

三、部门规章

部门规章是指财政部及其他相关部委制定的关于会计方面的法律规范。制定这些规范必须依据会计法律和会计行政法规的规定。

国务院财政部门制定的会计部门规章，称为“国家统一的会计制度”，它包括国家统一的会计核算制度、国家统一的会计监督制度、国家统一的会计机构和会计人员制度、国家统一的会计工作管理制度等。

（一）国家统一的会计核算制度

国家统一的会计核算制度主要包括会计准则和会计制度。我国现行的会计核算制度的具体内容如图13-1所示。

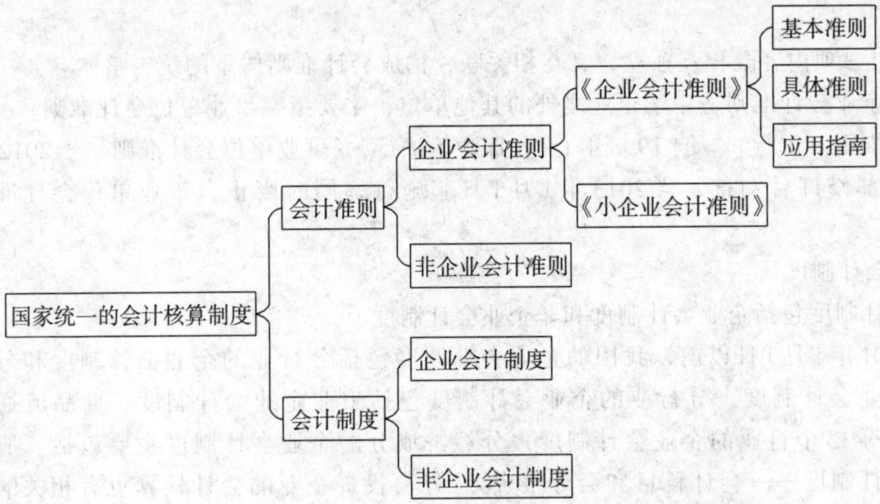

图13-1 国家统一的会计核算制度组成内容

1.会计准则

会计准则是进行会计工作的标准和规范。会计准则既包括具有普遍指导意义的原则规范，又包括具体指导会计业务处理的具体规范。会计准则包括企业会计准则和非企业会计准则。

企业会计准则是规范企业会计要素确认、计量、报告的会计规范。我国企业会计准则体系包括适用于小企业的《小企业会计准则》和适用于除小企业以外的其他企业的《企业会计准则》。《小企业会计准则》自2013年1月1日起施行，其内容分总则、资产、负债、所有者权益、收入、费用、利润及利润分配、外币业务、财务报表、附则，共10章90条。《企业会计准则》包括基本准则、具体准则和应用指南3个部分。

（1）基本准则。基本准则在整个准则体系中起统驭作用，主要规范会计目标，会计假设，会计信息质量要求，会计要素的确认、计量和报告原则等。基本准则的作用是指导具体准则的制定和为尚未有具体准则规范的会计实务问题提供处理原则。我国财政部于2006年2月发布了《企业会计准则——基本准则》，并于2014年7月对该准则进行了修订。

（2）具体准则。具体准则主要规范企业发生的具体交易或事项的会计处理。具体会计准则是根据基本准则的要求，对共性的经济业务和特殊行业、特殊经济业务的会计处理所做的具体规定。从具体准则所规范的经济业务内容来看，可以将其分为3类：第一类是共性或通用的准则，即用来规范所有企业都可能发生的经济业务，如存货准则、固定资产准则、无形资产准则、债务重组准则、中期财务报告准则、现金流量表准则等；第二类是特殊经济业务的准则，用来规范不是所有企业都会发生、有一定特殊性的经济业务，如租赁准则、建造合同准则等；第三类是特殊行业的准则，即对一些业务活动具有特殊性的行业加以规范，如农业生产企业会计准则、石油天然气会计准则、银行业会计准则、保险公司会计准则等。我国财政部于2006年发布了38项具体会计准则，自2007年1月1日起开始施行，至2014年，我国已经发布41项具体会计准则。

（3）应用指南。会计准则应用指南主要包括具体准则解释、会计科目和主要账务处理等。

以上3项内容既相互独立，又互相关联，构成会计准则体系的统一整体。

非企业会计准则适用于企业之外的其他单位，主要指《事业单位会计准则》。《事业单位会计准则（试行）》自1998年1月1日开始试行，《事业单位会计准则》于2012年12月经财政部修订后发布，自2013年1月1日起施行，同时废止《事业单位会计准则（试行）》。

2.会计制度

会计制度包括企业会计制度和非企业会计制度。

2001年1月1日以前，我国的企业会计制度包括分行业的企业会计制度和分经济成分的企业会计制度。分行业的企业会计制度包括工业企业会计制度、商品流通企业会计制度等13个行业的企业会计制度；分经济成分的企业会计制度主要包括《股份有限公司会计制度——会计科目和会计报表》，外商投资企业的会计核算也有相关的制度和补充规定。这些制度已不能适应我国经济发展对会计业务的要求，已经成为中国会计发展的历史。

在施行企业会计准则之前，我国企业会计制度由三部分组成：一是《企业会计制度》；二是《金融企业会计制度》；三是《小企业会计制度》。《企业会计制度》由财政部发布并于2001年1月1日开始执行。《企业会计制度》就资产、负债、所有者权益、收入、成本和费用、利润及利润分配、非货币性交易、会计调整、或有事项、关联方关系及其交易，以及财务会计报告等内容做出了相关规定。《企业会计制度》的发布和实施是我国会计发展进程中的一次重大变革，它摆脱了计划经济体制对我国会计核算制度的限制，按照市场经济发展的要求来规范我国会计核算行为，为提供真实完整地反映企业财务状况、经营成果和现金流量的信息，奠定了一个良好的基础。《金融企业会计制度》由财政部于2001年11月27日发布，分别对金融企业的资产核算，负债和所有者权益的核算，收入、成本和费用的核算，利润及利润分配的核算，以及财务会计报告等内容做出了规范。《小企业会计制度》由财政部制定和发布，并于2005年1月1日起在小企业范围内执行。

根据财政部文件规定，我国企业已不再执行《企业会计制度》、《金融企业会计制度》和《小企业会计制度》，而应当分别执行适用于小企业的《小企业会计准则》和适用于除小企业以外的其他企业的《企业会计准则》。我国历来重视会计制度建设，近10多年来，企业会计制度的不断改革与发展，折射出社会经济环境变化对我国会计改革的影响。

非企业会计制度主要包括《事业单位会计制度》、《行政单位会计制度》和《财政总预算会计制度》。近几年来，财政部对这三项会计制度也进行了修订。

（二）国家统一的会计监督制度

监督是会计的主要职能之一。《会计法》第四章说明了会计监督的问题，要求各单位应当建立、健全本单位内部会计监督制度。财政部根据《会计法》的要求，制定了《会计基础工作规范》。《会计基础工作规范》第四章的内容是会计监督，要求各单位的会计机构、会计人员对本单位的经济活动进行会计监督。其主要内容如下：

1.会计监督的依据

会计监督的依据是：财经法律、法规、规章；会计法律、法规和国家统一会计制度；各省、自治区、直辖市财政厅（局）和国务院业务主管部门根据《会计法》和国家统一会计制度制定的具体实施办法或者补充规定；各单位根据《会计法》和国家统一的会计制度制定的单位内部会计管理制度；各单位内部的预算、财务计划、经济计划、业务计划等。

2.会计监督的内容

会计监督的主要内容包括：（1）会计机构、会计人员应当对原始凭证进行审核和监督。（2）对伪造、变造、故意毁灭会计账簿或者账外设账行为，应当制止和纠正；制止和纠正无效的，应当向上级主管单位报告。（3）会计机构、会计人员应当对财务收支进行监督。（4）会计机构、会计人员对违反单位内部会计管理制度的经济活动，应当制止和纠正；制止和纠正无效的，应当向单位领导人报告。（5）会计机构、会计人员应当对单位制定的预算、财务计划、经济计划、业务计划的执行情况进行监督等。

会计机构、会计人员除应对上述各项进行监督外，各单位必须依法接受财政、审计、税务等机关的监督，如实提供有关会计资料；依照法律应当委托注册会计师进行审计的单位，应当委托注册会计师进行审计，并配合注册会计师的审计，如实提供相关资料。

（三）国家统一的会计机构和会计人员制度

国家统一的会计机构和会计人员制度主要包括《会计从业资格管理办法》（财政部2012年12月发布）和《会计人员继续教育暂行规定》（财政部2013年8月印发）等。

（四）国家统一的会计工作管理制度

国家统一的会计工作管理制度主要包括《会计档案管理办法》、《企业会计信息化工作规范》（财政部2013年12月发布）等。

小知识13-1

小企业的财务报表内容

小企业的财务报表是指对小企业财务状况、经营成果和现金流量的结构性表述。根据《小企业会计准则》规定，小企业的财务报表至少应当包括资产负债表、利润表、现金流量表三张主要报表和附注。

小知识 13-2

小企业财务报表附注披露的内容

根据《小企业会计准则》规定，小企业财务报表附注应当按照下列顺序披露：(1) 遵循小企业会计准则的声明。(2) 短期投资、应收账款、存货、固定资产项目的说明。(3) 应付职工薪酬、应交税费项目的说明。(4) 利润分配的说明。(5) 用于对外担保的资产名称、账面余额及形成的原因；未决诉讼、未决仲裁以及对外提供担保所涉及的金额。(6) 发生严重亏损的，应当披露持续经营的计划、未来经营的方案。(7) 对已在资产负债表和利润表中列示项目与企业所得税法规定存在差异的纳税调整过程。(8) 其他需要在附注中说明的事项。可以看出，小企业财务报表附注披露的内容与一般企业财务报表附注披露的内容是有差异的。

四、地方性会计法规

除上述会计法规外，各省、自治区、直辖市也可能会根据会计法律、会计行政法规和国家统一的会计制度的规定，结合本地区的实际情况，制定一些在本行政区域之内施行的地方性会计法规。

五、内部会计管理制度

根据《会计基础工作规范》第八十四条的规定，各单位应当根据《会计法》和国家统一会计制度的规定，结合单位类型和内部管理的需要，建立、健全相应的内部会计管理制度。

第六节 会计档案管理

一、会计档案的含义和内容

根据财政部和国家档案局2015年修订后发布的《会计档案管理办法》第三条的说明，会计档案是指各单位在进行会计核算过程中接收或形成的，记录和反映单位经济业务事项的，具有保存价值的文字、图表等各种形式的会计资料。

会计档案具体包括以下四类：

1.会计凭证类会计档案

会计凭证类的会计档案包括原始凭证、记账凭证。

2.会计账簿类会计档案

会计账簿类的会计档案包括总账、明细账、日记账、固定资产卡片及其他辅助性账簿。

3.财务会计报告类会计档案

财务会计报告类的会计档案是指月度、季度、半年度、年度财务会计报告。

4.其他会计资料档案

其他会计资料档案包括银行存款余额调节表、银行对账单、纳税申报表、会计档案移交清册、会计档案保管清册、会计档案销毁清册、会计档案鉴定意见书及其他具有保存价值的会计资料。

二、会计档案的管理规定

财政部、国家档案局于1984年发布并开始实施《会计档案管理办法》。原有的会计档案管理办法已不能适应我国经济发展和会计改革的需要，为此，财政部和国家档案局在1998年对《会计档案管理办法》进行了修订，并于1999年1月1日起施行。为适应经济社会发展和会计信息化建设需要，规范会计档案，特别是电子会计档案，提升会计档案管理工作水平，财政部和国家档案局再次对《会计档案管理办法》进行了修订，并于2014年12月下发了《会计档案管理办法（征求意见稿）》。财政部和国家档案局于2015年12月发布了再次修订后的《会计档案管理办法》，自2016年1月1日起执行，1998年发布的《会计档案管理办法》同时废止。再次修订的《会计档案管理办法》，对会计档案的立卷、归档、保管、移交和销毁等做了统一规定。

（一）会计档案的立卷和归档

国家机关、社会团体、企业、事业单位和其他组织（以下统称单位），应当依照《会计档案管理办法》的规定，管理会计档案。各级人民政府财政部门和档案行政管理部门共同负责对本行政区域内的会计档案工作实行监督和指导。

《会计档案管理办法》规定，各单位应当加强会计档案管理工作，建立和完善会计档案的收集、整理、保管、利用和鉴定销毁等管理制度，采取可靠的安全防护技术和措施，保证会计档案的真实、完整、可用、安全。单位的档案机构或者档案工作人员所属机构（统称为单位档案管理机构），负责管理本单位的会计档案，也可以委托具备档案管理条件的机构代为管理会计档案。单位会计管理机构按照归档范围和归档要求，负责定期将应当归档的会计资料整理立卷，编制会计档案保管清册。

（二）会计档案的保管和移交

《会计档案管理办法》规定，单位可以利用计算机、网络通信等现代信息技术手段管理会计档案。单位内部形成的电子会计资料和从外部接收的电子会计资料，满足一定条件的，可仅以电子形式归档保存，形成电子会计资料。当年形成的会计档案，在会计年度终了后可由单位会计管理机构临时保管一年，再移交单位档案管理机构保管。因工作需要确需推迟移交的，应当经档案管理机构同意，且最长不超过三年。临时保管期间，会计档案的保管应当符合国家有关规定，且出纳人员不得兼管会计档案。

单位分立后原单位存续的，其会计档案应当由分立后的存续方统一保管；单位分立后原单位解散的，其会计档案应当经各方协商后由其中一方代管或按照国家有关规定处置。单位分立中未结清的会计事项所涉及的会计凭证，应当单独抽出由业务相关方保存，并按规定办理交接手续。单位因业务移交其他单位办理所涉及的会计档案，应当由原单位保管，承接业务单位可查阅、复制与其业务相关的会计档案。对其中未结清的会计事项所涉及的会计凭证，应当单独抽出由业务承接单位保存，并按规定办理交接手续。单位合并后原各单位解散或一方存续、其他方解散的，原各单位的会计档案应当由合并后的单位统一保管。单位合并后原各单位仍存续的，其会计档案仍应当由原各单位保管。

会计档案的保管期限分为永久和定期两类。定期保管期限一般为10年和30年。会计档案的保管期限，从会计年度终了后的第一天算起。《会计档案管理办法》中有关企业和其他组织会计档案保管期限的具体规定见表13-1。单位会计档案的具体名称与“企业和其他组织会计档案保管期限表”所列档案名称不符的，应当比照类似档案的保管期限办理。此处规定的会计档案保管期限为最低保管期限。

表13-1 企业和其他组织会计档案保管期限表

序号	档案名称	保管期限	备注
一	会计凭证		
1	原始凭证	30年	
2	记账凭证	30年	
二	会计账簿		
3	总账	30年	
4	明细账	30年	
5	日记账	30年	
6	固定资产明细账（卡片）		固定资产报废清理后保管5年
7	其他辅助性账簿	30年	
三	财务会计报告		
8	月度、季度、半年度财务报告	10年	
9	年度财务报告(决算)	永久	
四	其他会计资料		
10	银行存款余额调节表	10年	
11	银行对账单	10年	
12	纳税申报表	10年	
13	会计档案移交清册	30年	
14	会计档案保管清册	永久	
15	会计档案销毁清册	永久	
16	会计档案鉴定意见书	永久	

单位会计管理机构在办理会计档案移交时，应当编制会计档案移交清册，并按规定办理移交手续。移交的会计档案为纸质会计档案的，应当保持原卷的封装；移交的会计档案为电子会计档案的，应当将电子会计档案及其元数据一并移交，且文件格式应当符合国家有关规定。特殊格式的电子会计档案应当与其读取平台一并移交。

单位之间交接会计档案时，交接双方应当办理会计档案交接手续。移交会计档案的单位，应当编制会计档案移交清册，列明应当移交的会计档案名称、卷号、册数、起止年度、档案编号、应保管期限、已保管期限等内容。交接档案时，交接双方应当按照移交清册所列内容逐项交接，并由交接双方的单位负责人负责监交。交接完毕后，交接双方经办人和监交人应当在移交清册上签名或盖章。电子会计档案应当与其元数据一并移交，特殊格式的电子会计档案应当将其读取平台一并移交。档案接受单位应对保存电子会计档案的载体及其技术环境进行检验，确保所接受电子会计档案的准确、完整、可用和安全。

各单位应当严格按照有关制度利用会计档案，在进行会计档案查阅、复制、借出时履行登记手续，严禁篡改和损坏。单位保存的会计档案一般不得对外借出。确因工作需要且根据国家有关规定必须借出的，应当严格按照规定办理相关手续。

（三）会计档案的销毁

《会计档案管理办法》规定，单位应当对已到保管期限的会计档案进行鉴定，并形成会计档案鉴定意见书。经鉴定，仍需继续保存的会计档案，应重新划定保管期限；对保管期满，确无保存价值的会计档案，可以进行销毁。

单位确定可以销毁的会计档案，应当按照以下程序进行销毁：（1）单位档案机构编制会计档案销毁清册，列明销毁会计档案的名称、卷号、册数、起止年度、档案编号、应保管期限、已保管期限、销毁时间等内容。（2）单位负责人、档案管理机构负责人、会计机构负责人、档案管理机构经办人、会计机构经办人在会计档案销毁清册上签署意见。（3）单位档案管理机构负责组织会计档案销毁工作，一并与会计管理机构共同派员监销。电子会计档案销毁时，还应当由信息系统管理机构派员监销。监销人在会计档案销毁前，应当按照会计档案销毁清册所列内容进行清点核对；在会计档案销毁后，应当在会计档案销毁清册上签名或盖章。电子会计档案的销毁还应当符合国家有关电子档案的规定，并由单位档案管理机构、会计管理机构和信息系统管理机构共同派员监销。

保管期满但未结清的债权债务会计凭证和涉及其他未了事项的会计凭证不得销毁，纸质会计档案应当单独抽出立卷，电子会计档案单独转存，保管到未了事项完结时为止。单独抽出立卷或转存的会计档案，应当在会计档案鉴定意见书、会计档案销毁清册和会计档案保管清册中列明。单位因撤销、解散、破产或其他原因而终止的，在终止和办理注销登记手续之前形成的会计档案，应当按照国家有关规定处置。

典型案例

A、B两家企业的经营规模基本接近，经营业务范围基本相同。因为两家企业的顾客群分布在同一城市，因此两家企业之间的竞争非常激烈。A企业的经营者周全为了获取B企业的相关信息，通过朋友认识了B企业的会计李鹏，并很快与李鹏成了要好的朋友。李鹏在知悉了周全的想法后，向周全提供了B企业的一些会计信息，他认为这样做对本企业并无不利影响，而且从朋友感情上说，如果朋友有需要的地方，就应当鼎力相助。请你根据会计人员职业道德要求，说明李鹏的做法有什么不妥。

分析提示：《会计基础工作规范》要求会计人员在会计工作中应当遵守职业道德，会计人员应当遵守的职业道德之一是保守秘密，即会计人员应当保守本单位的商业秘密，除法律规定和单位领导人同意外，不能私自向外界泄露本单位的会计信息。李鹏的做法违反了会计人员职业道德的要求。

本章小结

会计工作组织与管理主要包括会计机构的设置、会计人员的配备、会计岗位责任制、会计法规制度和会计档案管理等相关内容。企业应当按照会计法规制度的规定，合理设置会计机构，配备会计人员。会计人员应当遵守职业道德的要求，并具备一定的条件。会计法规和制度是组织和从事会计工作的基本规范。我国现行的会计法规体系包括会计法律、行政法规和部门规章，会计准则和会计制度都属于部门规章。我国企业会计准则体系包括《小企业会计准则》和《企业会计准则》，其中《企业会计准则》包括基本准则、具体准则和应用指南三个部分。会计档案是指会计凭证、会计账簿和财务报告等会计核算专业资料。企业应当按照《会计档案管理办法》的相关规定，进行会计档案管理。

习题

一、选择题

1.在大、中型企业中，主管经济核算和经营管理工作的是（　　）。

A.总会计师　　B.总经济师

C.厂长或经理　　D.注册会计师

2.库存现金和银行存款日记账的保管期限是（　　）。

A.5年　　B.10年

C.15年　　D.30年

3.主管全国会计工作的部门是（　　）。

A.国务院　　B.财政部

C.全国人民代表大会　　D.注册会计师协会

4.会计人员应当具备的条件是（　　）。

A.持有会计毕业证　　B.持有注册会计师证

C.持有大专毕业证　　D.持有会计证

5.关于会计集中核算与非集中核算形式，不正确的说法是（　　）。

A.只能采用一种核算形式

B.采用哪种组织形式不是绝对的

C.集中核算形式下会计核算工作主要集中在会计部门

D.非集中核算形式下不便于采用最合理的凭证整理方法

6.会计人员的岗位职责包括（　　）。

A.进行会计核算　　B.进行会计监督

C.永久保管会计档案　　D.筹集资金

7.根据《会计法》的有关规定，规模小、业务量少的单位可以（　　）。

A.不单独设置会计机构，不配备专职会计人员

B.不单独设置会计机构，但配备专职会计人员

C.设置总会计师或设置会计主管人员

D.委托符合要求的代理机构代理记账

8.我国现行企业会计准则包括（　　）。

A.《企业会计准则》　　B.《小企业会计准则》

C.《事业单位会计准则》　　D.《商品流通企业会计准则》

9.根据《小企业会计准则》规定，小企业的财务报表至少应当包括（　　）。

A.资产负债表　　B.现金流量表

C.利润表　　D.应交增值税明细表

10.关于会计档案的保管，下列各项中正确的说法是（　　）。
A.会计档案保管清册应永久保管　　B.月度、季度财务报告应永久保管
C.由会计机构永久保管　　D.会计档案销毁应形成鉴定意见书

二、简答题

1.《会计法》中对企业单位会计机构设置有什么具体规定？
2.我国相关会计法规中规定的会计从业人员应具备的条件是什么？
3.会计人员职业道德的基本内容是什么？
4.会计工作岗位主要可以分为哪些？
5.什么是会计的集中核算和非集中核算形式？
6.国家统一的会计核算制度的主要内容是什么？
7.会计档案的具体内容是什么？
8.对于主要会计档案的保管期限有什么规定？